CHENGSHI JIAOTONG ZHILI DE
LILUN YU SHIJIAN

城市交通治理的理论与实践

杭州案例

鲍海君　侯伟　陈懿　桂明　王凯英　等◎著

中国经济出版社
CHINA ECONOMIC PUBLISHING HOUSE
·北京·

图书在版编目（CIP）数据

城市交通治理的理论与实践：杭州案例 / 鲍海君等著. -- 北京：中国经济出版社，2024. 11. -- ISBN 978-7-5136-7959-6

Ⅰ. F572. 885. 51

中国国家版本馆 CIP 数据核字第 20243TW797 号

策划编辑 姜 静
责任编辑 王西琨 马伊宁
责任印制 马小宾
封面设计 任燕飞设计工作室

出版发行 中国经济出版社
印 刷 者 涿州市京南印刷厂
经 销 者 各地新华书店
开　　本 710mm×1000mm 1/16
印　　张 17. 5
字　　数 305 千字
版　　次 2024 年 11 月第 1 版
印　　次 2024 年 11 月第 1 次
定　　价 78. 00 元
广告经营许可证 京西工商广字第 8179 号

中国经济出版社 **网址** http://epc. sinopec. com/epc/ **社址** 北京市东城区安定门外大街 58 号 **邮编** 100011
本版图书如存在印装质量问题，请与本社销售中心联系调换（联系电话：010-57512564）

城市交通治理的理论与实践：杭州案例
创作团队

撰 写 单 位　浙大城市学院　杭州市综合交通运输研究中心

主要著作人　鲍海君　侯　伟　陈　懿　桂　明　王凯英

其他著作人　王梦婧　陈秋晓　袁秋芳　朱　炜

孟　阳　章笑艺　郑婷婷　叶　扬

李新虎　潘仁君　吴　静　叶　敏

蔡万寒　周杲尧　邓良军　王　泽

前言

党的十八届三中全会提出了“国家治理体系和治理能力现代化”，“治理”开始成为重要概念。党的十九大报告提出要完善党委领导、政府负责、社会协同、公众参与、法治保障的社会治理体制，打造共建、共治、共享的社会治理格局，“共治”概念首次被提出。党的二十大继承和发展了党的十八大以来国家治理能力和国家治理体系现代化理论，延续了党的十九大“共治、共享”的社会治理格局，对完善社会治理体系做出新的部署，以完善社会治理体系，健全共建共治共享的社会治理制度，提升社会治理效能。伴随“国家治理体系和治理能力现代化”这一全面深化改革总目标的提出，城市交通领域也迎来了前所未有的变革与发展机遇。城市交通不仅是城市经济发展的动脉，更成为关系经济社会大局和民生福祉增进的重要因素。在新发展理念的指引下，优化城市交通体系，提升城市交通治理能力，对于推动城市高质量发展、增强城市综合竞争力具有十分重要的意义。

2019 年中共中央、国务院印发的《交通强国建设纲要》明确指出，通过优化治理体系提高治理能力，同时尊重城市独特的发展规律，是提升城市交通系统整体服务水平的关键所在。这一战略部署不仅彰显了国家治理能力现代化的重要进步，更指明了实现交通强国宏伟目标的必由之路。实现交通强国不仅要求在技术和设施上不断创新，更要在管理和服务上实现质的提升，确保城市交通与经济社会发展的和谐共进，为人民群众创造更加便捷、高效、安全的出行环境。

城市发展，交通先行。交通是城市的命脉，城市交通治理是城市发展的重要基石，也是城市文明和经济发展的重要表征。习近平总书记提出要把解决交通拥堵问题放在城市发展的重要位置，对大气污染、交通拥堵等突出问题系统分析、综合施策。聚焦城镇化国家战略、城市公交优先发展战略、共享交通服务创新，建立可持续的城市交通发展模式不仅是为了解决当前的交通问题，更是为了塑造城市的未来。通过科学的规划、精准的管理和创新的技术应用，能够为市民创造更加便捷、高效、绿色的出行环境，推动城市全面、协调、可持续发展。

本书以杭州为案例，详细阐述了城市交通治理的理论与实践，不仅丰富了城市交通治理的理论知识，还为城市的决策者和管理者提供了具有可操作性的城市交通治理策略。这些建议旨在帮助管理者以科学、客观、理性和长远的视角审视城市交通治理问题，确保城市交通系统能够对城市的整体发展起到积极的引导和推动作用。

本书在《杭州城市交通治理研究》课题报告的基础上提炼而成，是课题组集体努力的成果。在写作过程中得到了杭州市交通运输局等相关部门的大力支持与协助，他们提供了有益的建议和丰富的参考资料，在此致以由衷的感谢。本书参考了国内外专家、学者的研究成果，相关参考文献已在书后列出，并对所引用文献作者表示诚挚的感谢！由于笔者对城市交通治理的认知水平以及学术能力有限，书中难免有疏漏之处，欢迎读者批评指正。

鲍海君

2024 年 4 月

目录

第1章 绪　论

1.1 研究背景

城市治理是国家治理体系和治理能力现代化内涵的重要组成部分。党的二十大报告指出，要提高城市规划、建设、治理水平，加快转变超大、特大城市发展方式，打造宜居、韧性、智慧城市。让城市更聪明、更智慧，是推动城市治理体系和治理能力现代化的必由之路。“智能防疫”“物联感知”“智慧治堵”等智慧应用的不断涌现，“智慧大脑”的建设，大数据、云计算、人工智能等现代科技的广泛运用，有效地提高了城市运行效率，增强了城市的数字化程度，进一步推动了城市治理的法治化、智慧化、现代化进程。

城市交通治理作为城市治理的核心环节和战略需求，与城市功能及人的需求紧密相连，是城市发展的重要支撑。随着我国大中城市步入新型城镇化高质量发展和机动化转型升级的关键阶段，城市交通问题日益凸显，成为城市治理的焦点和难点。交通治理随城市成长而演变、随技术变革而发展、随政策导向而起伏，呈现出复杂多变的特征。当前城市交通发展面临的主要问题已转变为供需与资源配置失衡、资源利用不充分，以及土地、交通方式、跨行政区交通系统之间的不协同。只有政府、企业、社会组织、公众等不同主体合作治理才能决这些问题，包括运用工程技术与社会治理措施，构建由多方式基础设施、运输组织与调控、信息服务与干预等要素共同构成的复合交通运行网络，更加高效地提供多元化、个性化、高品质出行服务，以满足人们对美好生活的追求。

1.1.1 国家治理新需求

党的十九届五中全会将“国家治理效能得到新提升”上升为“十四五”时期经济社会发展的主要目标之一。党的二十大继承和发展了党的十八大以来国家治理能力和国家治理体系现代化理论，延续了党的十九大“共治、共享”的理念，进一步健全共建共治共享的社会治理制度，提升社会治理效能。社会治理问题已受到广泛关注，国家发展新要求为加快建设交通强国、推进交通运输综合治理效能提升提供了根本遵循，而城市交通治理是提升国家及城市治理能力的战略需求和具体抓手。

1.1.2 低碳转型新要求

“十四五”时期，我国深入推进生态文明建设，力争2030年前实现碳达峰，2060年前实现碳中和。通过加快推进低碳交通运输体系建设，积极引导低碳出行，综合运用法律、经济、技术、行政等多种手段，加大城市大气污染、交通拥堵治理力度，实现交通领域节能减排。为落实国家“双碳”目标，杭州市成立碳达峰碳中和工作领导小组，构建了碳达峰碳中和“1+1+N+X”政策支撑体系，明确交通发展方式绿色化转型的任务，强调国土空间与交通一体化规划。杭州市城市发展的低碳转型对交通基础设施建设、运营和治理提出了新的要求。

1.1.3 交通融合新模式

“十四五”时期，我国已转向新型城镇化高质量发展阶段，加快构建以国内大循环为主体、国内国际双循环相互促进的新发展格局，持续基于数字经济、智慧理念构建国土与交通融合发展的需求进一步加深。

在高质量发展的大背景下，加快推进国土空间与交通融合发展，考虑产业发展和新的业态带来的问题，面对传统空间的更新重构、新发展空间的高质量融合，急需研究交通与关联产业及空间的相互作用，加强创新驱动与融合发展，加强综合交通枢纽与城市功能结构的协调性、与产业空间布局的动态适应性、与周边区域发展的融合联动，推进空间、交通、产业协同融合和一体化发展。

1.1.4 交通治理新变革

当城市交通发展从以增量为主转向存量优化，交通研究对象从交通流、交通设施转向交通服务和综合交通网络，交通管理基本逻辑从被动适应转向主动应对需求，交通手段从以传统工程学为核心发展到综合运用多学科交叉信息化、智能化手段时，交通治理便显现出如下“新治理”特点：治理导向从政府管理方便转向以人民出行安全、便捷、舒适、公平为本；治理方式从政府提供交通服务转向与社会共建、共享、共治；治理形态从政府单向管理转向政府、企业、社会组织、公众多元主体“价值—信任—合作”新型关系。

“十四五”时期，杭州市城市交通治理将转向系统化、绿色化、智慧化、标准化、精细化，从公交优先发展、交通需求管理、严格交通执法、智慧交通治堵、片区堵点综合治理等方面深入推进。

1.1.5　城市能级新提升

为落实长江三角洲区域一体化发展国家战略，浙江高质量发展建设共同富裕示范区战略，杭州市将打造市域一体高质量发展共同富裕、高水平“数智杭州·宜居天堂”和“独特韵味、别样精彩”的世界名城，打造国际性综合交通枢纽，推动城市综合能级提升。全面提升杭州城市国际竞争力和影响力，放大亚运综合效应，推进高水平对外开放，奋力打造世界一流的社会主义现代化国际大都市。为此，应构建高效、绿色、智慧、人本的交通治理体系，以适应杭州社会主义现代化国际大都市的定位。

1.2　研究的目的和意义

围绕构建与世界一流社会主义现代化国际大都市相匹配的交通治理体系，通过远近结合、标本兼治的系统化、综合化、智慧化治理，着力提升交通基础设施运行效能，有效改善交通运行秩序，持续优化城市出行结构，积极营造绿色品质出行环境，实现人畅其行、人享其行，不断提高人民群众的获得感和满意度。

1.2.1　探索杭州交通治理新方向

根据杭州市总体城市格局、产业布局和发展模式的分析，结合杭州市近年交通基础设施建设、交通系统运行状况和交通治理水平的实际情况，探索杭州市城市交通治理发展的新方向、新模式、新目标。

1.2.2　打造现代交通治理新模式

以杭州市城市交通治理新方向为指引，通过借鉴国内外先进案例，同时结合杭州交通发展新阶段，针对需重点解决的问题和方向，探索性提出杭州市城市交通治理新模式，为城市交通治理提供决策支持。

1.2.3　构建多元指标评价新体系

依据杭州市城市交通治理新方向，同时结合交通治理监测结果现状，借鉴国内外交通治理先进案例，对杭州市交通发展阶段进行纵向与横向分析比较，形成杭州市城市交通治理新目标。同时，以目标为引导，形成杭州市城市交通多元化指标评价体系，形成“定性研判—定量指标”的交通治理引导体系，为杭州市相关部门制定交通治理具体措施和监测考核标准提供参考。

1.3　研究思路及技术路线

本书以城市交通治理理论及交通治理现代化转型理论为指导，分析交通治理的历史演变，以国内外世界级城市交通治理历程和经验为借鉴，通过对杭州市城市交通治理发展历程、交通现状及交通问题的分析，总结杭州市城市交通治理的模式及发展趋势。通过对杭州市现阶段交通发展各类指标的分析，梳理杭州市城市交通发展所处阶段和特征，借鉴国内外类似能级城市、类似交通发展阶段的案例，明确杭州市城市交通治理定位、目标和指标，结合杭州市城市交通发展近远期规划目标，提出适合当下杭州实际情况的城市交通治理多元化指标评价体系。最后提出杭州市城市交通治理的策略，包括交通与用地一体化策略、系统化交通需求引导政策、“三网融合”公交接驳体系优化策略、绿色智慧交通发展策略。本书的技术路线如图 1-1 所示。

1.4　研究内容

本书共分 8 章，章节内容安排如下：

第 1 章为绪论，提出研究问题。本章以国家治理新需求、低碳转型新要求、交通融合新模式、交通治理新变革及城市能级新提升为研究背景，阐述杭州市围绕构建与世界一流社会主义现代化国际大都市相匹配的交通治理体系，明确杭州市城市交通治理新方向、打造现代交通治理新模式、构建多元指标评价新体系，并进一步介绍了研究思路和技术路线。

第 2 章为城市交通治理理论及现代化转型。本章首先对核心概念城市交通、公共治理、交通治理进行界定，其次阐述交通治理的相关基础理论：新公共管理理论、新公共服务理论、新公共治理理论、利益相关者理论、交通流理论、交通需求管理理论、交通行为理论、交通镇静化理论、TOD 理论，最后阐述交通治理现代化转型理论，治理转型背景、治理制度演进以及城市交通治理现代化转型模式：多元化转型合作治理、一体化转型区域治理、数字化转型智能治理、品质化转型可持续治理。

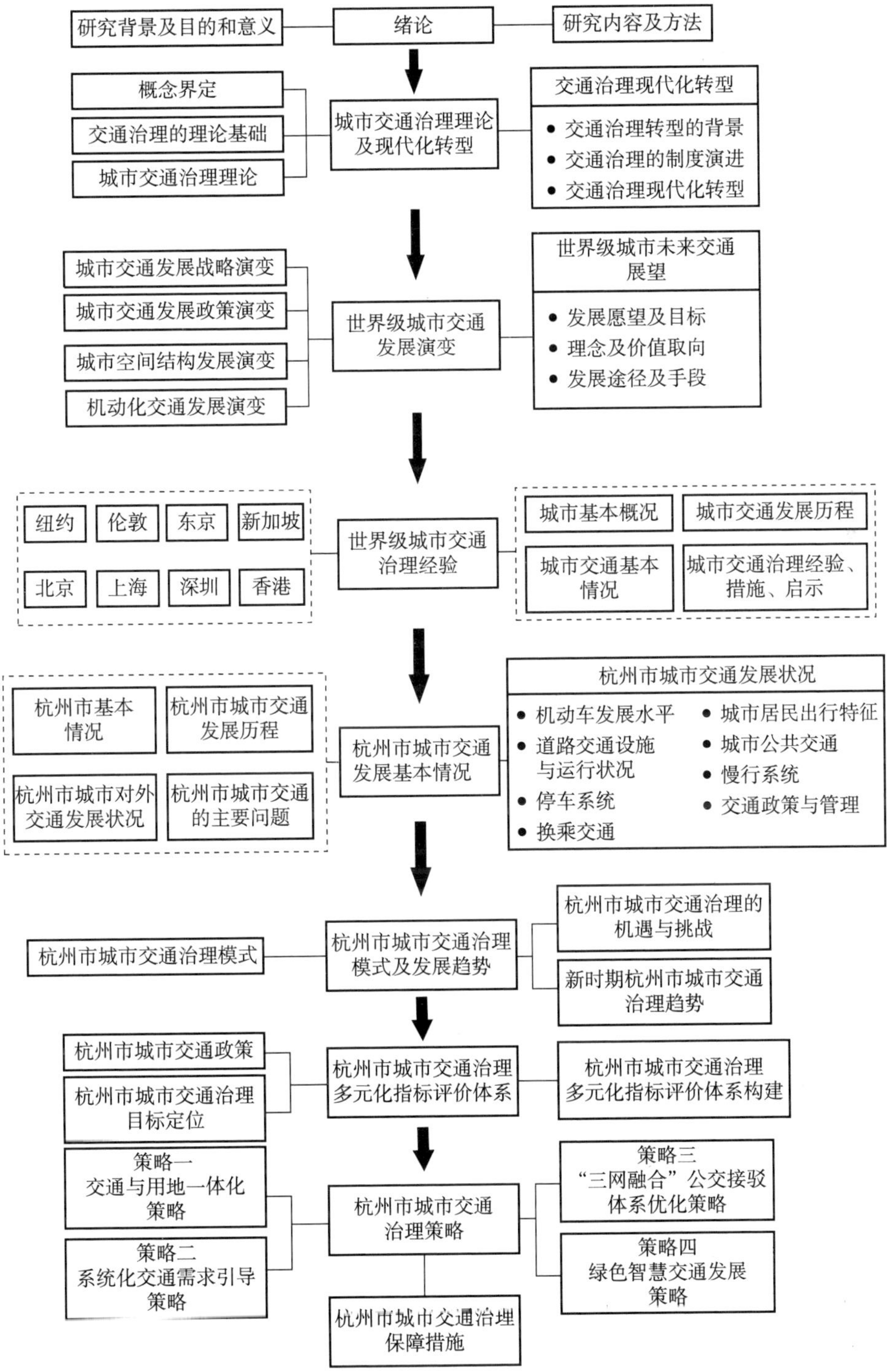
研究背景及目的和意义
绪论
研究内容及方法
概念界定
交通治理的理论基础
城市交通治理理论
城市交通治理理论及现代化转型
交通治理现代化转型
• 交通治理转型的背景
• 交通治理的制度演进
• 交通治理现代化转型
城市交通发展战略演变
城市交通发展政策演变
城市空间结构发展演变
机动化交通发展演变
世界级城市交通发展演变
世界级城市未来交通展望
• 发展愿望及目标
• 理念及价值取向
• 发展途径及手段
纽约
伦敦
东京
新加坡
北京
上海
深圳
香港
世界级城市交通治理经验
城市基本概况
城市交通发展历程
城市交通基本情况
城市交通治理经验、措施、启示
杭州市基本情况
杭州市城市交通发展历程
杭州市城市对外交通发展状况
杭州市城市交通的主要问题
杭州市城市交通发展基本情况
杭州市城市交通发展状况
• 机动车发展水平
• 道路交通设施与运行状况
• 停车系统
• 换乘交通
• 城市居民出行特征
• 城市公共交通
• 慢行系统
• 交通政策与管理
杭州市城市交通治理模式
杭州市城市交通治理模式及发展趋势
杭州市城市交通治理的机遇与挑战
新时期杭州市城市交通治理趋势
杭州市城市交通政策
杭州市城市交通治理目标定位
杭州市城市交通治理多元化指标评价体系
杭州市城市交通治理多元化指标评价体系构建
策略一 交通与用地一体化策略
策略二 系统化交通需求引导策略
杭州市城市交通治理策略
策略三 "三网融合"公交接驳体系优化策略
策略四 绿色智慧交通发展策略
杭州市城市交通治理保障措施

图 1-1 技术路线

第 3 章为世界级城市交通发展演变。本章梳理了世界级城市交通战略、政策以及空间结构、机动化交通发展演变，未来交通发展展望，为城市交通治理提供借鉴。

第 4 章为世界级城市交通治理经验。本章梳理了 4 个国外世界级城市纽约、伦敦、东京、新加坡的交通治理经验，以及国内 4 个世界级城市北京、上海、深圳、香港的交通治理经验，总结了国内外世界级城市的七大交通治理经验：引导城市多中心布局、推进 TOD 一体化开发、优先发展城市公共交通、打造城市慢行交通系统、建设发展智能交通系统、采取差异化交通治理策略、提升绿色出行服务品质。

第 5 章为杭州市城市交通发展基本情况。本章通过介绍杭州市基本情况、杭州市城市交通发展历程，分析了杭州市城市对外交通发展状况、杭州市城市交通发展状况（包括机动车发展水平、城市居民出行特征、道路交通设施与运行状况、城市公共交通、停车系统、慢行交通、换乘交通、交通政策与管理），梳理杭州市城市交通的主要问题。

第 6 章为杭州市城市交通治理模式及发展趋势。通过杭州市城市交通治理的模式总结，阐明新时期杭州市城市交通治理的趋势与发展方向。

第 7 章为杭州市城市交通治理多元化指标评价体系。根据杭州市城市交通政策，明确城市发展定位，明确杭州市城市交通治理目标，结合杭州市城市交通发展近远期规划目标，依据城市交通治理和城市交通多元化评价的内涵，构建城市交通多元化指标评价体系，构建过程分为 3 个步骤：明确构建目标，确立总体框架；依据指标的选取原则，选取具体评价指标，明确每个指标的作用、定义和评价标准；以杭州市 10 个行政区为评价对象，进行实例评估，并得出评价结论和应用价值。

第 8 章为杭州市城市交通治理策略。提出杭州市城市交通 4 个治理策略：交通与用地一体化策略、系统化交通需求引导策略、“三网融合”公交接驳体系优化策略、绿色智慧交通发展策略，并提出了杭州市城市交通治理建议、措施及杭州市城市交通治理保障措施。

1.5 研究方法

（1）文献分析法

通过查阅著作、期刊、网络等方式对有关城市交通治理问题的文献进行收集与整理，了解这一领域的研究情况。有针对性地收集了杭州市城市管理和交通管理的相关资料，以及相关国外城市的交通发展、规划、研究报告、研究论文、政府网站等，提供文献资料上的理论支撑。

（2）实证研究法

通过对杭州市城市交通治理课题的实地调查研究成果，对杭州市城市交通发展的数据资料加以分析，为进一步诊断杭州市城市交通治理问题奠定基础；以杭州市 10 个行政区为评价对象，进行实例评估，提供实证支持。

（3）案例分析法

对纽约、伦敦、北京等 8 个城市的交通拥堵治理经验进行深入分析，总结了国内外在缓解交通拥堵方面的成功经验。结合杭州市当前的交通拥堵状况，提出治理交通拥堵问题的有效措施。

（4）统计分析法

通过调查、收集、整理、分析杭州市城市交通发展现状数据，对交通拥堵问题进行综合诊断，并提出城市交通治理和城市交通多元化评价的内涵，为构建新的城市交通评价体系打下扎实的理论基础。

（5）比较研究法

通过对比中外大城市的基本情况、交通发展历程和交通治理措施，能够更清晰地认识到城市交通发展的共性与差异，并从中汲取宝贵经验。通过对比不仅有助于深入理解城市交通治理的内在规律，还能为杭州市城市交通治理提供有益的启示。

研究采用理论与实践、定性与定量分析相结合的方法，综合运用多学科理论、方法和技术，从治理角度分析杭州市城市交通现状，对交通拥堵问题进行了全面诊断。在借鉴国内外成功治理经验的基础上，以新公共治理理论、交通需求管理理论等为指导，提出了“引导公众出行需求、完善城市交通供给、优化城市交通管理”的整体治理思路。针对杭州市的具体交通状况和长远发展需求，提出了一系列切实可行的治理措施，旨在有效缓解交通拥堵，推动城市交通的可持续发展。

第2章 城市交通治理理论及现代化转型

2.1 概念界定

2.1.1 城市交通

城市交通可追溯到古希腊哲学家亚里士多德的名言："人们来到城市是为了生活，人们居住在城市是为了生活得更好。"大约2500年前古希腊就有了城市的概念，有城市就必然有交通。

城市交通已有百年历史，主要分为三个方面：交通运输或交通工程中的城市交通；城市规划中的城市交通；有关行政部门及企业中的城市交通。

（1）交通运输或交通工程中的城市交通

研究交通运输或者交通工程应从交通设施和工具，或是客运、货运组织着手。一方面，将城市交通作为交通运输的一种方式，在公路、铁路、航空、内河航运、海运、管道运输之后讲城市交通，即在交通运输的基础上增加城市交通。另一方面，从交通工程学角度，将人、车、路、环境等综合一体化，即包括由城市居民出行需求的源头引发的交通产生、分布、分配；城市土地使用与交通系统规划（包括道路系统规划）；交通流分析与交通工程设计、道路设计；等等。

交通系统层面。城市交通是在城市范围内，由交通设施（包括交通网络、枢纽节点和设备等）、交通工具、交通运营、交通管理和交通服务等子系统构成，完成人流、物流和车流空间位移的综合交通系统。城市交通系统由诸多子系统组成，同时作为城市的子系统与城市的发展相互促进，与城市用地系统、市政设施系统等其他子系统相互依存、相互制约，是综合性、立体化的多方式交通系统。

交通构成层面。城市交通构成主要包括交通基础设施、交通运输装备、交通参与者和货物等。其中，交通基础设施包括道路、轨道、航道、管道和交通场站与节点枢纽等；交通运输装备包括车辆、轨道、机电设备和交通通信系统等；交通参与者包括与交通系统相联系的各类人员。城市交通的交通基础设施密度高、交通设备种类多、交通参与者特性各异，是具有高度复杂性的巨系统。

交通网络层面。城市交通网络是指各类交通基础设施网络、交通运输组织网络、交通信息服务网络的总和，包括城市中人和物出行所依赖的各类设施、交通工具等物质条件和干预调控等软环境。在城市交通的地面道路交通系统、快速路系统、公共交通系统、停车系统、物（货）流系统、交通秩序管理系统的基础上，根据子系统属性特征进一步将城市交通网络归纳为基础设施网络、运行控制与运输组织网络和信息服务网络三类。

（2）城市规划中的城市交通

城市与城市交通共生发展，《雅典宪章》明确交通是城市的四大基本功能之一，是居住、就业、游憩的派生功能。交通作为联系其他三项功能的重要纽带，没有交通就没有城市，交通可以主导城市发展。

城市交通是城市的社会、经济和物质结构的基本组成部分，支撑城市的用地布局结构、规模大小以及城市的生活方式，即城市交通把分散在城市各处的生产、生活连接起来，组织生产、安排生活、提高城市客货流的有效运转及促进城市经济发展。

城市规划主要从城市功能布局与城市土地使用来研究城市交通网络的基础设施问题，强调交通引导城市功能布局，即在区域规划的基础上，按居住、就业、游憩进行分区及平衡后，构建三者相互联系的交通网。在城市规划时，需通过城市交通的走向，结合环境资源的约束，协调和引导土地使用和城市功能布局；需关注城市规划区范围内的交通问题，关注交通外部效应的影响及其处理；需规划城市交通廊道；强调公共交通优先的技术措施。

（3）有关行政部门及企业中的城市交通

各行政部门及企业侧重各自业务范围内的行政管理措施或企业策略，这些管理事务中的城市交通，依据现有基础设施还包括：

①更加注重人的自由选择，例如公共交通优先发展；

②更加注重使人们出行更有效率，例如“1 小时通勤圈”、改善“最后一公里”交通等概念；

③更加注重信息化和经济政策在城市交通领域发挥的重要作用，例如综合运用经济、财税、法律等政策治理城市交通；

④更加关注降低能耗、减少交通污染，例如绿色交通等概念；

⑤更加关注社会现象引起的交通情况，注重利用人文社会方法研究人的出行方式和习惯，例如学校周边交通、医院周边交通等。

城市交通是城市行政区划分范围内各种交通方式的综合，其任务是满足城市内人们出行和货物运输的需求，其逻辑链条为“人的需求和经济生产的需求—土地开发和商业经营决策行为—交通网络构建与出行服务提供—多主体决策及行为再反馈”，即人口集聚及经济生产活动的开展引导和触发了土地开发和商业经营决策，形成交通网络构建与出行及流通服务的供给，满足居民出行需求及经济生产活动需要，并形成新一轮多主体决策及活动行为的反馈。过去，城市交通研究范式更多地聚焦于增量建设，经济社会的发展形成了新设施建设和发挥既有设施效益并重的新取向。城市交通已经不再是一个简单的工程问题，而是一个涉及供需动态调控、多元技术融合的复杂社会问题。

2.1.2 公共治理

一直以来，公共治理并没有形成一个普遍认同的概念。“治理”（governance）这一术语有着悠久的语源学渊源，如拉丁文中的“gubernare”、希腊文中的“kubernetes”，指代的是“古代的船长或舵手”。“治理”最初的含义是操纵或控制，与其同根词“政府”（government）的内涵相同。这两个词相互交叉的用法在一般用语中延续了很久。我国“治理”一词的词源学历史悠久，西汉的司马迁就提出了“礼乐刑政，综合为治”的治国理论。在 20 世纪末，“治理”一词开始强调公共行政与管理在非政府方面的特性。这种含义的变迁意味着一种新的信念出现，即权力应该由不同的机构根据它们在公共服务中的相对作用来分享。

1989 年，世界银行发布的《撒哈拉以南非洲：从危机到可持续发展》（*Sub-Saharan Africa*：*From Crisis To Sustainable Growth*）报告中率先提出了“治理危机”理念，治理的概念被首次提出。Jan Kooiman 将治理界定为“国家与社会、市场以新方式互动，以应付日益增长的社会及其政策议题或问题的复杂性、多样性和动态性”；指出“治理的精髓就是参与、合作、互动、服务”。2017 年，世界银行报告将“较好的治理”界定为“国家和非国家群体在一套由权力塑造的正式和非正式规则的框架内运作，通过相互作用来设计和实施政策的过程”。治理强调多主体参与、对协调作用的重视、持续的互动过程，而非仅是一套制度或规则。我国学者汪光焘认为，治理是一种公共事务管理方式的革新，表示管理权力的重心由政府向市场和社会转移，即治理是“一个由聚焦于正式政治领域和公共部门（议会、市政厅、公务员队伍）的治理结构转向不断增加私人部门和公共社会参与并融入它们利益的过程”。

目前“治理”的概念多指“多主体、多中心共同管理”的意涵，即主要强调建立政府、市场、公民社会共同治理、协调配合的公共事务治理模式。

公共治理是在治理概念内涵及意义上的进一步具体化，用“公共”一词更加明确地界定了治理的公共性、多元性和互动性。公共治理涵盖了治理概念的全部内涵，并继续突出了公共的价值与内容。“公共”词义广泛，不仅包括作为传统公共机构的政府，还包括准公共机构的社会组织和营利性机构，以及生活在社区和组织中的个人。

公共治理与传统的管理和一般的治理相比，更加强调公共利益的精神与效益。公共治理坚持整体主义价值观，共和主义、社群主义的思想明显影响了当代公共治理的理念。治理不再单单是政府的职责，更是地方社区每一个公民或者机构参与公共事务，享受应得的福利，体现自我价值、融入社会、社区共同体、创造共和精神的必要手段。

2.1.3　交通治理

国外的交通治理研究起源于公共治理，公共治理为交通治理提供了理论分析框架，交通治理是公共治理的核心内容之一。

Christopher Kennedy 等认为交通治理、投资机制、基础设施建设和邻里设计是城市和交通可持续发展的四大关键支柱；Wasim Akram 等认为交通治理应解决的主要问题是以静态系统的方法规划和组织交通系统，探究交通规划政策和交通治理体系结构稳定性以及二者之间的影响关系。Daniel Albalate 等针对西班牙巴塞罗那公共交通服务私有化后的服务效率和服务质量挑战，提出通过建立统一的管理机构和推行鼓励公共组织和私营企业并存竞争的激励政策，改善政府的交通治理和监管能力。汪光焘认为中国既有的交通治理概念还处于模糊和缺位状态，仅在公共交通服务满意度、机动车交通限行限购等部分措施的单个环节（合法性、透明度、公众参与等）有初步探讨，并认为城市交通治理的基本内涵是建立政府、社会、公众等多元主体在交通服务体系构建过程中的新型权责关系，实现城市高效、安全、低耗可持续运行。

城市交通治理可以理解为依据城市发展的客观规律和规范要求，政府和利益相关者采取一系列措施和手段，借助政策设计与制度安排，通过合理规划、组织、监督和调控交通系统，解决交通领域的问题，提高交通系统运行效率和质量，以保障交通安全、提高交通便利性和环境可持续性。

20世纪中叶以来，城市化进程的加快和机动车的快速发展引发了城市交通拥堵、交通事故及交通污染等问题，使城市交通治理从交通规划、交通法规、交通控制、交通管理及经济政策等多层面对城市交通发展和居民出行进行引导、协调和控制。具体来说，交通治理解决交通领域问题包括以下几个方面：

交通规划：通过制定交通规划和交通发展战略，合理规划交通网络，指导交通系统的发展，提高交通系统的整体效益。

交通管理：通过制定交通管理制度和规章，监督和协调道路、公共交通、交通安全和停车等方面的运营和管理，保障交通秩序和安全。

交通安全：通过加强交通安全教育和宣传，提升交通设施和道路交通环境的安全性，加强对交通违法行为的处罚和监管，减少交通事故的发生和交通人员伤亡。

交通环境保护：通过推广清洁能源交通、减少交通噪声和污染排放，改善城市交通环境，减轻对环境的不良影响。

交通智能化：通过应用信息技术、智能交通系统和大数据分析，提升交通管理和服务水平，提高交通运行效率和交通出行体验。

城市交通治理伴随城市交通发展变化，由单一的社会经济目标转变为经济效益、环境保护及社会公平多目标协同发展，由被动适应转变为主动应对需求管理，从分方式单一交通物理设施网络独立构建转向多方式复合交通网络的整体构建与运行调控，从传统的独立子系统交通治理转向更加系统、更加综合的治理目标和体系构建，涵盖对外交通、道路交通、公共交通、静态交通、慢行交通五大系统，也表现在治理手段综合性，如通过规划、建设、管理等方面措施多管齐下而达成治理目标。

2.2 交通治理的理论基础

交通治理研究涉及交通工程、城市规划、公共管理、社会学、法学等多个学科，城市交通治理研究既要继承城市交通学科已有的理论方法，也需引入公共管理、公共治理等领域的理论成果与方法体系。

2.2.1 新公共管理理论

（1）新公共管理理论内涵

新公共管理（New Public Management，NPM）理论是20世纪80年代末

到 90 年代初在公共管理领域兴起的一种管理理论和改革思潮，代表人物为胡德、奥斯本、巴泽雷等。在迅速变化的信息社会背景下，传统的科层体制公共行政已无法有效应对，亦无法解决政府所面临的日益严峻的问题，这促使了新公共管理的诞生。

新公共管理，又称“管理主义”、“企业化政府”、“后官僚体制模式”或“以市场为导向的公共行政”，是管理主义或新管理主义在公共部门的具体体现，被视为公共管理领域的一场革命性变革。它代表着多维度的宽泛概念，旨在通过引入市场机制和私营企业管理理念，提升公共部门的管理效率和服务质量。

新公共管理理论借鉴了现代经济学和私营企业管理理念，主张将市场机制引入公共服务，以提高政府管理效能和服务质量。该理论重视绩效、效率及顾客导向，强调学习私营部门的管理方法和竞争机制。倡导政府与公民社会的合作，简化职能、优化结构，实现电子化流程，以顾客需求为核心，提供高效、优质的公共服务。

新公共管理理论在全球范围内引发了关注与实践，对传统的行政管理方式进行了挑战和改变。然而，这一理论过分强调市场化和经济效能，导致公共价值和社会责任被忽视。实际应用中，应结合特定国家和地区的实际情况、经验及需求，灵活调整、合理应用。

（2）基于新公共管理理论的城市交通治理

新公共管理理论建立在“经济人”假设基础上，强调以顾客为导向，动员和利用各种社会力量来组织公共物品和服务的生产，并采取一系列有效措施及办法，实现公共服务的市场化、社会化。在城市交通治理中，提供“市民顾客”所需“产品”，满足“市民顾客”需要，为“市民顾客”提供最大价值。

基于新公共管理理论，可引入交通竞争机制以满足不断增长的交通需求。政府应打破公共服务垄断，允许私营企业参与，并引入公共交通竞争机制，通过竞争选择最优方案，提升服务质量和效率。如针对城市公共交通“最后一公里”问题，可运用新公共管理中的“顾客驱使”理念，以市民需求为导向，整合出行需求，引入竞争机制和多种公共交通工具、打通城市交通“微循环”工程。

基于新公共管理理论，可提高公众参与度。政府应激发公众和社会团体参与交通治理的积极性，提供有效的反馈机制。多元化的治理方式更能灵活应对社会变化，增强公众管理的实效性。

基于新公共管理理论，可建立绩效考核制度。政府应将资源配置与交通治理效果相结合，提高资源利用率。通过结果导向的支出理念，合理分配财政资金，提高使用效率，确保交通措施的有效实施。同时，建立明确的评估标准和绩效考核体系，增强公众对政府工作的监督，树立良好形象，提高公信力，评估结果还可为政府预算提供参考。

2.2.2 新公共服务理论

（1）新公共服务理论内涵

随着新公共管理的全球盛行，以罗伯特·B. 登哈特为首的公共行政学者对新公共管理理论进行了深入反思，尤其针对其核心理论“具有企业家精神的政府”进行批判，并在此基础上构建了一种新的公共行政理论——新公共服务理论。

“新公共服务”（New Public Service，NPS）的概念并非罗伯特·B. 登哈特首先提出。1989 年，美国著名行政学者帕特里夏·英格拉姆（Patricia Ingraham）和戴维·罗森布鲁姆（David Rosenbloom）就提出了“新公共服务”的概念，称其为“一场新型的公共行政运动”。学者将“新公共服务”定义为公共行政作用在整个治理体制中的一整套思想，即将公共服务、民主治理和公民参与置于核心地位。

新公共服务理论是一种基于民主政治（democratic politics）、公民权（citizenship）和公共利益（public interest）的治理模式和框架。与新公共管理不同，新公共服务强调政府的基本职能是“服务”而非“掌舵”，注重公共服务的公正、公民参与和社会责任。这一理论与企业化政府理论存在明显差异。

新公共服务理论的关键特点如下：

①公共价值导向：新公共服务理论关注公共部门的使命和公共价值，将社会公共利益置于首位，强调满足社会需求而非仅追求经济效益，致力于推动社会公正和改善社会问题。

②公共参与：新公共服务理论鼓励公众参与和民主决策，认为公众应该参与公共政策的制定和公共服务的提供过程。强调政府和公众之间的互动，以满足公众的需求和建立信任关系。

③绩效导向：新公共服务理论强调公共部门应该关注绩效和成果，而不是仅仅着重于经济效益。强调提供高质量、有效和可持续的公共服务，通过绩效评估和监测来提高公共服务的质量和效率。

④跨部门协作：新公共服务理论强调跨部门、跨领域的合作和协调。认为解决复杂的社会问题需要不同部门和利益相关者之间的合作，以形成综合

性的解决方案。

⑤伦理和社会责任：新公共服务理论强调公共部门的伦理和社会责任，倡导公务员以负责任的态度和行为为公众服务；强调公共部门的专业操守和行为准则，以推动公正和诚信的公共服务提供。

新公共服务理论不是完全否定新公共管理理论，而是对其进行理性批判，肯定了新公共管理理论在提高政府管理质量和效率方面的贡献，但强调公民应成为管理活动的核心，强调公共管理的本质是服务。政府的任务是协助公民明确并实现公共利益，而非控制社会，即“服务”而非“掌舵”。因此新公共服务理论重视公民的主体地位，倡导与公民合作共治。

（2）基于新公共服务理论的城市交通治理

新公共服务理论认为公共利益是个人利益的集合，公共利益是共同价值观的结果。重视公共服务的本质和使命，关注社会公共利益的实现和社会问题的解决，应鼓励公共部门更加注重公共价值和公民参与，以提供公正、可持续的公共服务。

基于新公共服务理论，城市交通复合网络作为城市可持续运行的物理载体，能满足出行和生活生产物资需求，服务人的各种需求。政府则负责提供公共服务，规范企业行为，并在基础设施建设和运维管理中权衡各种政策。

基于新公共服务理论，公共交通服务作为准公共产品，单纯依赖政府或市场机制均存在局限性。为了更好地满足用户需求、体现公共利益和公共价值，城市公共交通服务需进行整合，绩效评估也应从效率导向转向结果管理。如交通基础设施建设运营应从政府单一投资主体向多元市场化投资的运作机制转型，建立包含政府、市场、社会合作的多元化服务供给模式。

2.2.3　新公共治理理论

（1）新公共治理理论内涵

21 世纪初，公共事务和公民对高质量公共服务的需求增加，公共部门难以单独应对复杂的社会问题。公共服务的精准有效提供越来越依赖于公共部门与其他利益主体之间复杂关系的处理，传统公共行政和新公共管理暴露出诸多不足，旧的公共管理理论难以解决公共行政在现实中面临的问题。在这样的背景下，新公共治理理论作为新的公共管理理论应运而生。

“新公共治理”（New Public Governance，NPG）由托恩首次提出，但未明确定义。只是在文中指出当时的“功利性”公共选择（“utilitarian” public choice）、新管理方法（new-managerial approaches），规范和“价值承载”的新制度方法不适用于研究欧洲新兴的公共治理的综合方法。2010 年出版的《新公共治理？——公共治理理论和实践方面的新观点》一书，从理论基础、组织间伙伴关系与合同关系、政策网络治理等方面，探讨新公共管理新问题，并提出新公共治理的理论框架。

新公共治理理论是指伴随着西方国家出现的管理危机和市场与等级制的调解机制发生的危机，以及伴随着公民社会的不断发育和众多社会组织集团迅速成长而出现的新型公共管理理论。反思和批判传统公共行政理论，重构国家与社会、政府与市场、公域与私域等的关系，并整合新公共管理理论和新公共服务理论的合理内核。其核心是通过合作、协商和伙伴关系，实现公共事务的有效管理。

新公共治理理论是探讨政府与社会各界合作解决公共问题和提供服务的理论体系，它强调政府、市民社会组织、非政府组织、公众等多元主体之间的相互作用、协商合作和共同参与，旨在最大化公共利益。

与新公共治理理论相关的重要内容如下：

①多层次治理：多层次治理理论认为，公共问题的解决需要在不同层级、不同利益相关者之间进行协调合作，包括政府、市民社会组织、企业等，关注跨部门、跨界别、跨层级的合作，强调多元参与和共同决策。

②网络治理：网络治理理论强调通过网络化的方式组织和管理公共事务，包括政府、非政府组织，企业，学术界和公众等多个参与主体之间的互动和合作。重视信息共享、资源整合和利益协调，实现共同目标的达成。

③公共参与：公共参与理论强调市民和社会各界参与公共事务的权利和责任。提倡政府与公众之间的对话和合作，重视民意表达、决策公正和民主监督。

④利益博弈：利益博弈理论认为在公共治理过程中，不同利益相关者之间存在利益冲突和协调，需要通过博弈和谈判来平衡不同利益，达到权衡和妥协。

⑤治理创新：治理创新理论关注公共治理的实践创新和制度改革。强调通过制度设计和政策实验来提高治理效能和适应性，推动公共治理的持续改进。

（2）基于新公共治理理论的城市交通治理

新公共治理理论以国家理论和企业理论为基础，为公共事务提供新治理方案，指导公共部门决策、政策实施与公众参与。肯定公民的自主治理，强调公民意识与主体性的提升，鼓励公民积极参与治理。这种理论与实践的结合对于解决复杂公共问题、提高治理效能以及维护社会稳定和谐至关重要。

公共治理理论为城市交通治理提供了有益的分析范式，但现有理论框架中宏观层面较多，中观和微观层面不足，且治理目标、价值、过程、工具和能力之间的联系尚未明确描述。

公共治理与交通治理之间的关系如下：

①社会效益：交通治理的目标是通过提供合理的交通规划、管理和服务，满足人们的出行需求，促进社会经济的发展。公共治理的目标是通过协调各方利益、提供公共服务，实现社会效益的最大化。在交通治理中，公共治理可以发挥重要作用，通过协调政府、企业、社会组织和公众的合作，促进城市交通的可持续发展。

②制度建设：交通治理需要建立相应的制度和政策，以规范交通运输行为。公共治理则关注制度的建设和完善，包括法律法规、规章制度、政策措施等，以促进交通运输的有序发展。交通治理可以借鉴公共治理的理念和经验，建立透明、公正、高效的交通治理机制和决策程序，提高决策的科学性和公众参与的程度。

③利益协调：交通治理涉及多方利益的协调与平衡。公共治理的核心是通过协商和合作，解决各方的利益冲突，实现多方利益的平衡。在交通治理中，公共治理可以提供平台和机制，促进政府、企业、居民、社会组织等各方之间的利益协调，确保城市交通发展的公平和公正。

④公众参与：公共治理强调公众的参与和民主决策。在城市交通治理中，公众参与是重要环节，可以通过公众听证、调查研究、意见征集等形式，了解公众对交通政策和规划的看法和需求，提高公众对交通治理决策的满意度和认可度。

综上所述，公共治理与交通治理是相辅相成、相互影响的关系。公共治理可以提供专业的决策支持和参与机制，促进交通治理的科学性、公正性和民主性，实现城市交通的良性发展。交通公共治理领域多方关注的核心话题，见表 2-1。

表 2-1　交通公共治理领域多方关注的核心话题

核心领域	核心问题	问题的专业化程度	公众认知直接程度	主要参与者
城市空间质量	“节约资源和保护环境的空间格局、生活方式”； 城市空间结构与生活质量的关联	高	高	参与城市规划的不同政府管理部门、社会组织研究机构等

续表

核心领域	核心问题	问题的专业化程度	公众认知直接程度	主要参与者
未来城市交通模式愿景	未来城市在自动驾驶、共享交通背景下城市交通结构的判断	高	低	不同领域专业技术人员，不同行业企业、社会组织、研究机构、政府、社会公众
城市空间网络的布局与资源分配	道路网络与街道网络的空间分布； 道路网络使用权分配（公交分配专用道）	高	高	城市规划部门、交通管理部门、社会组织、交通服务供应商、研究机构、社会公众等

2.2.4 利益相关者理论

（1）利益相关者理论内涵

利益相关者理论（Stakeholder Theory，ST）是20世纪60年代兴起的现代企业管理理论，20世纪80年代后影响迅速扩大，并开始影响美英等国的公司治理模式的选择，推动了企业管理方式的转变。

“利益相关者”（stakeholder）概念源于18世纪初，原意为“赌注”。多德于1932年首次提及“利益相关者”概念。1963年，斯坦福研究所将其作为一个明确理论概念提出。至今，已有数十种利益相关者定义。1984年，瑞安曼提出全面定义：利益相关者与企业相互依赖以实现各自目标。这一定义确立了利益相关者理论为独立分支。国内学者综合西方观点，定义利益相关者为在企业生产活动中进行专用性投资并承担风险的个体和群体，其活动能影响或改变企业目标，或受企业实现目标过程的影响。

1984年，美国经济学家弗里曼出版《战略管理：利益相关者管理的分析方法》，明确提出利益相关者管理理论。弗里曼将利益相关者定义为：能够影响一个组织目标的实现，或者受到一个组织实现其目标过程影响的所有个体和群体。弗里曼的观点极大丰富了利益相关者的定义，成为利益相关者研究的一个标准范式。

利益相关者管理理论强调企业经营管理者为综合平衡各利益相关者的利益要求而进行的管理活动。与传统的股东至上主义不同，该理论认为企业的成功离不开各利益相关者的参与和投入，企业应追求利益相关者的整体利益，而非某些单一主体的利益。

与利益相关者理论相关的重要内容如下：

①利益相关者：与组织有利益关系的人、团体或机构，包括股东、雇员、客户、供应商、社区、政府、环境组织等。利益相关者理论认为，组织不仅要考虑股东的利益，还要平衡和满足其他利益相关者的需求。

②互动与合作：利益相关者理论强调组织与利益相关者之间的互动和合作。组织应该与各个利益相关者进行沟通、合作和协商，共同解决问题、创造价值，并考虑各方的意见和建议。

③长期可持续发展：利益相关者理论强调组织的长期可持续发展需要平衡各方利益，而不是单纯追求短期利润最大化。通过考虑和回应利益相关者的需求，组织可以建立可持续的关系和信任，提高组织的声誉和长期竞争力。

④多元利益：利益相关者理论强调不同的利益相关者可能有不同的利益和权益。组织需要根据各方的需求和权益，平衡各种利益冲突，并制定合适的决策和管理方案。

⑤责任和透明度：利益相关者理论强调组织的责任和透明度。组织应该承担起对利益相关者的责任，并提供适当的信息和参与机会，使其能够了解组织的决策和行为，并对其负责。

（2）基于利益相关者理论的城市交通治理

利益相关者理论是一种组织管理和商业伦理领域的理论框架，强调组织识别、理解和回应各方利益相关者的需求和利益。平衡满足各方需求有助于组织实现全面和可持续发展，同时建立良好关系和声誉。

交通服务治理的利益相关者包括影响交通服务全链条，即服务提供、服务生产、服务消费和服务评估或受交通服务创新影响的个人和群体。在制定交通治理政策时，需全面考虑和平衡这些利益相关者的利益、需求和意见，这些利益相关者包括政府部门、运输企业、居民、环保组织和交通用户等，其利益在决策过程中必须得到充分重视。

基于利益相关者理论，在交通治理过程中，政府需要协调各个利益相关者的利益和需求，平衡不同利益之间的冲突和矛盾，以达到最优的治理效果。这需要政府采取透明、公正的决策机制，充分听取各方意见，促进利益相关者之间的对话和协商。

基于利益相关者理论，强调利益相关者的多样性和多元性，在交通治理过程中，政府需要考虑不同利益相关者的利益和需求可能会因社会地位、经济条件、文化背景等因素而有所不同，需制定差异化的政策和措施。

基于利益相关者理论，强调利益相关者之间的相互作用和影响。各个利益相关者在交通治理过程中的行为和决策可能会相互影响，产生复杂的关联效应。因此，政府需要全面考虑利益相关者的相互关系，避免单方面偏袒某一方的利益，而忽视其他利益。

总之，交通治理过程中的利益相关者理论强调平衡各方利益、考虑多样性和多元性以及关注利益相关者之间的相互影响。这一理论为制定和实施有效的交通治理政策和措施提供了重要指导。

2.3 城市交通治理理论

2.3.1 交通流理论

交通流理论用于描述道路上车辆（或非机动车/行人）与道路设施及环境的交互规律，也是交通工程学的基石。自 1935 年 Greenshields 等在其开创性论文《通行能力研究》中提出流量—速度关系模型以来，该理论已发展近 90 年。

交通流理论在发展初期主要运用物理和概率论等数学工具描述交通特性。1933 年，Kerzer 首次提出交通流理论，并论证了泊松（Poisson）分布应用于交通的可能性，Greenshields 于 1935 年的交叉口交通分析中运用了 Poisson 分布。随着汽车工业的发展，交通流理论研究日益丰富，如 Pipes 对交通动力学的研究、Lighthill 与 Whitham 提出的交通波理论及应用等。交通流动力学模型产生于汽车保有量激增引起的城市交通问题，Payne 于 1971 年提出了 FREFLO 动力学模型应用程序，有学者将应用数学、力学等领域的方法和思想运用于交通学科研究，形成了不可压缩流体交通流 Papageorgiou 模型、原细胞传输（cell transmission）模型、元胞自动机（celluar automata）模型等。Kerzer 将交通流模式划分为自有流、同步流、宽幅运动阻塞流三种形态，提出了三项交通流理论，并研究了不同交通流之间的相变过程。

行人和车辆在道路上整体表现出类似流体的特质，称为交通流，它反映了车辆群体在道路上的行驶状态，并随时间和道路环境而变化。交通流是宏观概念，通过分析观测数据，发现其具有特征性倾向，称为交通流特性。这些特性通过交通流参数来定量和定性描述。

交通流理论研究交通运输系统中车辆、行人和货物的流动行为与特性，描述其形成、发展和变化规律，为交通管理和规划提供理论基础。微观上，关注行人、非机动车等混合异质交通流；宏观上，研究多方式复合网络的状态演变，建立相关动力学理论和模型。

与交通流理论相关的重要概念和模型如下：

①流量—密度—速度关系模型：交通流理论研究了流量、密度和速度之间的关系。一般认为，流量—密度曲线呈现反向“U”形，即密度低时流量上升，达到某一临界点后流量下降，而速度—密度曲线呈现“U”形，即密度低时速度较快，密度增加后速度逐渐减慢。

②瓶颈理论：瓶颈理论是交通流理论中的重要概念之一，研究了交通流在道路瓶颈处的形成、变化和影响。涉及瓶颈区域的流量、密度和速度，以及通过交通管理措施缓解瓶颈效应。

③交通流模拟：交通流模拟是一种通过数学模型和计算机仿真模拟和预测交通流动态变化的方法。可以帮助交通规划者和管理者评估不同交通策略和措施对交通系统的影响，以优化交通流效率和减少拥堵。

④微观模型和宏观模型：微观模型关注个体车辆或行人的行为和交互，通过对个体行动的建模来分析交通流动态。宏观模型则关注整体交通流的特征和规律，通过统计分析和聚集效应来描述交通流动态。

交通流是解释交通现象、分析交通问题和提高交通系统效率的基础。通过研究交通参与者行为，建立时空变化模型，拟合真实交通流，以分析交通流的演化特征和拥堵形成机理、传播规律及疏解方法，从而实现交通流理论在交通工程中的具体应用。该理论在交通规划、管理和控制等领域具有重要价值，助力优化交通系统，提升效率和安全性。

2.3.2　交通需求管理理论

交通需求管理的理念起源于20世纪70年代，并在新加坡和欧洲获得了很好的实践经验。

交通需求管理（Transportation Demand Management，TDM），也称出行管理（mobility management），是为了提高交通运输系统效率、实现特定目标（如减少交通拥堵、改善交通安全、节约能源、减少污染和改善非驾驶员出行等）所采取的影响出行行为的各种政策、技术和管理措施的总称。

实现交通需求管理的目的是在适度的交通建设规模下，通过建立经济杠杆调控，行政管理、科技指引等多种手段并用的交通需求管理体系，控制交通需求总量，减少或分散交通需求，使供需平衡，保证交通系统有效运行。

交通需求管理理论旨在探索交通需求管理的思路和方法，优化交通系统运行和环境，通过引导、调控和管理交通需求，以应对交通供需矛盾，实现高效和可持续发展。TDM理论研究涉及土地利用规划、道路使用效率、车辆拥有与使用、出行方式替代与优化、拥挤价格政策以及供需平衡等方面。

与交通需求管理理论相关的重要概念和理论如下：

①交通需求管理原则：涵盖公平、高效和可持续。公平原则确保交通资源平等分配，满足各方需求；高效原则注重提升交通系统运行效率和流动性；可持续原则在满足当前需求时，兼顾环境与资源的长期影响。

②交通需求管理措施：分为限制和引导两类。限制措施采用行政手段，如交通限制和道路收费，减少交通流量和拥堵，降低排放。引导措施则通过优化交通规划和设施，调整交通流向和出行方式，如完善公共交通和优化非机动车道路。

③出行行为理论：探究交通需求的形成与变化规律，关注人们的出行决策过程、出行方式选择和出行行为对交通需求的影响，为交通需求管理提供决策依据。常见的出行行为理论包括交通出行链理论、出行交叉理论等。

④系统优化理论：旨在通过整体优化交通需求和系统，实现交通系统的最佳状态。常见的方法包括交通模型建立和仿真分析，通过模拟不同交通需求管理措施的效果，确定最佳方案。

⑤交通行为与需求分析理论：行为模型强调交通需求派生于活动，构建基于个体行为（决策）关系的预测方法。

⑥交通供需均衡理论：关注人为创造和优化交通条件以增加交通供给，包括交通制度设计与完善、交通线路、网络安排和秩序管理。供给侧主要问题体现为基础设施薄弱、设施完善滞后、布局结构不合理和管理手段落后。城市交通供给侧改革旨在优化资源配置，解决当前供给模式的问题，如决策缺乏科学依据、策略失当、理念错位、服务供给与市场需求脱节、交通供给过分依赖资源驱动等问题，提出城市交通供给侧结构性改革应调整交通供给模式、重组交通体系结构、优化交通供给策略。

交通需求管理通过实行系列政策措施，管理、控制和引导改变人们的出行行为与出行观念，是解决城市拥堵、推进城市交通治理的有效途径之一。交通需求管理也在协调机制、信息科技、经济措施方面不断创新。

①协调机制创新。城市综合交通规划协调土地利用与部门分工，包括空间规划与交通规划的协调、各部门权责分工的协调。

②信息科技创新。出行辅助系统、路线规划和交通预测工具的可靠性进一步提升。一方面，部分社会实践活动已经被网络取代（如线上会议、远程协作办公等），减少了部分交通需求；另一方面，导航系统、地理信息等技术的发展，使交通可达性大大提升，信息获取与传导效率极大提高。

③经济措施创新。以公共交通价格、机动车交通收费等为代表的调节措施

更多地考虑区域自身特点，引导公交优先、低碳绿色出行，兼顾效率与公平。

以上是常见的交通需求管理理论，这些理论帮助研究者了解和分析交通需求，评价既有交通政策效果，引导设施建设，为交通决策和政策制定提供了理论支持和方法指导，以实现交通系统的高效运行和可持续发展。

2.3.3　交通行为理论

交通行为（Traffic Behavior，TB）理论主要研究交通环境中的行为决策与模式，涉及人类参与交通的动机、决策、选择及与其他参与者互动。

与交通行为相关的理论如下：

①交通行为决策理论：关注个体在交通环境中的决策过程，涉及交通方式选择、路径选择和出行时间选择等。理论强调，这些交通决策是基于个体的偏好、交通条件、经济因素等多种因素综合考虑的结果。

②交通行为模式理论：着重研究交通环境中人类行为的典型模式和规律，如驾驶时的加减速模式和车道选择模式等。该理论通过对交通参与者的行为模式进行分析，可以预测和优化交通系统的运行。

③交通心理学理论：聚焦于人类交通行为的心理和情感因素，探究人们在交通环境中的感知、态度和行为动机。该理论深入研究这些心理因素如何影响驾驶和乘坐的选择，进而优化交通体验和安全性。

④交通社会学理论：探讨社会因素对交通行为的影响，着重研究社会文化、社会关系和社会规范在塑造交通行为中的作用。例如，社会对交通规则的遵从度以及对共享交通的态度等都会影响个体的交通决策和习惯。

这些交通行为理论有助于理解并预测人类交通行为，为交通治理中的交通规划、管理和政策制定提供科学依据，并用来优化交通系统运行、提升交通安全、减少交通拥堵，为改善交通环境提供理论支持。

2.3.4　交通镇静化理论

交通镇静化（traffic calming），派生于德语词汇“verkehrsberuhigung”，是“woonerf”在德国本土化演变的产物，代表控制速度的手段，交通镇静是交通需求管理的一部分。

交通镇静是指降低机动车使用的负面影响、改善机动车及行人出行环境的各种物理措施的综合。交通镇静通过交通技术手段来提高公众交通安全意识、优化驾驶员行为。

随着交通镇静化不断发展，其定义也分化为广义和狭义两个范畴，前者是交通规划和管理的政策性概念，后者是降低车速的具体设计措施。例如，根据美国规划协会《美国交通静化手册》，交通镇静化的定义为：“交通镇静化包含改变街道路线、设置路障等改造手段，以实现街道安全、宜居和其他公共目标。”交通工程师协会（ITE）和美国联邦公路局（FHWA）则认为交通镇静化的核心理念是“通过构建多种出行方式平等共享的交通空间，发展多方式的城市交通体系，从而降低小汽车过度增长对城市环境造成的损害”。

交通镇静化理论是一种交通治理理论，在欧洲交通机动化激增的背景下诞生，研究机动化带来的公共空间和资源受限、安全稳定、环保等问题。20 世纪 60 年代初，Buchanan 发布了城市交通报告，提出机动车是有效的交通手段，但需要通过限制机动车或者重建城市的途径避免原有城市环境受影响。到 20 世纪 80 年代，以 Donald Appleyard 发表的 *Livable Streets* 为开端，“交通镇静”理论迅速形成并发展，其内涵被概括为交通教育、交通法规和工程措施三个方面。荷兰推行“庭院式道路”以保障居民区免受干扰，就是典型的交通镇静化措施。

21 世纪初，道路瘦身（road diet）和完整街道（complete street）等计划通过实施交通镇静化手段取得了良好成效。交通镇静化作为一种空间治理手段，在国外已纳入各城市街道设计导则，并强调城市生产活动、居民生活和生态环境的协同发展。发展至今，交通镇静化理论已广泛应用于规划和交通政策实践，包括居住区对外交通出入口规划、噪声控制、单行线设置、限速及慢行系统等方面。

2.3.5 TOD 理论

20 世纪 80 年代，美国为了遏制郊区化带来的低密度蔓延、高度社会隔离、严重依赖小汽车等种种问题，提出了公共交通导向开发（Transit-oriented Development，TOD）理念。

1989 年，彼得·卡尔索尔普（Calthorpe）提出的“步行口袋模型”是一项综合土地利用策略，在约 400 米的步行半径范围内布置高密度建筑，并加强社区与公共交通之间的联系。

1993 年，Calthorpe 正式提出 TOD 理念，旨在缓解对小汽车的依赖，把郊区的无计划扩张转变为由公共交通引导的土地综合开发，营造“步行友好”的建成环境，注重站点综合效应的有效利用。1997 年，赛维罗（Cervero）和 Kockelman 主张土地利用和城市公共交通系统相互结合，重点是公共交通站域的土地利用和空间组织，在理论与实践中提出了 3D 密度［密度

(density)、多元化(diversity)、设计(design)] 原则，推动了 TOD 发展，其要求是在公共交通周围有一定的人口/就业/建筑密度(density)、土地混合开发(diversity)、步行导向的空间设计(design)。TOD 理念引入中国后与快速城市化、轨道交通大发展过程相伴随，经过近 30 年的理论研究与实践探索，TOD 理论已经得到不断完善(见图 2-1)。

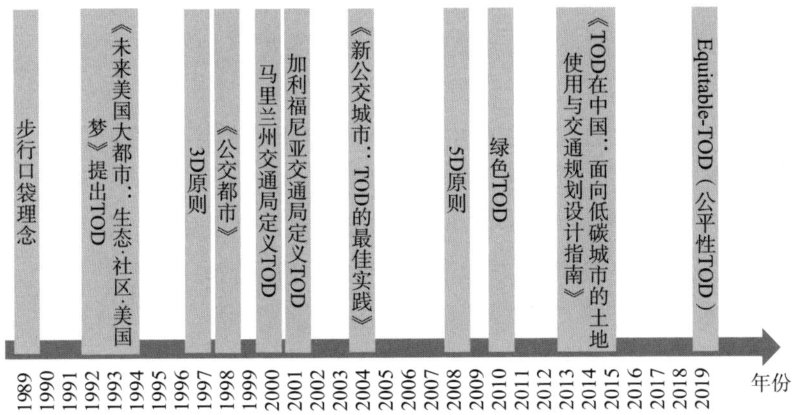

图 2-1　TOD 理论发展重要节点

以公共交通为导向的 TOD 开发，是指规划一个居民或者商业区时，使公共交通的使用最大化的一种非汽车化的规划设计方式。TOD 理论强调公共交通与土地利用紧密结合，倡导形成以公共交通走廊为纽带，以公共交通为导向，以综合用地组团为节点的城市布局方式。其中的公共交通主要是指火车、飞机、地铁、轻轨等轨道交通及巴士干线。

5D 原则是 TOD 理论特征类型划分的另一种方式，即土地混合(diversity)开发、高密度(density)建设、宜人的空间设计(design)、交通换乘距离(distance)和目的地(destination)可达性。在交通站点所能够辐射到的直接影响区域内，人们可以通过步行、自行车等方式到达站点。综合来看，站点地区的空间范围通常为 5~15 分钟的步行路程，即 400~800 米距离。

(1) 土地混合开发

TOD 区域采用开发高密度住宅、商业、办公用地，同时开发服务业、娱乐、体育等公共设施的混合开发模式。混合开发的土地使用能够有效减少出行次数，缩短出行距离，并且促进非机动方式的出行。

(2) 高密度建设

高密度的开发，能够促进公共交通方式的选择。有研究表明，在距离轨道交通站点相同距离时，高密度住宅区的公交出行比例比低密度住宅区高出30%。

（3）宜人的空间设计

传统的邻里、狭窄的街道、宜人的公共空间、尺度的多样性、与公交站点之间舒适的步行空间，有利于提高公交出行的吸引力。

（4）交通换乘距离

缩短人们出行的步行距离，合适的轨道交通密度能够提高人们日常出行的概率，同时加大人们选择公共交通出行的可能性。

（5）目的地可达性

基于公共交通走廊与区域功能发展，在交通站点所能够辐射到的直接影响区域内，人们可以通过步行、自行车等方式到达站点。

根据区域功能定位，TOD主要分为三种类型：公共中心型、居住社区型、交通枢纽型，各类型TOD模式的特点如表2-2所示。

表2-2 TOD模式类型和特征

特征	公共中心型	居住社区型	交通枢纽型
土地利用	强调商业、办公与居住的混合开发	以轨道站点为核心进行综合开发，设置大型超市、商业、娱乐等公共服务设施，形成居住区主要公建中心	轨道交通站点附近有对外交通枢纽或大型室内交通换乘枢纽，且轨道交通站点与这些交通设施有直接或较为直接的联系
空间布局	以轨道为核心形成绿化公园及商业街区	以轨道站点为核心形成具有商业、生活功能的居住区	布局大型交通换乘设施、商业商务、娱乐休闲设施和餐饮零售设施，周边为居住区
开发强度	高强度开发	中等强度开发，构建公交社区	中高等强度开发
交通特征	高强度的交通吸引，引发大量的车流和人流	分区域型的交通模式，区域内车流、人流强度较高	有益于疏散和汇聚客流，枢纽的完善提高了交通可达性
道路系统	城市主干道从中心区外围穿越，干道间距在900米左右。中心区内道路采用密支路网形式，道路网密度一般为13~18千米/平方千米，支路间距120×150米	城市主干道从居住区外围穿越，路网密度为11千米/平方千米，主次干道间距在330米左右	城市主干道从居住区外围穿越，路网密度为11千米/平方千米，主次干道间距在330米左右
交通组织	以轨道交通为导向，强调常规公交接驳系统	以轨道交通为导向，强调常规公交接驳系统	以轨道交通为导向，强调常规交通接驳系统，实现内外交通零距离换乘

TOD 是城市公共设施和空间尽量靠近公共交通站点的布局和建设，使公共交通站点成为片区内转换核心，构建交通圈、商业圈、生活圈“三圈合一”的城市布局。TOD 是交通和土地使用深度融合的开发模式，也是利用现有轨道交通推动城市更新换代的有效方式。

TOD 理论为重构城市的交通结构、产业结构与空间结构，为系统性解决巨型城市的城市病与城市密集区再开发提供了新思路。TOD 理论可指导实现土地节约集约、出行便捷高效、环境绿色友好、交通低碳节能的城市理想发展。

2.4　交通治理现代化转型

2.4.1　城市交通治理转型的背景

（1）问题导向的城市交通治理

随着城市规模、路网总量、机动车保有量的扩张与激增，城市交通作为实现人流、物流空间移动的载体，其治理不仅与就业机会获取、生活质量提升等民生问题息息相关，也是出行权益与社会公平、公正、共享集中体现的焦点领域。现代城市交通治理理论解决的主要问题包括三个方面：主体协作关系、交通服务供求机制、治理绩效评价与监督控制。通过解析诉求，构建利益相关者合作博弈模型，探寻供求两端协同演化机理，平衡各主体的收益分配与损失补偿。

城市交通治理的根本目的是优化资源配置，使交通服务公平高效。城市交通出行需求个性化、差异化，服务模式多元化、融合化，公民意识理性化、法治化，都迫切要求变革当前城市交通治理结构。

（2）面向现代化的城市交通治理

2013 年，党的十八届三中全会提出“全面深化改革的总目标是完善和发展中国特色社会主义制度，推进国家治理体系和治理能力现代化”，首次提出了“国家治理体系和治理能力现代化”问题。党的十八大报告首次使用了“国家治理”概念，提出要“更加注重发挥法治在国家治理和社会管理中的重要作用”。国家治理涵盖了政府治理、市场治理、社会治理等多元主体不同层次的治理，主要指国家在基本权力安排既定的情况下，如何使国家权力运行得合法、顺畅、高效并得到社会认同。国家治理属于社会历史领域，与物质生产、精神生产并列，属于标志历史主客体相互作用和有机统一的实践过程的范畴。

现代城市交通已经由城市发展的配套设施转变为调控城市发展模式、引导城镇群健康发展的重要手段。在2021年第二届联合国全球可持续交通大会开幕式上，习近平主席指出，交通是经济的脉络和文明的纽带，交通成为中国现代化的开路先锋。交通一体化、绿色化、智能化、共享化是世界交通发展趋势，将带来交通基础设施、能源动力、技术装备、服务模式、运营管理等方面的深刻变革。

建立城市交通治理现代化理论和方法是全面深化改革总目标的重要内容，城市交通的社会治理是新常态下城市和城市交通发展的客观要求。城市交通运输能效是城市治理能力的体现，城市交通治理是城市公共治理的核心内容之一，新时代必须创新交通治理理念，推进交通治理现代化转型，完善城市交通治理体系，提高城市交通治理能力。

2.4.2 城市交通治理的制度演进

制度是一定组织在某种活动领域的基本规范的综合系统，是社会规范中最稳定、最基本的部分，具有保证社会正常运行的功能。广义的制度范畴涵盖了制度与政策，其中，制度具有全局性、强制性和长期性，制约着政策，而政策具有导向性、时效性和阶段性，巩固和发展着制度。城市交通治理须从制度顶层设计入手。

我国交通制度可以追溯到夏商周时期马车牛车的出现、都邑建设、司空官设置等，随着商贸的活跃与城市建设，古代交通制度已经形成了较为完善的体系。到了近代，我国交通逐步实现机动化，公共交通与私人交通互为补充。清朝末年，清政府先后制定了《管理地排车专则》《管理人力车规则》《管理大车规则》等交通管理法规，1945年国民政府颁布了《改进市区及公路交通管理办法》等政策文件，1950年，新中国成立后出台了第一部道路交通管理法规——《汽车管理暂行办法》，随后陆续出台了《城市陆上交通管理暂行规则》《城市交通规则》等政策文件，标志着近代及新中国成立初期我国城市交通政策仍以管理为主。西方国家公共交通和机动化发展较早，1933年《雅典宪章》针对交通机动化趋势，提出须建立适应现代交通需要的新街道系统。1977年《马丘比丘宪章》更进一步提出，“未来城市交通的政策显然应当是使私人汽车从属于公共交通系统的发展，公共交通是城市发展规划和城市增长的基本要素”。

计划经济时期，国内投资体制由政府高度主导，铁路、民航等基础设施服务由政府直接供给，政府不仅是交通投资的决策者，还是资金的提供者、建设运营的管控者。因此，计划经济时代的交通供给制度中，市场作用缺少发挥空间，交通服务的财政资金依赖性非常高，社会公众参与交通治理的途径也十分有限，以政府引导下的以工代赈等方式为主。改革开放后在市场经济体制改革的背景下，经济活动的蓬勃发展与交通基础设施服务的严重不足之间的矛盾不断激化，物资运输效率较低，城市拥堵加剧，交通运输服务供给需求激增。交通基础设施投资体制实施了一系列改革，形成了公路、港口、民航等领域事业性收费制度，地方政府拥有了一定自主权，交通设施投资开启有偿贷款的方式，以工代赈形式在乡镇中小基建项目中活跃。到 20 世纪 90 年代，在交通市场化改革下交通基础设施投资逐步走向多元化。交通运输部 1983 年提出的“谁投资，谁使用，谁受益”原则推进了使用者付费理论的形成和应用，现代企业制度的普遍建立使各类交通投资开发公司涌现，大量社会资本进入基建投资领域，PPP 模式等公私合作形式广泛应用，形成了多元化交通供给格局。

城市交通制度是维护城市交通系统秩序的必要工具，城市交通制度现代化是城市交通综合治理现代化的重要内容，其核心是制度设计和过程管控。我国交通基础设施供给制度由计划经济体制到事业性投资体制，再到对多元化供给的尝试，交通治理制度设计不断完善，交通供给多元化纵深推进。实践表明，现代交通制度变革的主要目的是维护公共利益，增强城市内外部交通能力和维护城市交通主体利益。

2.4.3　城市交通治理现代化转型

2.4.3.1　合作治理：多元化转型

政府单极治理模式的特点是总体运作效率高，以财政资金为主，资产管理和运作过程清晰。但从以人为本思想和交通一体化发展的角度来看，单极治理模式在公共交通和私人交通的服务供给公平性、出行品质需求、交通系统协同效应、财政压力、市场和社会参与程度、体制机制和政策统筹、科学决策等方面存在不足。因此，对治理模式转型的讨论和主张日益增多，包括从治理理论和制度学角度实施交通运输管制制度的多元治理、从交通共同体角度整合社会力量培育公共精神、从城市交通协同治理体系角度构建面向多元主体“价值—信任—合作”新型关系的城市交通治理现代化理论架构和方法等。

传统城市交通管理以基础设施建设服务和物理系统运行管控为主要内容，权力依据职能在各个部门进行分工和分层，以强制力为保障，以规则制定为组织管理方式。现代城市交通治理在科层式结构的基础上，作为调控城市发展模式、引导可持续发展的手段，强调公共政策安排中的开放参与和科学决策，旨在打造共建共治共享的道路交通治理格局。现代化城市交通治理应聚焦城镇化国家战略、公交优先现实困境、共享交通服务创新三类重点场域，主要涵盖主体协同治理、提高资源配置效率、公共利益多元共享的治理模式。

2.4.3.2 区域治理：一体化转型

（1）区域一体化

区域一体化从荷兰经济学家 Tinbergen 首次提出到 Balassa B 的过程状态并存说，经过新贸易理论、新区域主义、新功能主义、新经济地理学、新制度经济学的创新，不断丰富与发展。

区域一体化降低了交易成本，促进了产业集聚，高经济密度地区的土地等要素价格上涨会对产业布局起分散作用，从而缩小地区间的经济密度差距。政府也会利用正向的政府政策对空间不公平进行干预，通过向低密度地区转移支付、税收补贴和税收抵扣等手段，引导产业转移，以缓解经济密度差异所带来的空间不公平。通过交通运输工具的改进和运输基础设施的完善，降低运输的经济成本和时间成本，通过降低关税壁垒等制度手段降低贸易成本，缩短经济距离。要素市场经济距离缩短，又会使得各类生产要素能够以更低的成本在更大的区域范围内流动。减少区域分割可提高经济效率。

（2）交通一体化

经济一体化的实质是市场一体化，区域经济的协调发展过程实质上就是区域制度不断创新的过程，制度创新的目的就是要加速经济的市场化进程，实现资源的合理配置。因此，区域一体化不只是经济的一体化，还包括实施交通一体化促进基础设施互联互通、生态治理一体化实现跨流域综合治理和产业升级一体化推动区域高质量发展等内容。

交通基础设施建设对经济社会发展有着先导性、支撑性、基础性作用，经济社会的发展又会保障和促进交通基础设施的建设。交通发展促进时空压缩，扩大了区际交流范围与频度，促进知识外溢，重塑经济活动空间尺度。在我国，地方政府既执行中央宏观调控指令、管理地方事务，又投资地方国有经济，是特殊的市场行为主体，深刻影响着地方资源的配置与重组。因此，地方政府通常体现出区域竞争和地方保护等“逆市场”行为模式。交通基础设施建设改变区域经济集聚和离散平衡，生产要素流向优势地区，从而拉大区域间经济差距，导致地方保护的加剧。

新时代我国区域经济政策强调协同发展和全国统一市场建设，因而要消除妨碍要素自由流动的体制政策障碍，转变政府职能，强化区域合作的利益导向和动力机制。自 2019 年《国家发展改革委关于培育发展现代化都市圈的指导意见》出台以来，区域一体化加速推进，国内典型的区域协调发展模式包括长三角区域一体化、京津冀协同发展、粤港澳城市群交通规划等。

当前，我国坚持“整合资源、优化结构、提高效率”以及“合理布局、联合开发”的原则，打破区域行政壁垒，完善合作机制，加强标准化、信息化建设，强化运输便利化措施，推进服务一体化、交通一体化建设加快实施。国家发展改革委陆续发布了成渝地区、长江三角洲地区、京津冀地区的关于城市群多层次轨道交通融合发展系列文件，支持通过轨道交通质的提升进一步支撑都市圈城市群的经济社会发展。

2.4.3.3　智能治理：数字化转型

随着人工智能、大数据、区块链、云计算、网络安全等新技术和新市场模式的发展，公共治理日益趋于复杂，多元主体对交通服务的利益诉求日益趋于差异化，城市交通的智能治理应运而生。智能交通系统于 20 世纪 60 年代由美国提出，是集成了信息技术、数据通信传输技术、电子传感技术及计算机软件处理技术等，并运用于整个地面交通管理系统而建立的一种在大范围内、全方位发挥作用的高效、便捷、安全、环保、舒适、实时、准确的综合交通运输管理系统。智能交通的应用场景涵盖多个方面，包括发展自动驾驶和车路协同的出行服务，推广公路智能管理、交通信号联动，以及实施公交优先通行控制、建设智能交通基础设施和智慧停车场等，可以全面提升交通系统的智能化水平，为现代城市交通注入更多科技创新元素。

我国城市交通治理数字化转型始于 20 世纪 70 年代末至 90 年代中期，智能交通从理论迈向实践；国际智能交通起步于 20 世纪 90 年代中期至 2015 年，交流参与度不断提升，一系列国家示范工程项目取得突破，大量智能交通企业涌现。2015 年以后，智能交通加速发展，交通信息化正式落地，关键前沿技术取得突破，智能化管理与服务项目在全国普遍开展，“出行即服务”(MaaS)、城市信息模型系统发展风头正劲。在新兴科技的牵引下，以需求为中心的绿色、共享、智慧交通系统迎来前所未有的发展机遇。在国家发展规划的指导下，我国城市交通精准治理能力逐步提升，交通信息化水平显著提高。通过加快对交通传统基础设施的数字化改造、加速构建现代化综合交通运输体系、提升城市交通基础设施智能化建设管理水平和建设数据驱动的新型智慧城市等系列举措，我国城市交通正以数字化加速助推城乡高质量发展和治理模式创新。

2.4.3.4 可持续治理：品质化转型

公共供给和公共需求的关系是公共行政的基本关系。伴随着工业化和城市化，交通领域的公共服务在发展和完善的过程中也因城市无序扩张、机动车使用过多、公共交通不完善等原因，出现城市拥堵严重、慢行交通系统安全性与连续性不高、交通环境恶化、停车不便、能耗过高等问题，不能满足人民群众品质化的出行需求。实现交通强国战略目标，要根据“人民满意、保障有力、世界前列”的要求，实现城市交通品质化转型，建成可持续城市综合交通体系。具体而言：

一是要发展绿色交通。绿色交通是基于能源资源紧张的国情、新型城镇化的发展阶段和环境伦理的高度责任感提出来的，是交通强国的必然要求。交通高质量发展要求将绿色发展理念贯彻运用到交通运输系统的各个环节，涉及人、车、路交通组织建设和管理、交通环境乃至整个社会系统。这就需要统筹协调好交通建设与国土空间开发保护的关系，推进公共交通导向的城市开发，重塑慢行系统建设，规范共享交通发展，合理引导交通需求，加快新兴科技研发应用。

二是运输高效便捷。近年来，我国多种联运组织模式不断创新，专业化物流服务进一步发展，大量先进交通装备投入应用，承载能力和衔接水平进一步提升，现代化综合交通运输体系正在加快形成。基础设施建设方面，我国的快速干线交通、生活性集散交通、绿色慢行交通正在加速实现顺畅衔接，大城市微循环和存量设施改造加快建设，中小城市路网密度有序提高。公交系统建设方面，公交枢纽、线网持续优化，集疏运效能与换乘便捷性进一步提高，服务产品不断创新，弹性公交、定制公交、区域公交多样化运营，适应城市特点的公共交通出行服务体系逐步构建。客货运输方面，联程运输创新发展，铁路航空等运输组织进一步优化，客运服务品质进一步提高。

三是安全可靠。党的十八大以来，我国坚持总体国家安全观，强调提升突发事件应急保障能力是落实国家安全战略的重要措施。随着信息科技在我国交通风险监测、识别、评估、预警等方面广泛应用，应急管理体制机制不断完善，交通网络抗风险能力与应急保障能力将进一步提高。此外，站车条件、无障碍设施覆盖率、特殊群体服务等交通服务普惠均等水平明显提高。交通设施资产逐渐走向精品化建设和精细化管理，交通生产安全的监督管理不断加强，交通从业者的工作环境和教育培训越来越受到重视。

第3章 世界级城市交通发展演变

世界级城市，又称全球城市（global city），是指在社会、经济、文化和政治层面直接影响全球事务的城市。构成世界级城市的要素，主要包括国际金融中心、强大文化辐射力、较高国际化程度、高端服务业及巨大的人口规模等。纽约、伦敦、巴黎、东京、新加坡、中国香港是世界闻名的国际大都市和全球城市，属于公认的世界级城市。世界级城市是城市交通发展的先行者，充分了解世界级城市交通发展演变的内在规律，可以为中国大城市交通治理提供借鉴和指导，同时也为杭州市打造世界一流的社会主义现代化国际大都市提供借鉴和指导。

3.1 城市交通发展战略演变

纽约、伦敦、巴黎、东京、新加坡、中国香港六大世界级城市的发展历程各异。纽约由于免受第二次世界大战破坏，所以城市发展和都市圈的形成较早且成熟。相较之下，伦敦、巴黎和东京都是在战后重建中开始崛起，自20世纪50年代起进入大都市的快速发展阶段，至20世纪80年代前后，这些城市已经形成了繁荣的大都市圈。新加坡和中国香港则相对属于新兴城市，在20世纪60年代前后经济开始腾飞，城市快速发展，到了20世纪90年代，跻身发达国家行列，成为具有国际影响力的大都市。北京、上海、深圳和杭州是从20世纪90年代开始全面崛起的，经过几十年的快速发展，目前已达到发达国家水平，成为世界级城市。

3.1.1 世界级城市交通发展阶段及战略

（1）发展阶段划分

交通系统的发展与城市发展相互促进、密不可分，世界级城市普遍经历了大都市初步形成、都市圈快速发展、都市圈繁荣稳定和世界级城市功能巩固提升四个阶段（见表3-1）。世界级城市的形成和发展史是一部大都市交通系统的发展演变史。

表 3-1　世界级城市交通系统发展阶段划分

城市发展阶段	交通发展阶段	城市发展特征	交通特征	交通战略
大都市初步形成	交通基础设施建设	社会经济高速发展，人口膨胀，城市空间蔓延	中心区交通需求快速增长，私人小汽车发展迅速	重视道路网络等交通设施建设
都市圈快速发展	交通战略探索	社会经济快速发展，人口、就业有序发展，城市形态向多中心转型	交通需求依然快速增长，通勤范围扩大至50~70 千米，私人小汽车保有量达到300~400 辆/千人	加强区域交通设施建设，保证城市空间结构调整（如巴黎 RER、日本新干线），建设多模式交通体系
都市圈繁荣稳定	交通战略成熟	社会经济稳定发展，人口、就业岗位缓慢增长，城市形态进入全球化发展阶段	市内交通需求平缓增长，私人小汽车保有量总体稳定（如伦敦），部分城市（如纽约）出现下降	区域交通需求上升，城市交通战略侧重提高公共交通服务水平，交通与信息化时代融合
世界级城市功能巩固提升	交通系统品质提升	世界城市地位形成，注重发展高端商务和金融业	城市的城际、洲际等对外交流更加频繁	注重不同交通方式衔接、绿色化，逐渐成为潮流

（2）交通战略

世界级城市在不同交通发展阶段提出了相应的交通战略（见表 3-2），通过分析，世界级城市的交通战略发展呈现三方面的显著共性。

①制定城市交通战略的需求在城市开始进入都市圈快速发展阶段后产生。六大世界级城市在发展初期均只有城市发展战略规划，并未制定专门的交通发展战略规划。随着城市的不断发展，在进入都市圈快速发展阶段后，逐步开始制定专门的交通发展战略（或者在城市总体规划中给予专项研究），以引导和支撑城市的有序扩张。

②世界级城市均已形成了适合自身特点的交通发展模式。由于国情和城市发展环境各不相同，六大世界级城市逐步形成了不同的交通发展模式。纽约在中心区以公共交通为主导，但外围以私人小汽车为主导；伦敦和巴黎的交通模式呈现公共交通和私人小汽车并重的特点；东京则形成了轨道交通垄断式的公共交通主导模式；新加坡和中国香港因地制宜，以发展公共交通为主导，严格限制私人小汽车发展。

③世界级城市均已处于城市功能巩固和交通系统品质提升阶段。六大世界级城市的最新一轮交通战略中普遍关注的主题有巩固枢纽中心地位、区域一体化、绿色交通、交通系统整合、交通安全和公平等，基础设施建设已极少出现在交通战略规划中（见表 3-3）。

表 3-2　世界级城市不同交通发展阶段对应的交通战略

城市	大都市初步形成交通基础设施建设阶段		都市圈快速发展交通战略探索形成阶段		都市圈繁荣稳定交通战略成熟阶段		世界级城市功能巩固提升交通系统品质阶段			
纽约	第一次纽约大都市区规划《纽约及其周围地区区域规划》（1929）		第二次纽约大都市区规划《铺开的城市》（1968）		第三次纽约大都市区规划《风险中的区域》（1996）		《纽约 2030 规划：更绿色、更美好的纽约》战略规划（2007）	《纽约 2030 规划：更绿色、更美好的纽约》（修订版）（2011）	《纽约交通战略规划 2016：安全·绿色·智慧·公平》	纽约 2050 总体规划（2019）
伦敦	大伦敦规划（1944）		大伦敦发展规划（1964）		市长交通战略（2001）	2025 长远交通规划（2005）	伦敦市长交通战略（2011）		伦敦市长交通战略（2018）	大伦敦规划（2021）
巴黎	巴黎地区国土开发计划（1934）		巴黎地区国土开发与城市规划（1965）		巴黎总体规划（1994）	大巴黎地区交通出行规划（2000）	巴黎大区 2030 战略规划（2013）	大巴黎地区交通出行规划（2014）	大巴黎都市区气候、空气及能源规划（2016）	巴黎大区出行规划（2020）
东京	战灾复兴城市规划（1945）	第一次首都圈整备计划（1959）	第二次首都圈建设规划（1968）	第三次首都圈建设规划（1976）	第四次首都圈建设规划（1986）	第五次首都圈基本规划（1999）	《10 年后的东京——改变东京》战略规划（2006）	《2020 年的东京——跨越大震灾，引导日本的再生》新版战略规划（2011）	城市交通战略规划《适应世界一流城市——迈向使用者导向的交通系统》（2015）	“未来东京”战略（2021）
新加坡	概念规划（1971）		交通规划战略白皮书（1996）		陆路交通总体规划（2008）			陆路交通总体规划 2030（2013）	智慧通行 2030：新加坡智能交通系统战略规划（2014）	陆路交通总体规划 2040（2019）

续表

城市	大都市初步形成交通基础设施建设阶段	都市圈快速发展交通战略探索形成阶段	都市圈繁荣稳定交通战略成熟阶段	世界级城市功能巩固提升交通系统品质阶段		
香港	第一次整体运输研究（1976）	第二次整体运输研究（1989）	第三次整体运输研究（1997）	长远运输政策白皮书——迈步向前（1999）	香港 2030+：跨越 2030 年的规划远景与策略（2021）	香港主要运输基建发展蓝图（2023）
上海	上海市城市总体规划（1986）	上海市城市交通白皮书（2002）	上海市交通发展白皮书（2013）	上海市交通发展白皮书（2022）		
杭州	杭州市城市总体规划（1983 年）	杭州市交通发展白皮书（2006）	杭州市交通拥堵治理工作白皮书（2016—2020）（2015）	杭州市“十四五”治理城市交通拥堵规划（2021）		

表3-3 世界级城市交通战略

城市	战略总目标	交通战略核心目标
纽约	建设一个强大而公平的城市，也被称为纽约市绿色新政	1. 多措并举降低对小汽车的依赖； 2. 优化城市街道，使其安全且易于通行，将路权归还给步行者； 3. 大力发展公共交通与慢行系统
伦敦	至2041年，80%的出行由步行、骑行和公交出行组成，至2050年，整个交通系统将实现净零碳排放	1. 健康街道与健康市民； 2. 优质公共交通体验； 3. 新住所和就业增长
巴黎	可持续发展，提高巴黎吸引力，加大大区辐射力度	1. 构建巴黎大区更外向、更紧密连接、更可持续的交通系统； 2. 对外强化轨交站点和高铁，内部大力提升公共交通系统； 3. 通过交通镇静化措施使交通更安全、更人性化
东京	以世界“第一城市”为目标的对外和对内交通网络建设	1. 保障全龄人群顺畅出行（无障碍）； 2. 重塑街道空间，提高交往活力（关注轨道车站与街道）； 3. 丰富车站功能实现站城融合（TOD和高度一体化）； 4. 智慧技术创造信息化城市
新加坡	构建相互沟通、相互联系的智能城市交通系统。到2040年，建立“走—骑—搭”（WCR）出行模式，建设“20分钟城市镇、45分钟城市”，包括选择主动出行、公共交通和共享交通方式	1. 实现创新和可持续的智能交通解决方案； 2. 开发和采用智能交通战略规划标准； 3. 各系统之间建立密切的合作关系和伙伴关系； 4. 减少交通领域碳排放的关键战略
香港	让香港成为宜居、具竞争力及可持续发展的“亚洲国际都会”，倡导可持续发展，以满足香港现时及未来的社会环境及经济需要和要求	1. 坚持公交为主的城市交通发展策略； 2. 坚持经济杠杆调节的汽车发展策略； 3. 精细利用道路资源，构建规范完善的道路交通系统； 4. 实施实用、智能的交通管理系统； 5. 多方共治、形成合力
上海	构筑“人本、高效、智慧、绿色、韧性”的国际大都市高质量一体化交通	1. 综合交通统筹融合发展； 2. 公共交通和慢行交通优先发展； 3. 迭代升级引领高质量发展
杭州	打造“数智杭州·宜居天堂”，加快建设社会主义现代化国际大都市	1. 打造国际性综合交通枢纽城市，实现杭州与全国及世界主要城市的快速直达与高效连接； 2. 建设“轨道上的杭州”，构建市域高效联通的交通网络体系，支撑“一核九星”城市新型空间格局； 3. 建设“智慧绿行品质天堂城市”，促进交通发展向绿色和数字治理转型

3.1.2 世界级城市交通发展战略启示

（1）适宜的交通模式是发展的基础

交通模式选择是交通发展的关键战略决策，合理的交通模式对城市发展起到支撑和引导作用。世界级城市在其发展过程中均高度重视构建合理的交通模式，这些模式主要分为三类：

①私人小汽车主导模式。以美国纽约为代表，美国城市的私人小汽车拥有率普遍较高，每 100 个美国人平均拥有约 83.7 辆汽车。纽约私人小汽车与公共交通的出行比例约为 5∶1，但在纽约城市中心区，高峰通勤时段公共交通仍占据主导地位，约为机动化出行的 70%。

②私人小汽车与公共交通并重模式。以伦敦和巴黎为代表，私人小汽车和公共交通出行比例较为均衡，城市中心区以公共交通为主导，外围以私人小汽车为主导。大伦敦地区私人小汽车与公共交通的出行比例约为 1.2∶1.0，巴黎大区约为 2∶1。

③公共交通主导模式。以东京、新加坡和中国香港 3 个亚洲城市为代表，在城市交通结构中，公共交通（轨道交通+常规公交）占据主导地位，新加坡、中国香港的私人小汽车与公共交通出行比例分别约为 0.2∶1.0 和 0.7∶1.0；东京更是形成了轨道交通绝对主导的交通模式，私人小汽车、轨道交通与常规公交的出行比例约为 0.7∶1.0∶0.1。

通过比较发现，公共交通在世界级城市的交通结构中均占重要地位，由于人口和用地条件相似，以东京、新加坡和中国香港为代表的亚洲城市公共交通主导的模式对于中国内地城市更具有借鉴意义。

（2）轨道交通主导是发展的关键

世界级城市都市圈的公共交通系统主要包括三种方式：城际铁路、城市轨道交通和常规公交。其中，城际铁路主要承担城市中心区与郊区之间的交通联系，城市轨道交通则为市内日常出行的骨干交通系统，常规公交一般作为补充接驳。

世界级城市中心区的主要通勤方式均为轨道交通，占公共交通分担率的 70%以上。东京由于轨道交通系统发达，利用程度较高，轨道交通占公共交通分担率高达 90%；以副中心新宿为例，新宿站共有 9 条轨道交通线路接入，日均客运量高达 340 万人次。

世界级城市的发展经验表明，在市区内部出行以及大都市圈城际之间联系中，轨道交通系统均占据主导地位，这是由轨道交通大容量和集约化的特点所决定的。中国已经形成的几大城镇群在推进都市圈区域一体化的进程中，可积极借鉴世界级城市的先进经验，构建层次分明的轨道交通系统以支撑城市发展。

（3）交通系统品质提升是发展的趋势

关注交通系统的品质提升是交通系统发展成熟的标志，中国城市尚未完全达到。构建舒适、便利、安全的交通系统，建设宜居、包容、安全和公平的宜居城市，已经成为世界城市未来交通发展的重要目标。例如，纽约已经尝试将布鲁克林区威洛比大街（Willoughby Avenue）由机动车道路改为步行和自行车道路，并提出“更绿色、更美好的纽约”规划；伦敦和巴黎均大力推进公共自行车计划，改善步行和自行车交通条件；新加坡和中国香港则致力于提高交通系统的无缝衔接和舒适性，重视满足弱势群体的出行需求。

3.2　城市交通发展政策演变

国外对交通政策的定位分两个层次：一是作为国家宏观战略，具有强烈的目标导向性，如美国在 20 世纪 70 年代提出环境保护和市民参与两大主题，提高交通规划的机动性；日本 20 世纪 60 年代中后期对交通产生的环境影响和社会影响较为关注，提出交通环境影响评估和交通安全教育的政策。二是作为交通需求管理中的“软策略”提出，是在技术“硬策略”的基础上进行的补充，典型代表为美国 20 世纪 90 年代以来对社区、街区、商业区的相关政策以及日本 20 世纪 90 年代后将交通与防灾减震、开发管理等多方面进行结合。

交通政策是一个国家或地区为实现某一时期的交通发展目标而制定的总体战略方针，是合理配置交通资源、协调参与交通活动的各个经济主体之间利益关系的重要依据和导向。交通政策是针对交通发展面临的具体问题而制定的，交通政策的价值取向历经演变正在从以车为本向以人为本回归，从早期的单纯追求单向目标向关注社会公平、生态环保的多目标演变。

3.2.1　公共交通政策

公共交通是城市综合立体交通体系的重要组成部分。持续完善城市公共交通系统，是优化城市空间布局、解决交通拥堵问题的有效途径，也是建设绿色智慧城市、改善城市居民生活品质的重要手段。各世界级大城市都十分重视发展可持续城市公共交通，在不断探索和实践中形成了行之有效的公共交通政策，即充分利用市场竞争的优势，同时维持公共交通公共服务的属性，在满足人们自由出行需求的同时，保证城市交通集约、高效的可持续发展。如国内外城市优先发展公共交通政策措施成功案例（见表 3-4）、欧美国家公共交通优先的政策发展（见图 3-1）、我国轨道交通政策发展（见图 3-2）。

表 3-4 国内外城市优先发展公共交通政策措施成功案例

城市	规划方面	土地方面	路权方面	标准规范方面	体制机制方面
新加坡	1996 年，出台交通白皮书《世界一流的陆路交通系统》；2008 年发布《陆路交通总体规划——以人为本的陆路交通体系》	通过适当的混合开发和将高密度建筑集中在地铁站及附近的方式，实现主要就业、居住、休闲和其他活动的最佳可达性	设置公交专用道；给驶离公交停靠站的巴士让路；在交叉路口设置巴士优先信号；部分道路试行逆向公交专用道与隔离式公交专用道	发表《智慧出行2030》，包括三个关键策略和四个主要领域；出台《地面综合交通规划 2040》	构建了一体化的大交通管理体制；陆路交通体系的规划建设充分征求并采纳各阶层人士意见；ERP 费率根据交通速度及时调整；与交警局和国家安全委员会合作
首尔	将实现从“求个体便利”到“谋社会价值”的转变。基础设施从过去的以个体交通为中心转变为现在的以公共交通为中心，未来将会是以人为先，同时实现积极的需求管理。从过去关注“车辆、私有、开发”转变为关注“人、共享、环境”	为方便居民在地铁、轻轨、公交车等公共交通工具之间换乘，扩建换乘中心，在郊区地铁站建设大型停车场，提供换乘的小汽车停车位，附近设有公交换乘站，实现了公交车与轨道交通的“零距离对接”，公交车专用车道、自行车道、人行道等占整个道路的比例达 30%，人行道及自行车道路面积扩大至原有的 2 倍	4.6 平方千米的地面铁路线路和车辆基地。该市计划积极利用地上铁路用地所拥有的高土地价值，通过公共出让等，将公共财源负担降到最低。此外，在铁路上部安装甲板，比地下化更有效，通过甲板促进立体综合开发，创造新的空间。该市计划与政府建立长期和分阶段的结构讨论，以提高其可行性	发表《2040 首尔城市基本规划（草案）》，以人为中心的交通，提倡步行或使用自行车，减少交通事故死亡人数，保障弱势群体出行无障碍；共享的交通，构建以轨道为中心的公共交通体系，提供便捷公共交通服务，打造共享的交通环境；环保的交通，实现出行减少的社会，打造环境友好、高效的交通环境，与市民一起营造先进的交通文化	成立首尔大都市交通局；为协调各方利益，成立了首尔市市民政策委员会与公共交通协会；地铁实行有竞争的公有公营模式；政府会同公共交通协会考核公交服务质量，实现奖惩有度
库里蒂巴	1965 年制定规划方案，确立城市土地利用必须与城市交通发展相协调统一的原则；1991 年制定《巴西库里蒂巴市公共交通客运服务条例》	鼓励在每条轴线附近进行高密度开发，同时建设服务和商业设施，其道路网和公共交通体系在很大程度上是决定该城城市形态的重要因素	库里蒂巴的 5 条主要交通干线，每条都由 3 条平行的机动车通道组成，中间是 2 条完全隔离的 BRT 车道，两侧是单向辅助道路。公交专用道与辅助道路之间采用物理隔离	创建了库里蒂巴城市规划研究院（IPPUC），负责管理、监测和执行库里蒂巴市的城市规划问题	授予市交通委员会对有关公共交通发展事项进行审议，讨论及提出改进建议等权利；授予城市公共交通公司实施公共交通的经营、管理、制定运营规划和监督公交客运服务的权利；采用运营与管理相分离、运营实施适度竞争的模式；政府以公交公司提交的各项成本造价为基础制定票价

续表

城市	规划方面	土地方面	路权方面	标准规范方面	体制机制方面
香港	1979 年发布《香港内部运输政策白皮书——保持水路运输畅通》，1990 年发布《香港运输政策白皮书——迈向 21 世纪》，以及 1999 年发布《长远运输政策白皮书——迈步向前》	形成“大运量运输方式+高密度住宅小区”的发展特色；公交场站用地与轨道站点融合，实现轨道与公交的无缝衔接	在部分特殊的路段施划公交专用道	出台《道路交通条例》《公共巴士服务条例》与《地下铁路条例》，指导公共交通的科学化、规范化管理	构建了一体化的大交通管理体制；实施公交私人经营、政府监管的运行机制；实施巴士市场准入和监管机制；制定《地下铁路条例》，规范地铁服务

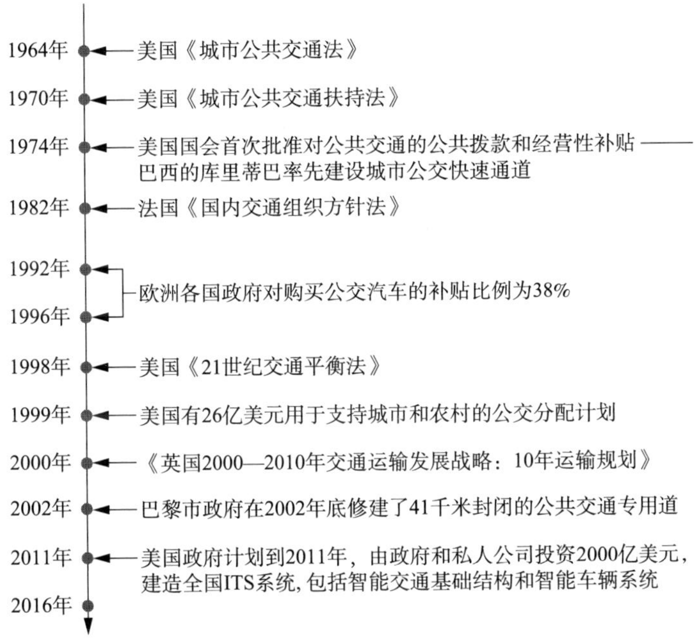

图 3-1　欧美国家公共交通优先的政策发展

3.2.2　慢行交通政策

慢行交通（active mobility）衍生出“active transportation”和“active travel”等专业用词，指通过人力驱动的非机动方式运输人或货物，主要是步行和自行车，也包括跑步、划船、滑板、滑板车和轮滑等方式。由于自行车的普遍性、工具性和系统性，往往将其与其他方式分开，单独考虑，自成体系。

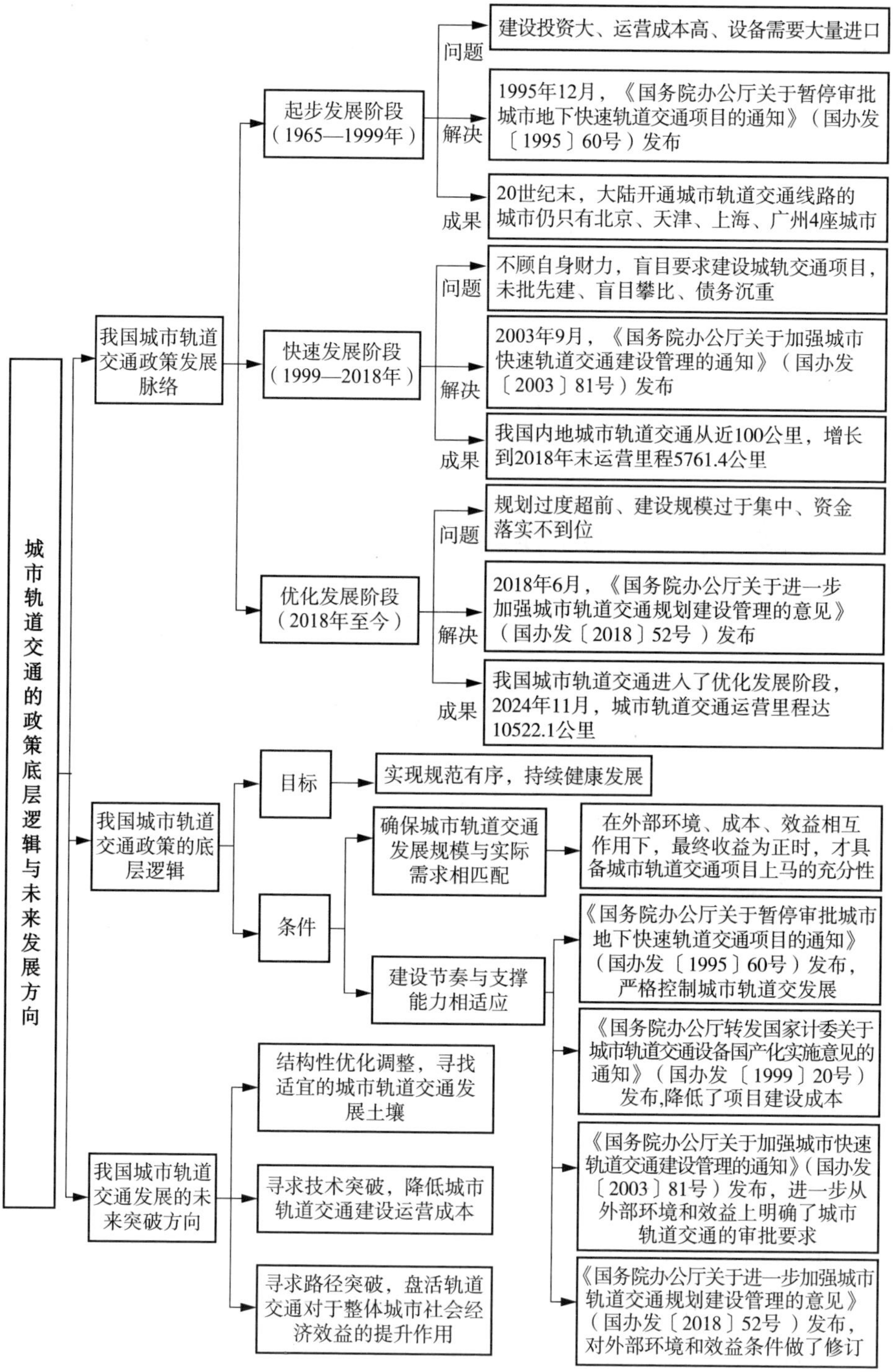

图 3-2　我国轨道交通政策发展

欧洲从 20 世纪 70 年代开始复兴城市自行车交通，自行车复兴被证明是能够以较小经济代价实现城市控碳，有效引导城市绿色转型的重要策略（见图 3-3）。

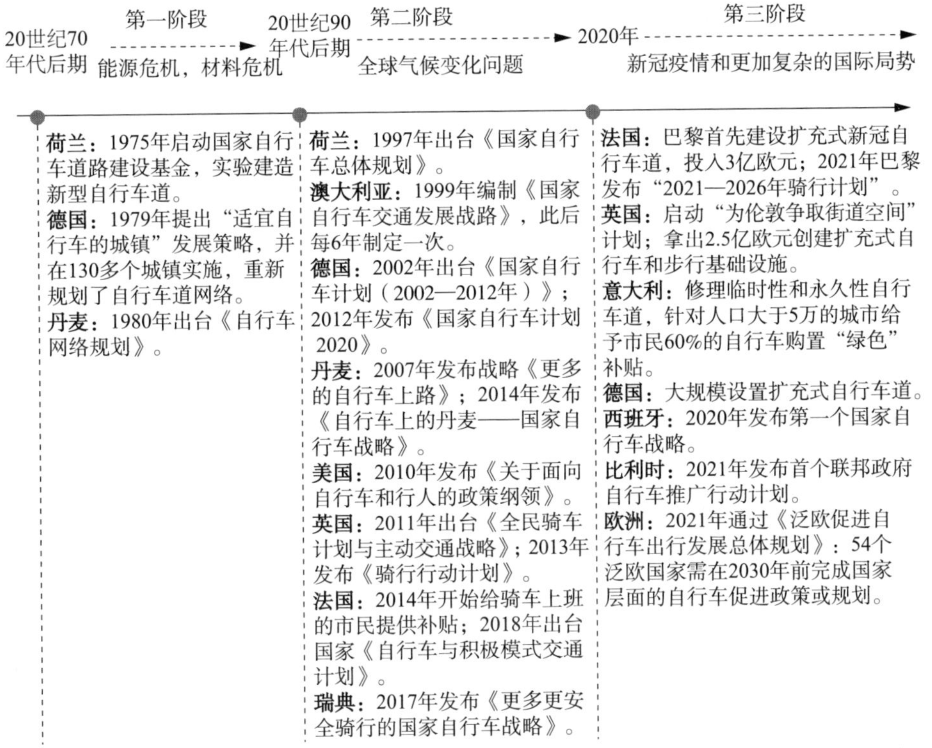

图 3-3　自行车交通政策

第一阶段从 20 世纪 70 年代后期开始，能源危机和材料危机促使西方重新审视汽车的风险和非机动车的价值，荷兰、德国、丹麦等国家开始大规模修建自行车道路。

第二阶段从 20 世纪 90 年代后期开始，《联合国气候变化框架公约》发布后，西方加速了城市自行车交通复兴。荷兰、德国、丹麦、法国等国家相继出台国家自行车战略，将自行车交通作为“能源战略”“气候规划”的重要内容。英国、美国、澳大利亚等一度仅将自行车视为体育运动的国家，也加入复兴队伍。

第三阶段从 2020 年开始，新冠疫情暴发后，西方国家掀起了新一轮自行车发展热潮，自行车也展示了“一桶油漆”完成路权调整、助力防疫的奇迹。未来，在更加复杂的国际局势和能源、气候、健康等多重危机下，自行车或将成为更多城市的新的交通解决方案。

我国慢行交通发展的促进政策和限制政策发展见图 3-4。

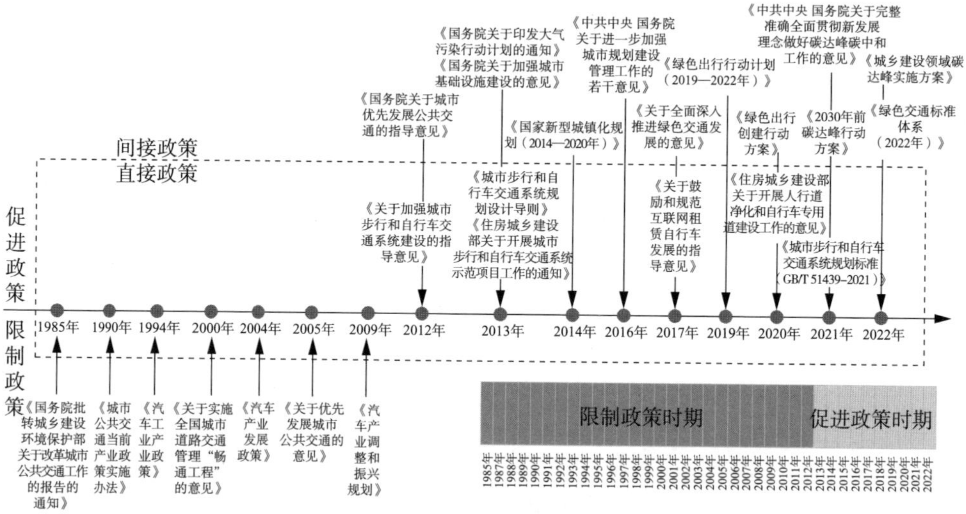

图 3-4　我国慢行交通发展的促进政策和限制政策发展

3.3　城市空间结构发展演变

纵观世界知名大都市 20 世纪的发展历程，其城市空间结构大致经历了由集中到分散、由单中心到多中心，并不断完善调整的发展过程。

3.3.1　单中心都市区发展阶段

20 世纪初至 60 年代，工业化助推城市郊区化发展，产业结构以第二产业为主，第三产业得到较快发展。城市形态大多为单中心结构，部分城市建成区虽分化成为几个发展核心，但单中心形态未变。人口增长和工业外迁导致城市无序扩张，形成以内城为核心的都市区空间模式。各都市尽管尝试通过绿带和卫星城设定边界来控制扩张，但又因快速城市化和人口增长而被突破。单中心都市区空间结构因功能和人口过度集聚而无法满足城市运作需求。

（1）伦敦

20 世纪初，随着经济繁荣和人口集聚，伦敦出现了交通拥堵和工业工厂向郊区转移的现象，标志着郊区城市化的开始。至第二次世界大战前，伦敦人口突破 800 万，城市建成区持续扩张。为缓解人口密集问题，英国政府于 1938 年提出用“绿带”限制伦敦城市建设用地扩张，但并未能遏制城市整体发展。伦敦的新增人口和产业仍在绿带外围的乡村地区蔓延。

为了应对城市无限蔓延，1944 年伦敦在阿伯克隆比的领导下完成了大伦敦规划，覆盖 6735 平方千米的区域。随后，伦敦市和伦敦郡的规划也相继出台。1946 年，英国政府通过《新城市法》，将大都市区的新城建设纳入政府计划。1950—1965 年，伦敦主要遵循大伦敦规划和《新城市法》进行发展，并成功建立了 8 座新城。尽管这一规划对控制伦敦市区的扩张和改善环境有一定效果，但人口和经济集中问题依然严峻。

（2）巴黎

19 世纪末，工业化的浪潮推动了巴黎城市建设的迅猛发展，然而，由于缺乏有序规划，工业企业和独立住宅无序地向近郊扩展，形成了过度蔓延的趋势。为了进行有效的规划管理，法国于 1932 年立法，引入非行政性质的区域规划，从市镇和地区两个层次进行规划。尽管早期的规划（如 1934 年、1956 年和 1960 年的巴黎地区国土开发计划）都致力于通过限制建设用地扩张来遏制郊区蔓延，并采用了绿带控制、多核发展和卫星城建设等措施，但由于这些规划未能顺应城市化的客观规律，因此在实践中效果并不理想。特别是第二次世界大战以后，巴黎迅速进入城市化高速发展的阶段，实际人口增长远超预期，给巴黎地区带来了巨大的压力，规划的城市建设区很快就被突破。

（3）东京

1946 年，东京制定了首都复兴规划纲要，计划在 1950 年前后恢复到战前水平。随着城市化加速，大量人口、产业迅速向东京集聚，导致出现住宅、交通、环境等一系列大都市问题。为抑制人口增长，东京于 1958 年开始了首次首都圈规划，仿照大伦敦规划，在建成区周围设置5~10 千米环形绿带并在周围设立卫星城，以控制建成区工业用地的持续扩展。然而，因利益集团反对和国家开发机构在绿带开发住宅，绿带设想未能实现，卫星城变为“卧城”，未能有效控制人口增长。1968 年，日本第二次首都圈规划在距都心 50 千米处设立近郊储备地带，以取代原先的绿带，并进行中心城区的大规模改造和城市外围开发。尽管部分人口和产业外迁，都市圈内部仍持续集中，导致自然景观和居住文化的多样性逐渐丧失。

3.3.2　多中心都市圈发展阶段

20 世纪 60 年代至 90 年代，各大都市的产业结构逐步优化，第三产业快速发展，人们生活水平提高，交通出行需求呈多样化，城市吸引力进一步增强。城市管理者逐步意识到单核心都市空间结构无法抑制城市蔓延发展的态势，需在更大的范围内引导经济和人口的分布，实现整个区域均衡发展。各大都市相继制定了以新城、发展轴为载体的区域空间规划，力图形成与中心城相抗衡的反磁力体系，实现更大范围的区域平衡发展，在经历了20~30年的持续发展后，初步形成了多中心的空间结构。世界大城市发展规律表明，都市圈发展成熟后通勤圈范围一般为50~70千米。

（1）伦敦

由于英国对大城市采取控制和疏散政策，导致伦敦市中心区的相对萎缩与衰落。英国的城市政策也发生了变化，即从疏解大城市的人口和工业，转向了协助大城市复兴内城经济。第二次世界大战后，英国城市从工业化向后工业化转变，第三产业蓬勃发展。20世纪60年代，伦敦提出新的发展规划，强化区域性中心城镇作用，在伦敦的若干辐射轴上，建设规模足够大的8个反磁力中心城镇，以有效解决伦敦中心城市的拥挤问题。20世纪60—70年代新城规模扩大，达到50万人口，相当于英国大城市规模。伦敦都市区人口也增加到873万人。然而，英国对大城市的控制和疏散政策导致伦敦市中心衰退。英国的城市政策随之转变，从疏散人口和工业转向复兴内城经济。1976年9月宣布改变控制与疏散大城市及建设卫星城的有关政策。1978年通过了《内城法》，停止了新城建设而转向了旧城改建和保护。

（2）大巴黎地区

20世纪60年代，法国开始考虑从不同层次的区域引导经济和人口的分布，制定全国性的平衡发展规划，确立“发展轴—多中心”的点轴式城市空间格局，实行地区增长中心综合化、多样化建设原则。1964年，巴黎地区成立一级行政建制，面积扩大至12000平方千米，并于1965年完成《巴黎地区国土开发与城市规划指导纲要（1965—2000）》（SDAURP）。该规划指出，巴黎的放射形同心圆结构导致中心拥挤。面对20世纪60年代后的城市化加速和人口增长，规划认为城市建设用地扩大是必然趋势，建议沿东南和西北方向建设5个50万人口的新城，利用交通基础设施引导城市发展，作为优先发展轴地区的主要交通手段。20世纪下半叶，巴黎通过成功的区域开发实践，实现了人口向近郊和远郊的扩散。近郊形成了9个副中心和若干工业小区，人口约880万。远郊则发展了5座距离巴黎25~30千米的新城，人口规模约30万，产业结构丰富，包括专业制造、高科技研发和教育等。这些新城设施完善，提供多种就业机会，居民享有与巴黎同等的生活水平。

（3）东京

日本政府发现中枢功能过度集中的区域结构对社会经济安全不利，于是在 1976 年提出第三次首都圈规划，旨在分散首都圈的中枢管理功能，建立区域多中心城市的“分散型网络结构”。在周边地区发展农业、工业的同时，增加教育和文化功能。1986 年的第四次首都圈规划延续了第三次规划思想，对周边核心城市（新城）进行调整。随着周边地区（外围新城）的崛起，城市结构从单中心向多中心转变，最终形成由山手环线、武藏野铁路环线和其他国铁、私铁构成的铁路网络，引导多中心的组团化结构。

3.3.3　区域一体化发展阶段

20 世纪 90 年代至今，各大都市相继进入后工业化时代，面临多元发展挑战，围绕巩固世界城市地位、促进经济发展、社会公平、可持续发展的目标，均对空间规划进行了优化和新的拓展。

（1）伦敦

伦敦在 20 世纪 80 年代后期的分散发展使其难以适应全球化发展要求，迫切需要统筹规划以应对国际竞争和挑战。因此，英国于 1999 年通过《大伦敦市政府法》，于 2000 年成立大伦敦市政府，负责统筹规划。市长负责编制战略规划，明确伦敦与周边地区的关系，并要求各城区与其协调。经过民主决策，2004 年完成《大伦敦空间发展战略》，为伦敦提供新的发展框架。

（2）巴黎

20 世纪 90 年代，在全球经济结构调整和就业岗位减少、失业率升高、人口增长缓慢、地区发展不平衡的背景下，1994 年的《法兰西岛地区发展指导纲要》强调整合巴黎盆地乃至法国的力量参与国际竞争，追求质量和区域协调发展。2007 年的“大巴黎计划”则进一步向西扩展至勒阿弗尔市，通过塞纳河沿岸的生态规划将巴黎、鲁昂和勒阿弗尔连接成一个大巴黎区域，以塞纳河为中心，推动城市协调发展。

（3）东京

20 世纪 90 年代，日本进入后工业化阶段。第四次规划后，首都圈中心过密和地域结构不平衡问题依然严重。1999 年的第五次首都圈规划提出建立多中心城市“分散型网络结构”，通过基础设施改造和都市空间重组，改变东京中心的单极依存结构，实现分散化、网络化的区域空间结构。2000 年，东京都市政厅提出“东京构想”，关注城市再改造，提出东京友好居住区规划的策略，通过交通、环境、居住区的建设，为城市各阶层创造一个舒适的环境。

伴随着日本国际化和金融时代的到来，政府不断强化中心区的国际金融和高层管理功能，并推行以中型都市圈为中心的区域联合和独立性提升策略。

3.4 机动化交通发展演变

20 世纪初，各大都市已建立以铁路为骨架的交通体系，伦敦、巴黎的内城轨道交通网络尤为完善。第二次世界大战后，政府推动汽车产业发展，导致 20 世纪 50 年代起小客车快速普及，中心城区交通严重拥堵。20 世纪 70 年代石油危机以后，都市反思小汽车模式，转向公共交通优先模式，机动车增长放缓。同时，城市郊区化使汽车在更广区域内使用，交通压力剧增。至 20 世纪 90 年代，机动车保有率稳定。大巴黎因郊区化机动车缓慢增长，东京都则下降。整个 20 世纪，各大都市的交通政策都聚焦于缓解拥堵，历经多阶段发展。

3.4.1 都市区设施扩容建设发展阶段

面对 20 世纪 50 年代至 60 年代机动车的快速增长和其在中心城区的集中使用，原有交通体系无法应对个体机动化交通带来的压力。因此，交通治理的重点在于缓解道路拥堵，主要通过扩展都市区设施、拓展和延伸道路网络和城市轨道网络等骨干交通设施来实现。

巴黎采取了流线组织规划、信号控制和道路改扩建等措施，来应对小客车增长造成的交通拥堵。同时，随着人口增加和近郊区城市化加速，巴黎的地铁网络也开始向外延伸，以支撑近郊的城市化进程。到了 20 世纪 60 年代，巴黎的城市地铁网络基本成型。

为缓解东京交通拥堵，日本首都建设委员会规划了“八环十六射”的中心城骨干路网和“三环九射”的东京交通圈高速公路网络布局，侧重放射轴线和环线的建设。面对经济发展和交通需求的增长，东京主要侧重提升现有轨道交通的运输能力和运力，而新建铁路线路相对较少。20 世纪 60 年代以前，有轨电车是东京区部的主要交通方式，覆盖广泛。随着日本汽车产业的崛起，汽车开始与有轨电车竞争，但道路拥堵导致有轨电车延误增多，乘客逐渐转向使用汽车和铁路等交通方式。

3.4.2 多模式交通体系构建发展阶段

20 世纪 60 年代至 90 年代，各大都市在更广泛的区域进行城市空间统筹发展，随着机动化进程的加速，为缓解交通拥堵，大都市开始以交通引导城市发展和构建多元化交通体系。一方面，通过新型快速交通工具支撑城市拓展，提高直达性，减少换乘；另一方面，在集中城市化地区强调多模式交通方式的发展，调控小客车使用，优化交通结构，以满足快速增长的交通需求。

（1）加强区域交通设施建设，引导城市空间结构转型

巴黎在 20 世纪 60 年代通过 RER 这种新型快速铁路实现城市空间拓展，并与地铁网连接，便捷了整个大都市区的交通。

日本为缓解东京人口过度集聚和交通拥堵，实施了多项交通改造计划。一方面，加强城市高速公路建设，突出放射轴线和环线的功能；另一方面，发展国铁和私铁，特别是 1965 年开始的“通勤五方面作战”，重点改造和新建连接东京都心、新宿等山手线枢纽的放射方向线路。20 世纪 70 年代以后，继续修建全国新干线铁路网，实现通勤化，成为大城市客运交通的重要组成部分。同时，整合市郊铁路和地铁网络，减少换乘不便，提升交通效率。这些措施共同推动了东京都市圈交通结构的优化和城市的可持续发展。

（2）加强城市多模式交通体系建设

尽管交通拥堵日益严重，但以小客车为主的机动化进程并未减缓。经历城市大拥堵之后，各国政府开始重视并重点优先发展城市公共交通，致力于构建多元化的交通体系，以缓解交通压力。

巴黎发展有轨电车。20 世纪 80 年代中期巴黎面临小客车交通的负面影响，如事故频发、城市风貌破坏、环境品质恶化等。因此，政府开始限制私人小客车，并优先发展公共交通。新型有轨电车成为主要措施之一，不仅作为现代化交通工具替代小客车，还推动沿线城市更新，为城市中心区注入活力。

东京出台停车法，完善轨道交通接驳体系。在 1957 年颁布《停车场法》的基础上，1962 年制定了《汽车保管场所确保相关法律》《确保汽车保管场所相关法施行令》，确保所有汽车保有者在路外提供自备停车位，减少道路占用，适应路外停车场需求，并促进民间投资兴建民营停车场。该法实施 60 余年，使“购车需自备车位”的概念深入民心。同时，加强轨道交通换乘枢纽设施的建设以及站前广场、停车场、自行车停车场所等建设，方便多种方式与轨道交通接驳换乘。

进入 21 世纪，中国城市发展转向城市群推进城镇化，导致城市人口增加、空间扩张加速及中心城区更新与新城区建设并行。这加剧了城市交通拥堵等负外部性问题，促使大城市采取限行、限购政策以遏制小汽车增长。同时，也推动了城市交通基础设施和公共交通的发展。20 世纪末，城市交通主

要矛盾在于交通需求与供给的匹配，政府行政管理成为规范城市交通秩序的主要模式。

3.4.3 城市化和机动化稳定发展阶段

进入此阶段，机动化进程趋于平缓，部分城市机动车保有量开始下降。交通发展聚焦于提升公共交通服务，加强需求管理，同时慢行交通逐渐回归。在全球化背景下，国际大都市发展战略从“车、路”转向“人、环境”。一方面，全球追求低碳、节能减排的可持续发展目标；另一方面，各城市提出各具特色的发展目标，如伦敦注重经济、生活质量与安全，东京追求宜居、便捷与安全，巴黎则致力于成为21世纪的绿色环保大都市。

从20世纪90年代中期开始，巴黎制定了第三代城市交通规划——“交通出行规划”，其措施范围扩展到慢行交通领域，并重点整合步行、非机动车、小客车和公共交通之间的互补联系。该规划从寻求技术解决方案转变为关注城市机动化服务的整体组织和品质。

东京通过提高轨道交通等公共交通服务水平来优化城市交通。1983年成立日本国铁改革委员会，1986年12月颁布《日本国有铁路改革法》，政府为推动国有铁路改革，采用PPP等融资模式，鼓励私营铁路发展，以便提供便捷的机场和新干线连接。同时，实行不同铁路间的换乘优惠政策。此外，东京还倡导合理使用机动车，通过提高道路收费、增加养路费、停车费（商业区停车费每小时600~1500日元）和燃料税等手段，鼓励合乘、减少开车和控制乱停车。政府各部门也限制公务车数量，鼓励员工乘坐轨道交通。

伦敦重视环境、安全和行人权益，优先发展公共交通，不主张扩大交通容量。为缓解中心城区交通拥堵，限制机动车进入，如特定路段和时间禁止机动车通行，对关键路段征收高额费用以调控限制车流量。

中国大城市公共交通服务重点在于维护和提高公共交通服务水平，加强交通需求管理，减少机动车使用，引导绿色出行、慢行交通，让完善的公共交通网络满足群众多样化的出行需求。

3.5 世界级城市未来交通发展展望

尽管欧洲发达国家在20世纪下半叶已达到较高的城市化水平，但由于近年来城市化与机动化趋势仍在持续，导致新交通危机出现。因此，世界级城市正在制定新交通发展战略，关注未来交通如何适应城市、经济和人口增长，确保交通公平与城市更新。同时，注重提升城市在全球化和区域中的竞争力，以及应对个体机动化带来的交通拥堵、安全、能源和环境等问题。

3.5.1　发展愿景及目标

世界级城市交通的发展愿景和主线均依据既有交通系统已无法适应人口、经济快速发展的现实情况，为支撑其作为世界级城市功能的发挥，努力打造世界一流、具有国际竞争力的绿色智慧交通系统。

3.5.2　理念及价值取向

世界级城市的交通发展理念已逐渐从以“车、路”为主体转向以“人、环境”为中心的可持续发展，高度关注交通环境、安全、公平和宜居等交通内涵的提升。在选择控制性目标和指标体系时，主要基于可持续发展的三个维度：经济、社会和环境。可概括为“高效、低碳、安全、快捷、舒适、公平”这六个特征（见表 3-5）。

表 3-5　国际大都市交通政策发展指标体系

特征	相关指标
高效	公共交通比例、小客车交通量消减量或比例、货运交通比例
低碳	CO_2 排放量和消减比例，NO_x、噪声、新能源车比例
安全	死伤总人数、公共交通运营安全指标，受伤率、限速
快捷	公共交通车辆运行车速、公共交通设施覆盖率及可达性、信息服务、不同区域交通出行的可达性
舒适	公共交通拥挤程度
公平	减少社区分割，为残疾人、老年人提供更好的出行选择

在经济维度上，重视提升交通系统效率，以有限的投入和设施扩容来应对交通增量，缓解拥堵。

在环境维度上，在全球气候环境目标下，推动低碳、节能减排，鼓励减少对小客车的依赖，改善步行和自行车环境，提高燃料效率，减少废气排放。

在社会维度上，致力于为市民提供安全、快捷、舒适和公平的交通服务，构建公平、亲和的社会，通过减少社区分割、优化规划、应用先进技术降低出行需求，以及为残疾人提供便利出行等方式实现。

3.5.3 发展途径及手段

在交通发展上，从依赖技术解决方案逐步转向提高整体组织和服务品质。强调与用地、产业、经济等外部因素的整合发展，以实现更全面的交通优化（见表 3-6）。

表 3-6 世界各大城市的发展目标、实现途径与指标

方向	目标	伦敦	巴黎	东京
经济	战略目标 1	高效	高效	高效
	模式/途径	提高交通供给	利用轨道交通统筹区域发展	向轨道交通站点聚集
	指标体系	减缓交通拥堵	减少交通出行	减少通勤出行消耗
社会	战略目标 2	舒适、安全、便捷、易达	舒适、安全、便捷、易达	舒适、安全、便捷、易达
	模式/途径	提高公共交通服务水平、美化街道，建立和睦的邻里关系及社会环境等	因地制宜构建有轨、无轨电车等	完善轨道交通站点、接驳设施、枢纽站点换乘设施等服务设施，以及机动车的有效管理
	指标体系	公共交通拥挤度	公共交通比例	立体交叉改造数、无障碍车站数
环境	战略目标 3	低碳、可持续	低碳	低碳
	模式/途径	降低交通对气候变化的影响	建设林荫大道	向紧凑型城市转型
	指标体系	碳排放	慢行交通供给使用	生态城镇的个数、高效利用车站地区面积率

强调不同交通模式的互补与整合以应对拥堵。第一，突出加强道路功能优化调整，通过提升和保障公共交通设施的可达性、运行速度、舒适性等服务水平，保障公共交通的吸引力和效率，如纽约、巴黎、伦敦和东京均拥有完备的轨道交通系统，但都不约而同地提出要重构道路功能，大力发展地面快速公共交通系统。第二，单纯限制小客车交通与大都市地区日益增长的机动性需求仍存在矛盾，无法获得市民的认同和支持，更多地强调对个体机动交通的使用限制管理。第三，高度重视慢行交通系统的建设发展，并拓展到构筑多模式交通、减少排放，促进健康等功能上来。第四，促进货运交通模式的多式联运发展。

强调交通与用地、产业的整合发展，如日本紧凑型城市和巴黎绿色街区，

通过公共交通与用地整合减少交通需求，引导交通方式转型。伦敦注重平衡高峰与平峰交通流量，要求交通系统综合考量土地使用和岗位设置。同时，注重经济投入可持续性，考虑政府财政能力，在有限投入下提升系统效率。如日本鼓励交通设施私有化，纽约考虑征收拥堵费补贴交通资金。

第4章 世界级城市交通治理经验

现代城市的机动化发展已走过百年历程，随着城市现代化进程的加快，交通拥堵已成为世界级城市治理面临的头号难题。国内许多城市，如北京、上海、深圳等都进行了积极探索和努力，在一定程度上遏制了交通拥堵不断加剧的势头。欧美和东亚许多发达国家专家、学者从 20 世纪 50 年代开始即对交通拥堵问题进行研究与实践，在几十年的交通治理中，积累了大量的实践经验。为探索城市交通综合治理模式，提高城市交通运行效率、出行体验、安全水平，本章以世界级城市交通治理经验为借鉴，从强化交通规划引领、优先发展城市公共交通、推行交通需求管理、构建城市综合交通体系、建设城市智能交通系统、加强城市交通文化建设方面，分析总结了城市交通拥堵治理的经验和启示。

4.1 国外世界级城市交通治理

本章以欧美世界级城市和东亚交通治理经验为借鉴，详细介绍了纽约的治理经验，分别对伦敦、东京、新加坡供给端和管理端措施进行了总结。

4.1.1 纽约

4.1.1.1 城市基本概况

纽约市位于美国大西洋海岸东北部，是美国最大、人口最多的城市，也是世界重要的金融和经济中心。由布朗克斯区、布鲁克林区、曼哈顿、皇后区和斯塔滕岛 5 个区组成。土地面积约 789 平方千米，截至 2023 年末，人口约 826 万人，比 2022 年减少 7.8 万居民，2022 年末机动车保有量约 837.54 万辆。纽约地区拥有全美最先进的大众运输网络，其四大区位于岛上，各区之间依靠众多桥梁和隧道实现交通便利。纽约居民主要搭乘地铁、公共汽车及轮渡上下班，其中纽约地铁是全球最大的公共运输系统之一。作为公共交通主干，纽约地铁拥有 469 个车站和约 1056 千米的轨道，连接了五大区中的四区，市中心交通主要依赖地铁系统，而纽约大都市圈的通勤交通则主要由轨道交通系统支撑。

纽约市的公共汽车网络遍布各区，并与地铁紧密配合，为乘客提供便捷的交通选择。公共汽车由纽约大都会运输署管理，平均每天有 5800 辆公共汽车服务 2. 01 万人次乘客，覆盖 200 多条慢车线路和 301 条快车线路，为了提升效率，部分线路设有直达快车服务于市区干道和著名景点。此外，纽约市政府还推出了 MetroCard 磁卡票证系统，鼓励乘客使用公共交通并提供优惠。

4. 1. 1. 2　城市交通发展历程

纽约市交通发展经历了从大规模无约束机动化导致的拥堵爆发到大规模供给和集约化、绿色化、多手段引导式发展阶段。

阶段一：大规模发展致拥堵爆发

第一次世界大战后，美国经济蓬勃发展，1929 年，汽车产业产值占比增至约 8%，小汽车保有量由 677 万辆增至 2312 万辆；但交通基础设施跟不上汽车保有量的增长，导致纽约中心城区交通拥堵加剧、居住环境恶化，城市居民因此开始迁往郊区。

阶段二：大规模基础设施建设

纽约市从 20 世纪 40 年代出现大拥堵现象，为应对高速增长的交通需求，纽约市在 20 世纪 40—50 年代开始大规模发展交通基础设施，以修路为主。纽约市依靠大规模推行援助公路建设政策，公路网尤其是高速公路网迅速形成。1921—1983 年，美国用于公路建设的费用高达 5000 亿美元。

阶段三：集约化、绿色化多手段引导式发展

由于城市交通供给受到土地、能源等外在资源的约束，且交通需求在一定程度上表现出无限性，使得有限的交通供给增长难以满足日益增长的交通需求。因此，从 21 世纪开始，纽约市采用集约化、绿色化的多手段引导式发展路径，以缓解交通供需矛盾。

2007 年，纽约颁布的《规划纽约 2030》是纽约市历史上第一个全市范围内的可持续规划方案，目标是满足 2030 年新增的 100 万居民的需求，振兴经济，应对气候变化，提升市民的生活质量。

2009 年，纽约市推行《街道设施规划手册》，确定绿色出行设施建设标准，为推广绿色出行奠定基础。通过改建城市快速路，设置自行车专用道，还道路空间于行人，方便和倡导“人”的出行。

2011 年，纽约精细化了交通降碳政策。英美国家大城市重视交通发展与拥堵治理问题，将其作为城市整体发展规划中十分重要的一环，推出独立的交通发展战略，通过规划先行设定交通发展目标和限制性条件，引导交通发展方向，将治理关口前置。纽约市政府认为，交通网络是城市社区和经济发展的生命线。

2015 年，《“一个纽约”规划：富强而公正的城市》提出到 2040 年纽约城市发展的四大愿景，其中交通是实现各大愿景的重要支撑。交通发展与拥堵治理的目标是实现纽约交通网络的可靠性、安全性、可持续性和易达性，以满足纽约市民出行需求并与城市经济发展相适应。到 2020 年，将使自行车骑行数量翻番；到 2040 年，使通勤时间在 45 分钟内的居民占全体居民人数的比例从 83%增至 90%；上午 8：00—9：00，进入曼哈顿中心区的轨道交通运载能力提高 20%。

2021 年，纽约市发布《纽约街道规划》，为期 5 年的交通总体规划对纽约交通现状特征、目标愿景和街道计划做出了详细的解读，全面思考了如何规划和设计街道，进行了严格的数据分析，推动了公众参与。

4.1.1.3 城市交通治理措施

（1）交通供给端措施

纽约注重发展城市公共交通，以缓解交通拥堵。其拥有北美最大的公共交通系统，涵盖地铁、通勤铁路、公共汽电车和轮渡等，公共交通出行占比约 75%。

1）地铁

纽约多数地铁线路 24 小时运营，提供快车和慢车选择以满足不同需求。地铁卡可与公共汽电车通用，2 小时内换乘免费，极大地便捷了地铁与公共汽电车的换乘。

2）通勤地铁

纽约城市发展以公共交通为核心，强化交通联系，完善通勤铁路系统，提升都市圈交通效率。未来 5 条通勤铁路系统（大都会北方、长岛、新泽西通勤铁路及新增线路）将基本覆盖纽约大都市区。

纽约以 TOD 模式发展，围绕公共交通与通勤构建城市，优化空间布局。地铁 0.5 英里[①]内布局各类住房、设施和发展区。

通勤列车实行跨站停靠运营和站站停靠运营的快慢车制度，大小站都有

① 1 英里 = 1069.34 米。

列车分次停靠，高峰时段 15 分钟一班，低峰时段 30 分钟一班，全天 24 小时运营，为周边居民提供经济、快捷的交通服务，有效缓解高峰拥堵。

3）公共汽电车

纽约实施一体化公交走廊管理，涵盖公交专用道、车外售票、高品质场站、信号优先、交叉口渠化、停车管理及信息发布平台等，使公交行驶时间缩短 19%，客运量增加 7%，乘客满意度达 98%。

4）轮渡

单程 25 分钟左右，高峰时段每 20 分钟一班，平峰时段每 30 分钟一班，夜间 1 小时一班，全天 24 小时运营。

（2）交通管理端措施

1）制定昂贵的停车收费标准

纽约是停车难且费用高昂的城市，特别是曼哈顿区。该区制定高停车收费标准，限制私家车路边停车时间。公共场所停车由市交通局管理，曼哈顿 86 街以南路段收费标准为每小时 3 美元，并限时停车 30 分钟至 2 小时不等。交通高峰期间，很多干线禁止停车。

2）构建绿色出行友好环境

为鼓励绿色出行，纽约改建快速路、设自行车专用道、改善步行条件。曼哈顿中央商务区采用高密度路网和小宽度道路，降低车速，营造更友好的步行环境。在上届市政府（2002—2013 年）彭博计划鼓励下，纽约重新设计街道，发展庞大的街道网络，旨在将小汽车主导的城市街道转换为以优化交通为目的的公共空间，促进旅游、可持续交通，减少安全事故。

2009 年，纽约交通局发布 200 多页的街道设计手册，提供街道设计、路面铺装与材料、照明和街道家具的详细指导和原则，旨在打造更安全、舒适的公共空间。

2013 年秋季公布项目报告显示，完整街道设计显著提高了安全性。自 2005 年以来，纽约街道死亡人数下降 34%。在曼哈顿第九大道建立专有自行车道后的 3 年中，伤亡人数下降 43%，骑行人数增加 63%。

3）加强城市交通组织管理

纽约作为历史悠久的城市，城市功能布局基本稳定，但也面临棘手的交通问题，如停车空间不足。为应对这些问题，纽约采取综合性措施，充分利用有限的道路资源，提高交通效率。

①设置单行道。通过单行线限制局部交通，有效提升道路通行能力，缓解城市拥堵，且成本相对经济。纽约的网格状街道布局使得相邻街道间距较短，为实施单向交通创造了便利条件。

②采取机动灵活的交通疏导措施。为提升交通瓶颈路段的效率，纽约交通管理部门采取了多种疏导措施：一是实行变向车道，优化曼哈顿及周边各区桥梁和隧道的车道配置，以适应早高峰进岛车流；二是鼓励车辆合乘，限制早高峰时段特定桥梁和隧道的单乘车辆使用，以减少车流量。这些措施充分利用了现有交通设施，提高瓶颈路段交通效率，有效缓解了拥堵问题。

③限制车辆转弯。纽约交通管理部门在主要路口限制车辆转弯，以减少交通干扰，缩短等候时间，提升通行效率。在第五大道以东的繁忙地区，高峰时段明确禁止左转，车辆需绕行至其他街区实现左转。同时，为快速疏导穿越城区的车辆，管理部门设立直行快速通道，确保车辆快速有序行驶，保持交通流畅。

4）实行严格的交通执法管理

纽约警察和相关部门以容易引发交通事故的严重交通违法行为（如超速、酒后驾驶等）为重点，执法严格并具有针对性。

①警察罚单主要针对严重违法行为，并根据交通事故情况调整执法重点。例如，纽约自 20 世纪 60 年代加强不系安全带执法后，系安全带率由 60 年代的不足 5%升至目前的超过 90%。同时，针对近 15 年来酗酒、吸毒导致的交通事故，警方也加大了打击力度。

②通过提高违法成本来减少交通违法。例如，在美国，醉酒驾驶被视为刑事犯罪，即使未造成人身伤害，驾驶人一旦被警察查出酒精含量高于法律标准，也可能面临 1 周至 1 年的监禁。纽约使用激光探测和航空拍摄来检测超速，超速罚款随速度增加而增加。若警察认为超速严重影响安全，会向法庭上诉，驾驶人可能面临 1~7 年的刑罚。

③严格执法与人性化处理并重。对轻微违法行为，当事人可通过参加一定时间的义务劳动来代替罚款。

5）推进智能交通系统建设

①公众出行信息服务。利用计算机终端、咨询电话和广播，为出行者提供实时交通信息和服务，以协助他们做出更明智的出行选择，包括方式、时间和路线。

②智能信号控制系统。纽约交通管理中心建立了先进的信息系统，通过电子显示屏实时追踪曼哈顿地区的交通信号灯变化，为事故和拥堵处理提供实时信息。管理部门精心设计交通信号灯的相位和配时，协同运作各路口信号灯，提高通行效率。多数岔路口禁止红灯右转，减少干扰，提升效率。车流量少、无信号灯的路口设置停车让行标志，提高行车安全。

4.1.1.4 纽约交通治理措施

纽约交通治理措施总结见表 4-1。

表 4-1 纽约交通治理措施总结

措施分类		具体措施
供给端措施	公交基础设施建设	1. 同一地铁线路中设置快车和慢车。 2. 通勤列车实行跨站停靠运营和站站停靠运营的快慢车制度。 3. 建设一体化的公交走廊管理服务设施，包括公交专用道、车外预售票系统、场站高品质舒适化、交叉口信号优先、交叉口渠化、走廊沿线停车管理、综合信息发布平台等。 4. 全天 24 小时轮渡运营。 5. 全体 24 小时地铁运营
管理端措施	机动车停车管理	1. 制定昂贵的停车收费标准，曼哈顿 86 街以南打卡收费限时停车的路段，收费标准为每小时 3 美元（不超过两小时）。 2. 在规定时间段内限制私家车路边停车，交通高峰的早 7 时至晚 6 时，很多干线禁止停车
	以人为本的慢行交通管理	1. 设置自行车专用道。 2. 曼哈顿中央商务区采取高密度路网，较小的道路断面宽度降低了路段车速，完善友好的步行环境。 3. 将更安全的道路、行车道、步行道、广场等交通工程打造成为城市的公共空间
	道路网交通组织优化	1. 设置单行道。 2. 采取机动灵活的交通疏导措施：一是实行变向车道；二是鼓励车辆合乘。 3. 限制车辆转弯
	交通数字化转型	1. 公众出行信息服务。 2. 智能信号控制系统

4.1.2 伦敦

4.1.2.1 城市交通基本概况

伦敦是英国的首都及政治、经济、文化中心，也是全球重要的金融中心之一，坐落于英格兰东南部，横跨泰晤士河下游。伦敦被划分为外、内、中 3 个区域，其中外伦敦包含 12 个市镇中心。其土地面积为 1577 平方千米，2022 年人口达 883 万人，机动车保有量约 250 万辆。

伦敦的交通用地占建设用地的 20%，是典型的小街区、窄马路、密路网模式。现有 11 条地铁线路、275 个车站，总长 408 千米，为居民提供便捷出行，其中 500 米覆盖半径内换乘站点占比达 95%，实现无缝交通衔接。

伦敦的公共汽电车系统规模庞大，拥有 700 多条线路、1.7 万个公交站和 6800 多辆运营车，年客运量高达 24 亿人次，远超英国其他城市。伦敦市中心的公共交通发达，而外围地区则依赖汽车。

英国实行大部门管理体制，伦敦交通局负责整个伦敦地区的交通规划与决策。根据 2021 年版“大伦敦规划”，强调公共交通引导城市发展，并设定目标：至 2041 年，80%的人出行采用步行、骑行和公交方式，市中心、内伦敦和外伦敦的绿色出行占比分别为 95%、90%和 75%。同时，计划到 2050 年实现整个交通系统的净零碳排放。

4.1.2.2 城市交通发展历程

伦敦的城市规划历史可追溯至 1898 年的“田园城市”理论，该理论提出在中心区周边建设花园新城并连接交通干线。

1944 年第二次世界大战后，伦敦进行“大伦敦规划”，旨在修建基础设施、疏散人口和改善居民生活条件，规划提出构建同心圆状的城市结构和建设卫星城等。

20 世纪 60 年代，伦敦面临城市中心衰退和人口就业减少，遂于 1964—1976 年提出“大伦敦发展规划”。

1985 年市政府解散至 1999 年重组，城市问题频发，中心区功能过度集中和可达性降低。21 世纪初，伦敦开始重视小汽车需求管理，整合不同交通方式，并实行差异化交通政策。

随着城市人口增长和环保意识的提升，伦敦于 2005 年提出了 2025 长远交通规划（Transport 2025：Transport Vision for a Growing World City），旨在促进经济、应对气候变化、提高交通覆盖并发展公共交通。措施包括扩容改造交通基础设施、管理交通需求和推广绿色交通。规划实施 5 年后，公众对交通服务提出了更高的要求，包括公平、安全、环保和便利等。伦敦交通发展历程详见表 4-2。

表 4-2 伦敦交通发展历程

时间	交通的现状及问题	措施
19 世纪 30 年代	伦敦市的城市半径小于 5 千米，城市道路狭窄，客运、货运混合	1. 修建新的过境道路； 2. 对外道路提供客运服务圈扩展到 20 千米处
1850 年	伦敦中心城出现了交通危机，城市交通流量不断增加	1. 修建环形铁路复线； 2. 建设长途通勤客运铁路线； 3. 建设 4 条跨泰晤士河地铁路线； 4. 完成地铁内环线建设

续表

时间	交通的现状及问题	措施
19 世纪后半期	经济发展和伦敦城区不断外扩，使伦敦出现了第二次交通危机	1. 修建地铁； 2. 将地铁系统与公共汽车客运系统连为整体

4.1.2.3　伦敦交通治理措施

伦敦交通治理措施总结见表 4-3。

表 4-3　伦敦交通治理措施总结

城市	措施分类	具体措施	
伦敦	供给端措施	公交基础设施建设	1. 更换更为宽敞和安全的公交车、增加城市轨道交通线路和设立道路交通监控设施等。 2. 设置公交专用道，强制其他车辆让行，保障公交车辆路权。 3. 交通换乘枢纽连接巴士换乘站与地铁车站
	管理端措施	车辆配额和尾号限行政策	启用城市道路拥堵收费系统，限制私家车出行。工作日 7：00—14：00，周末、法定节假日和特殊节日不收取费用。车辆缴费后可以获得进入伦敦市中心内环线的资格。进入该区域的车辆不论大小、型号、种类每天只需要缴纳一次费用即可多次进出收费区域，拥堵费额度为 10 英镑
		公交票价优惠政策	“牡蛎卡”可以在伦敦的巴士、地铁和电车上使用，并且持卡乘客可以享受一定优惠
		以人为本的慢行交通管理	1. 改善步行环境。 2. 建设更多的骑行道，改善自行车出行环境。 3. 建设全球首个骑行基础设施数据库，运用数字化新技术让骑车逛街更安全、便捷。开发新的行程规划线上工具；增设自行车停放点；普及自行车标识和注册；推广共享自行车平台。 4. 鼓励全民骑行。具体行动包括提供年度社区补助金；增设骑行培训学校；组织无车日、骑行比赛等各类庆典活动等
		低碳出行政策	1. 提出全球首个“超低排放区”特殊政策区。 2. 设立全时段管控区域，对进入该区域的高排放车辆征收费用，管控范围与拥堵收费区一致。除了缴纳 15 英镑拥堵费，还需缴纳 12.5 英镑排放费。 3. 收缴费用主要用于自行车道、公交和地铁的改善。 4. 在现行管控区域外，通过设立“超低排放街道”进行局部路段的机动车出行限时管控
		交通数字化转型	全方位的城市智能交通系统。包括车辆自动定位系统、可变信息系统、智能信号控制系统、视频信号高速公路系统、智能停车系统、出行大数据分析、智能空气监测和照明系统、手机 App 等

4.1.3 东京

4.1.3.1 城市交通基本概况

东京都是日本的首都，是日本的政治、经济、文化和交通中心，也是日本内阁和国会所在地，由区部、多摩地区、岛屿地区三部分组成，下辖 23 个特别区、26 个市、5 个町、8 个村。截至 2023 年末，都市圈总人口 3693 万人，以日本 8%的国土面积聚集 30%的人口并创造 30%以上的 GDP 总量。

东京交通便利，拥有高密度的轨道交通系统，包括新干线、JR 东日本、民营铁路、地铁等，以及两个重要的国际机场。2022 年，东京都地区生产总值达 1.06 万亿美元，占日本国内生产总值的 20.7%。

针对城市化导致的交通拥堵，日本未采取限制人口流动或私家车购买与使用的“需求管理”策略，而是着重提升运输能力与改善运输方式。尽管东京机动车保有量已超 800 万辆，但其公共交通网络同样发达，拥有 40686 个公交站，并广泛分布于城市外围，集聚趋势不明显。

东京地铁系统主要服务于市中心，包括由东京地下铁株式会社和东京都交通局运营的两大系统，共 13 条线路、304 千米。其中，东京地下铁共有线路 9 条，总里程 195 千米；都营地下铁共有线路 4 条，总里程 109 千米。目前地铁占东京交通出行的 86%，而汽车仅占 11%，使其成为解决城市拥堵的典范。

4.1.3.2 城市交通发展历程

(1) 复兴期（1945—1954 年）

东京复兴规划旨在避免城市过大，通过地区规划（regional plan）明确都市圈发展方向。它抑制并分散中心城区，设定郊外绿带以保护耕地并防止市区无序扩张，同时在绿带外培育卫星城。

东京复兴规划还包括建设大规模道路和地铁，按市中心 8 千米规划了 5 条共 101 千米的地铁线路，主要连接郊外轨道交通并延伸至山手线外侧。20 世纪50 年代初，东京城市道路不完善，人口增长导致公共交通拥堵，特别是早高峰通勤时间。虽然铁路公司增加了车辆和班次，但有限的城市中心铁道线路无法满足需求。

此外，建设和运营的混乱也成为一大挑战。1951 年，为加速地铁建设并与私营郊外铁路实现直通，东京都再次申请建设地铁。1952 年，通过法案协调东京都与帝都高速度交通营团在地铁建设上的关系，批准了东京都的建设运营要求。这种双重建设、运营方式一直持续至今，给乘客带来诸多不便。虽然长期有声音呼吁东京地铁实行一元化管理，但直到 2010 年 8 月，国土交通省、财务省和东京都才组成专门机构，开始研究协商东京地铁的一元化和民营化等问题。

（2）高速增长期（1955—1970 年）

日本经济高速发展的同时，汽车制造行业蒸蒸日上，国民交通出行需求成倍增长，城市单中心化现象明显，而基础道路交通配套设施建设缓慢，各种交通问题日渐凸显。

1960 年，日本经济进入高速发展阶段。这一时期，人口更加集中于大城市，特别是以东京为中心的 1 都 3 县，10 年间人口增加了 625 万。随着经济发展和人口集中，汽车保有量急剧上升，东京中心城区迅速由依赖轨道交通和步行的城市转变为汽车化城市。私人汽车和新干线成为日本 20 世纪 60 年代经济高速增长的象征。汽车化的快速发展使城市区域日益巨大化，东京 23 区尤其是市中心各种功能过分集中与混合导致交通拥堵从市中心向周边扩散，大气及河流污染加剧。

自 1965 年起，日本国有铁路实施了以增强城市地区运输能力为主要目标的第三次长期规划。在东京都市圈，针对 5 条线路实施了“5 方面作战”，即通过增设线路、双复线化、连续立交化等措施，分离快车线和慢车线、电气化线和蒸汽机车线，以缓解通勤列车的拥挤状况。

（3）稳定发展期（1971—1989 年）

1973 年第一次石油危机以后，日本经济逐渐进入稳定发展时期，产业结构从大型设备制造转向技术革新，整个社会从工业化阶段转向后工业化阶段。这一时期，东京都市圈的人口增长趋势发生了显著的变化。

在这一时期，高速增长阶段常住人口和制造业向东京都市圈集中的现象转变为就业人口和商务办公设施向东京 23 区集中的趋势，产业结构的变化和转型带动了城市功能和就业人口向“东京一极集中”，出现了城市圈中心地价上涨、常住人口空心化、交通问题恶化、城市环境污染加剧等一系列问题。

这一时期，日本的道路交通主要存在以下几方面的问题：

①交通需求增大与道路建设之间不协调；

②城市地区大量交通的控制方法不完善；

③缺少混合交通整治处理方法；

④日益深刻的交通公害待防治；

⑤频繁发生的交通事故不能有效防止和处理；

⑥大运量公共交通的建设与优待政策不够完善。

随着道路噪声和尾气污染等公害的增加，市民的环境意识逐渐增强。因此，1976年修订道路网规划时，主要考虑确保城市交通效率、保护城市环境等因素，并根据地区条件，实现各种交通方式的合理分担和有机结合。这次规则修订的基本方针是以地铁为核心的轨道交通和常规公交网络来充实公共交通体系，促进汽车交通向公共交通工具的转变，并通过适当的交通管理限制汽车交通的无序增长。

1980年以后，日本国内以服务业为中心的内需扩大，进入景气恢复期。在国际金融自由化和工业企业国际化的新形势下，人力、物力、财力、信息等开始全部向东京集中，外资企业也大规模进驻东京。东京不仅具有日本首都的功能，而且逐渐升级为国际金融中心和信息中心，和纽约、伦敦一道成为全球的经济枢纽和国际化大都市。

（4）城市再生期（1990年至今）

1989年，日本年号改为“平成”。受泡沫经济破灭影响，1990—2000年日本经济陷入低迷，被称为“丢失的十年”。自此，改造城市结构成为东京都市圈及全日本城市建设的核心。进入21世纪，中心城区再开发日趋活跃，城市规划焦点从支撑城市扩张的基础设施建设转向管理城市稳定发展的基础设施。

以东京中心城区为主，1都3县的人口继续增加，周边其他县人口则有所减少，出现了人口从郊外向都市圈中心移动的新变化。都市圈中心以公务及商务功能为主、郊外以居住功能为主的功能分担呈瓦解趋势。

在社会人口减少的背景下，实施了40年的抑制人口向都市圈集中的政策，如限制工业、大学等产业进入东京，于2003年4月被撤销。这一变化进一步推动了人口向都市圈中心的流动。东京都市圈周边地区，特别是高速公路出入口附近和沿线地区的工厂建设用地有所增加，投资额也逐渐恢复。新的都市圈格局正在逐步形成。

4.1.3.3 东京交通治理措施

东京交通治理措施总结见表4-4。

表4-4 东京交通治理措施总结

措施分类	具体措施	
供给端措施	公交基础设施建设	1. 构建功能独立、结构清晰的轨道线网系统。 2. 市域铁路与地铁通过过轨运营实现多铁融合，射线铁路快慢车混合运行提升运营效率。 3. 以“轨道主导土地开发、引领人口集聚”的理念建设轨道线路与站点。 4. 提供以人为本的公共交通设施服务

续表

措施分类	具体措施	
管理端措施	车辆配额和尾号限行政策	1. 施行征收高额税费政策。 2. 施行购车自备泊位政策。 3. 基本不配公务车辆
	机动车停车管理	1. 高昂的停车费和停车位租金。路面停车场的收费标准：3 小时以内，从 500 日元到 1500 日元不等（合人民币 25~75 元）；如果超过 3 小时，最高封顶价则达到 3000 日元（约合人民币 175 元）；夜间的临停收费价格降至白天的 1/3。 2. 严厉的违章停车处罚措施。普通轿车违章一次罚款 1.5 万日元（约合人民币 763 元），扣两分（日本驾照满分 6 分）
	以人为本的慢行交通管理	1. 以减少交通事故为主要目标的人车分离。 2. 以改善步行环境为主要目标的街区改造。①“轨道车站步行空中接驳计划”；②“地下步行街计划”；③“街区道路与道路乌托邦计划”；④“街区带计划”；⑤“步行乐境计划”
	交通数字化转型	《日本 ITS 框架体系》指导下的智能交通信息系统——日本新交通系统

4.1.4　新加坡

4.1.4.1　城市交通基本概况

新加坡是位于东南亚的城邦岛国，土地面积 728 平方千米，约 23%的国土为森林或自然保护区。截至 2023 年末，新加坡总人口约 591.76 万人，其中公民和永久居民 415 万人。全国划分为 5 个社区（行政区），分别为东北、东南、西北、西南和中区。截至 2022 年底，与近 592 万人口相比，新加坡的机动车拥有量约 61.4 万辆，估算拥有私家车的人口比例为 10%左右。

新加坡交通基础设施完善，是亚太地区关键的航空和转口枢纽，集装箱码头和机场服务位居全球前列。在道路交通方面，新加坡 15%的土地用于道路建设，形成了由 10 条快速路构成的主干线公路网，同时轨道交通也极为发达。

新加坡城市交通系统完善，主要由地铁、轻轨、公共汽车和出租车组成。截至 2022 年，新加坡拥有 6 条地铁线路（MRT）和 3 条分支轻轨线路（Light Rail Transit，LRT），总里程达 216.8 千米，还有 4 条共 30.7 千米的局域捷运线路，总轨道里程为 247.5 千米，不包括新马跨境铁路和索道线路。

4.1.4.2 城市交通发展历程

新加坡作为亚洲关键的金融、服务和航运中心，其陆路交通规划持续适应国际上城市建设的新理念，即重视交通与其他系统规划的融合与协作，将交通问题置于社会环境改善和经济建设发展的整体框架中考虑。其城市交通治理政策的演变大致分为五个阶段。

（1）消极的交通政策与管理阶段（1960—1969 年）

1960 年新加坡建国之初，政府主要应对住房危机和失业问题，公共交通服务滞后，引发公众不满，导致私家车迅速增长。

20 世纪 60 年代，新加坡受西欧结构规划启发，在联合国协助下，结合概念规划思想，构建了二级规划体系。至今已发布 1971 版、1991 版、2001 版、2013 版四版概念规划，均基于 1971 年的环状发展方案，并根据不同发展目标进行调整和深化。

（2）交通综合治理管制阶段（1970—1979 年）

新加坡政府预见到经济发展可能导致城市拥堵，因此将交通需求管理纳入宏观政策，注重供需平衡。自 1970 年起，政府对私人车辆征收路税、车辆注册费及附加注册费，使得购车成本大幅增加。1972 年和 1983 年，车辆进口关税和附加注册费分别高达 45%和 175%。对于一辆价值 2 万新加坡元的中型车，税费总额高达 6.4 万新加坡元。为缓解市中心交通堵塞，1975 年开始实施市中心限制区收费，并提高停车费。执行初期，限制时间是上午 7：30—10：15，私人车辆收费是 2 新加坡元。这些措施加上世界石油危机，有效减缓了私家车数量的增长。

新加坡 1971 版概念规划注重生态保护和组团开发，仅设定南部沿海中部的“单中心”，以满足基本住房和基础设施需求为核心。规划前瞻性地提出经济、社会、环境平衡发展的可持续发展理念，并构想花园城市和公共城市。在此理念指导下，进行结构性空间布局，保护中央蓄水区作为“绿肺”，围绕其建设交通连接的组团新市镇，形成环形结构。工业集中在西部，机场位于东端，形成滨海发展带，城市中心位于南海岸中部。由此确立了“一环一带一心”的城市布局，为新加坡未来空间布局奠定基础。

（3）推进交通基础设施阶段（1980—1989 年）

尽管管制措施暂时缓解了交通压力，但随着市民收入增加，私家车需求仍在增长。因此，新加坡政府从 1979 年开始投资 11 亿新加坡元建设交通干线和高速公路，使交通更顺畅，市中心车速提升至每小时 30 千米。1982 年，政府又投资 50 亿新加坡元建设地铁系统，并于 1989 年全面投入运行。这些大规模交通基建有效缓解并抑制了私家车需求。

（4）强化经济手段管理阶段（1990—1999 年）

1990 年 1 月，新加坡开始实行车辆限额制度，要求所有车辆必须购买政府发放的拥车许可证或拥车证，有效期为 10 年。初期，拥车证可转让，引发投机活动。半年后规定修改，拥车证必须与车辆一同转让，即“双重转让”。1991—1993 年，拥车证价格飞涨，引发民怨。随后，制度再次调整，规定拥车证和车辆在头 3 个月内不得转让，后 3 个月内的转让利润需上缴车辆注册局，旨在遏制投机。目前，这一制度仍在执行，短期内不会改变。1998 年 9 月，新加坡政府在高速公路和中央商业区引入电子道路收费制度，有效减少高峰时段交通流量，解决人工收费带来的车速问题，实现车辆分流，缓解了道路拥堵。

20 世纪 80 年代西欧战略规划的衰落影响了新加坡，直到 1991 年新加坡才编制第二版概念规划。在这一时期，1971 版概念规划得到有效实施，社会与经济出现转变，关注重心转向提升生活品质和完善城市发展。因此，1991 版概念规划旨在将新加坡打造成为卓越的热带城市，并在 1971 版基础上分散和扩展城市中心体系。具体策略包括填海拓展中央商务区，形成“滨海湾”概念，建设科技产业走廊，构建全岛道路与铁路网络，分散商业中心，增加区域级中心，提供多种类型住屋，并建设绿色网络系统。随着经济发展，1991 版概念规划在强化城市中心的基础上，提出建设多个能容纳 80 万人的区域中心，形成“多中心”布局。

（5）交通系统问题研究阶段（2000 年至今）

城市交通治理的关键在于有效和精准地匹配交通需求和供给，因此需要采取系统化的交通问题综合治理策略。新加坡政府在新一轮白皮书修编中，明确了以“重轨道交通建设、轻地面公交发展”为指导思想，旨在实现公交出行占机动化出行 70%的目标。在此过程中，政府深入研究了政府与企业市场的博弈关系，以及公共交通票价与国民经济发展和国民收入的联系，旨在制定提升公共交通吸引力的具体措施。新加坡通过科学规划城市布局、大力发展公共交通和限制私人购买小汽车等举措，成功地实现了全国交通的有序与畅通。

2001 版概念规划重新定位新加坡为 21 世纪的世界级城市，旨在进一步融入全球化经济圈。城市中心体系进行了缩回调整，以集中发展中央商务区。策略上，实施新居旧址计划以提高居住容积率，集中建设环球商务金融中心并引入“白地”概念，同时提供更多毗邻居家的工作岗位，并扩展道路和轨道网络。此外，开始注重地域文化和各地区特色。2001 版概念规划聚焦提升国际竞争力，采取“集中式”发展环球金融中心；而 2013 版概念则提出“分散式”商业中心布局，强化其他次级中心。

2013 版概念规划致力于维护新加坡的高品质生活环境，即使在经济和人口增长的情况下，也能确保民众享受高质量的生活。预计到 2030 年人口数量将达到 650 万~690 万，中心体系再次进行了调整。具体策略包括提供可负担的住房，打造花园城市，建设公园连道和环岛线路，进一步发展滨海湾并确立裕廊湖区为第二中央商务区，加强交通网络以减少用车需求，以及搬迁整合码头和机场以腾出更多空间。

上述四版概念规划如表 4-5 所示。各版概念规划均在前一版的基础上，结合各阶段实际情况，提出具有战略意义的宏观发展目标、指导性的发展框架和可行的实施策略。这些规划既体现了时代特色，又保持了连续性，通过概念规划及各层次后续规划的落地实施，实现了持续且连贯的城市发展建设。

表 4-5 新加坡四版概念规划内容对比

概念规划	1971 版	1991 版	2001 版	2013 版
交通	全岛高速公路； 计划建造铁路系统以连接人口中心与城市和裕廊	全岛高速公路与半高速公路； 更广泛的铁路网络	更广泛的铁路系统	展开铁路网络； 让骑自行车成为便利的出行方式
基础设施	港口搬迁到巴西班让； 机场搬迁到樟宜	扩大机场到港口	扩大机场到港口	把港口聚集在大士
公园绿地	可持续发展理念下的中央蓄水区	建造公园连道以连接现有的公园； 规划绿色公园网络系统	中央蓄水区逐步对外开放； 增强公园内活动的丰富性	花园里的城市理念； 延长公园连道，形成环岛绿道； 增加公园方便使用
基本导向	起点型	完善型	竞争型	质量型

4.1.4.3 新加坡交通治理措施

新加坡作为全球智能交通治理的标杆，通过实施拥车证制度、ERP 系统、拥堵费和公共交通优先等措施，显著提升了城市交通效率和安全性，为建设可持续发展城市做出了突出贡献。根据《2040 年陆路交通发展总蓝图》，新加坡将加强公共交通网络建设，提升服务水平，推动交通绿色化、数字化和智能化。为实现“20 分钟市镇、45 分钟城市”的愿景，新加坡计划在未来 10 年内大力发展公共交通，包括推进地铁建设、推广无人驾驶公交车、建设自行车车道、增加无障碍设施和综合交通中心等。

新加坡交通治理措施总结见表 4-6。

表 4-6　新加坡交通治理措施总结

具体措施	措施分类	
供给端措施	公交基础设施建设	1. 高度整合的新城用地及交通规划。沿地铁网络（MRT）呈环形布置新城，MRT 地铁站上方建设混合功能的综合体。目前 MRT 承担了 60% 的通勤交通。 2. 整合多重模式的公共交通系统。 3. 设置公交专用道。 4. 改善常规公交服务水平。 5. 加强换乘设施建设。 6. 车站周围集约化建设。 7. 优质连续的组屋步行连廊系统。 8. 舒适便捷的商务区步行通道系统
管理端措施	车辆配额和尾号限行政策	1. 通过竞拍新牌照的方式来限制新加坡的小汽车总量。 2. 区域牌照体系，限制特定的车辆在特定时段内通行主城区。 3. 实施区域通行证制度，采用电子道路收费系统。 4. 共享汽车系统
	交通数字化转型	开发整合交通管理系统（ITMS），智能地图信息系统——全地图（OneMap），MyTransport. SG 的手机 App 服务，非接触售票技术等

4.2　国内世界级城市交通治理

本部分以国内世界级城市北京、上海、深圳、香港交通治理经验为借鉴，详细介绍了北京市的治理经验，并分别对上海市、深圳市、香港特别行政区供给端和管理端治理措施进行了总结。

4.2.1 北京

4.2.1.1 城市交通基本概况

北京是中华人民共和国的首都，是全国的政治中心、文化中心，是世界著名古都和现代化国际城市。截至2023年末，北京市总面积16418平方千米，城乡建设用地规模2921平方千米。目前北京市有16个市辖区，其中2个城六区之中心城区：东城区、西城区；4个城六区之近郊区：朝阳区、海淀区、丰台区和石景山区；10个远郊区：门头沟区、房山区、大兴区、通州区、顺义区、昌平区、怀柔区、平谷区、密云区、延庆区。由市中心向外依次有二环、三环、四环及五环（又称公路一环）、六环，其中二环内为老城区，面积约62平方千米，三环内为建成区，面积约150平方千米。2023年末，北京市常住人口2185.8万人，比上年末增长1.5万人。2022年末，人口密度为1331人/每平方千米。2023年末，北京市机动车保有量758.9万辆，比上年末增加46.2万辆。民用汽车625.6万辆，比上年末增加11.9万辆。其中，私人汽车543.1万辆，增加10.6万辆。私人汽车中，载客汽车507.3万辆，其中新能源载客汽车52.8万辆，增加9.1万辆。截至2023年底，北京市全年GDP达到43760.7亿元，中心城区绿色出行比例达到74.7%，市民45分钟以内通勤出行占比达到54%，全市轨道车站出入口换乘距离小于50米的公交站点占比达到86%，中心城区公共交通占机动化出行比例达到52.9%，小客车车均出行强度力争下降到26.5千米，集中建设区道路网密度达到5.45千米/平方千米，高峰时段平均道路交通指数控制在5.6左右，全市道路交通死亡事故稳步下降，确保城市交通运行安全、平稳、有序。

4.2.1.2 城市交通发展历程

（1）机动化萌芽阶段（1949—1989年）

自中华人民共和国成立至20世纪90年代，北京市的城市交通主要以自行车出行为主导，其使用率最高时达到66%，机动车发展相对缓慢，仅处于初期阶段。中华人民共和国成立初期，北京市的机动车数量非常有限，仅2300辆。1978年，数量增至7.7万辆，而20世纪80年代末，机动车保有量也仅为38.4万辆，私人小客车尚未普及。北京市城市布局采取“子母城”形式，其间开始规划建设城市环路、公路环路和放射路，同时启动地铁一期、二期工程。由于道路容量超过交通量，城市交通保持流畅，车速稳定。

（2）机动化发展初期（1990—1999 年）

20 世纪 80 年代，北京市道路交通遭遇“出城难”，三环以内的主要道路交叉口和瓶颈路段频发拥堵。进入 90 年代，随着机动化的加速和私人小客车的兴起，机动车需求剧增，导致二环和三环内大片区域陷入拥堵，给北京市带来新的交通挑战。北京市第二次交通综合调查显示，1989 年北京市交通出行结构中小汽车出行比例大幅提高，从 1986 年的 5%提升到了 23. 29%。为应对迅猛增长的交通需求，北京市开展了大规模基础设施建设。

这一时期，我国城市交通拥堵问题日益严重，主流交通政策力图通过不断加大交通供给满足交通需求的快速增长。各大城市纷纷建设环路、大型立交、高架道路和地铁来改善交通状况。然而，由于交通需求的迅猛增长，这些基础设施的建设往往只能短期、局部地缓解拥堵。这种“拥堵—修路—再拥堵—再修路”的循环使城市交通陷入被动。

（3）公交优先发展的机动化加速发展期（2000—2007 年）

随着我国推出汽车发展产业政策，北京市机动化进程显著加快，正式进入机动化社会，城市空间结构和功能布局变化显著，出行结构发生重大转变，潮汐交通现象越发明显。2001 年、2003 年北京市四环、五环城市快速路全线贯通。大规模道路建设未能遏制交通拥堵的恶化。奥运会申办成功后，北京市转变了交通发展策略，开始优先发展公共交通，并推行“市政交通一卡通”来增加公交对出行的吸引力。

这一时期，为刺激经济增长，机动化进程显著加快。由于交通需求总是超过供给，北京市开始重视公共交通的优先发展。尽管这一举措为未来指明了方向，但交通形势仍然严峻。

（4）公交优先与需求管理并重的机动化加速发展期（2008—2017 年）

2008 年北京奥运会期间，北京市倡导绿色交通并加强管理交通需求。为缓解交通拥堵，北京市大力发展公共交通，同时出台多项需求管理政策，如每周停驶一天、周五高峰区域限行、错时上下班、小客车总量调控和单双号限行等。这些措施在一定程度上有效遏制了交通拥堵的蔓延。轨道交通从 2008 年的 228 千米增长到 2016 年的 574 千米，增幅达 152%，城市公交专用道由 258. 5 千米增长到 851 千米，增幅达 230%，北京市交通出行结构明显改善，公交（地面公交+地铁）出行比例稳步提升，从 2005 年的 29. 8%提高到 2014 年的 48%。

这一时期，北京市加强了智能交通系统的建设强度，着力推进交通科技创新和信息化建设，用以支撑并实现交通精细化管理。

（5）建设新型北京现代化综合交通体系的新时期（2018 年至今）

北京进入建设新型综合交通体系的新时期，全市轨道交通线路总里程达 1172 千米，其中城市轨道交通线路 27 条、807 千米，成为首座城市轨道交通与铁路票务融通城市。建成了全国首条自行车通勤专用路，并完成了 3218 千米的慢行系统改造，推出了一批典型示范街区，初步构建了安全、环保的步行和自行车网络。为鼓励绿色出行，还加强了轨道和公交站点周边的非机动车停放管理，并提倡“共享单车+地铁或公交”的出行方式。截至 2023 年 11 月，共享单车骑行量突破 10 亿人次，创历史新高，日均骑行量已达 311.57 万人次，同比增长 9.04%。继续贯彻“以人为本”的理念，强调慢行、公交和绿色出行的优先权，围绕“优化供给、调控需求、强化治理”三大方面提出 42 项任务。同时，拓展交通综合治理，聚焦市民关心的热点问题，重点从交通与城市融合发展、提高现有设施效率、保障绿色路权等方面设定了 8 个预期指标。到 2023 年底，中心城区绿色出行比例力争提升到 74.7%，全市轨道车站出入口换乘距离小于 50 米的公交站点占比达到 86%，以增强市民的出行便捷性。

4.2.1.3 北京市交通治理措施

北京市交通治理秉持“以人为本”理念，以问题为导向推进交通综合治理，坚持“慢行优先、公交优先、绿色优先、优化供给、调控需求、强化治理”，旨在打造综合、绿色、安全、智能的现代化城市交通系统。

交通系统外部：①将交通承载力作为城市发展的约束条件；②控制人口规模；③疏解非首都功能；④落实职住平衡；⑤京津冀协同发展。

交通系统内部：①建设北京现代化综合交通体系；②坚持综合交通、绿色交通、智慧交通、平安交通四大理念；③打造精治、法治、共治的交通软环境；④“规建管限”与“加减乘除”。

交通管理：①打通断头路，畅通微循环；②坚持疏堵工程，瞄准堵点，加快改造；③创新区域治理，实行区域“五微治理”；④强化执法和秩序治理；⑤科技驱动，提高管理水平；⑥加强宣传互动，共治共管；⑦创新工作机制，每年推出一批创新性工作。

北京市交通治理措施总结见表 4-7。

表 4-7　北京市交通治理措施总结

城市	措施分类	具体措施	
北京	供给端措施	停车场建设	分类分区定位、差别供给，提出公共建筑机动车停车配建指标，从严控制出行停车需求
	管理端措施	车辆配额和尾号限行政策	1. 京牌民用汽车，五环内所有道路（不含五环），7：00—20：00 尾号限行；机关国家企事业单位公务用车，北京市行政区域内道路全天限行。 2. 非京牌载客汽车，五环路主辅路及以内道路和大兴区部分道路早、晚高峰全号段禁止通行，9：00—17：00 尾号限行；载货汽车，六环路（含）以内道路，6：00—24：00 全号段禁止通行。 3. 2022 年小客车指标年度配额为 15 万个，其中普通指标额度 9 万个（个人配额占比 90%，单位配额占比 6%，营运小客车占比 4%），示范应用新能源指标额度 6 万个（个人配额占比 85%，单位配额占比 5%，营运小客车占比 10%）
		机动车停车管理	1. 占道停车计时收费实行政府定价管理，按三类区域实行差别化收费。 2. 一类地区小型车首小时最高 10 元，首小时后，每 15 分钟 3.75 元，夜间 1 元/2 小时，停车 24 小时最高需 182 元。 3. 调高医院停车配建指标；在学校周边设置临时车位。 4. 对位于轨道交通站点地面出入口 500 米范围内的公共建筑的机动车停车配建指标应对上限和下限进行折减，折减应不低于 20%。 5. 对城市重点功能区进行指标折减以减少出行车位供给
		公交票价优惠政策	1. 使用市政交通一卡通乘坐城市公共电汽车，市域内路段给予普通卡 5 折、学生卡 2.5 折优惠；市域外路段享受 8 折优惠。对特殊人士实行免费乘坐地面公交的优惠政策。 2. 北京地铁票价：6 千米（含）内 3 元；6 千米以上采用分段计价方式，最高票价不封顶。 3. 每自然月内，使用市政交通一卡通乘坐北京地铁支出累计达 100 元后的乘次给予 8 折优惠；达 150 元以后的乘次给予 5 折优惠；达400 元以后的乘次不再享受打折优惠
		道路网交通组织优化	1. 时空互换——提升机动车、行人通行效率。 2. 物防挤压——规范不同交通流通行秩序。 3. “蓄水池”——非机动车、行人前置等待区。 4. 深度渠化——平衡不同流向的交通量。①引导行人从过街天桥通行。②精细路口交通组织。③完善交通标志标线。④东、西进口设置可变导向车道
		交通数字化转型	1. 主干道信息绿波工程。 2. 拥堵路段探索实施反溢式信号控制系统。 3. 行人过街信号灯配时调整。 4. 开展网络执法模式，形成大数据分析、风险预警、线索核查、调查处置的全链条闭环监管

4.2.2 上海

4.2.2.1 城市交通基本概况

上海位于中国华东地区，是中华人民共和国省级行政区、直辖市、国家中心城市、超大城市、上海大都市圈核心城市，国务院批复确定的中国国际经济、金融、贸易、航运、科技创新中心。截至2023年末，全市下辖16个区，总面积6340.5平方千米，市辖区建成区面积1242平方千米。2023年末，全市常住人口为2487.45万人，常住人口密度3923.11人/平方千米。截至2022年底，上海市机动车保有量达537万辆，其中汽车477万辆；机动车驾驶人944万人，其中汽车驾驶人930万人；新注册登记机动车66.2万辆，新领证驾驶人25.3万人。

上海市获首批“国家公交都市示范城市”称号。上海地铁于20世纪90年代初正式营运，是中国大陆地区继北京、天津地铁建成通车后建造的第三个城市轨道交通系统，是世界上地铁最繁忙的城市之一。地铁线路密集覆盖中心城区，全市75.3%的轨道交通站点周边50米半径范围有公交线换乘，轨道交通线路最短行车间隔缩短至1分50秒。截至2023年末，上海轨道交通已投入运营的轨道交通线路有20条（包括地铁、轻轨、磁悬浮），运营里程达到831千米，运营车站508座，线网规模居于世界各大地铁城市前列。此外，用于连接郊区金山和上海南站的市郊通勤铁路——上海金山城市市郊快速铁路已于2012年9月28日建成通车，这是中国大陆地区首条利用铁路网开行通勤列车的线路。上海地铁11号线花桥段于2013年10月16日9：30起开站试运营，实现了上海市和江苏昆山市的区域一体化。2021年12月30日，上海地铁14号线、18号线一期北段正式开通，进一步完善了上海的地铁网络。上海的轨道交通还有一种形式——有轨电车，目前有松江有轨电车T1线、T2线共2条线路运营。

4.2.2.2 城市交通发展历程

（1）道路交通补欠账发展阶段（1985—1999年）

自20世纪80年代起，上海市城市发展主要集中在内环浦西和浦东滨江的中心城区。交通出行方式结构以步行和自行车为主，小汽车逐渐普及，但由此产生的交通拥堵与非机动车的混行安全秩序等问题已经开始显现。地面公交是最重要的机动化出行方式，但受制于有限的财政支出，出现车辆陈旧、运力不足、高峰拥挤、换乘不便等问题。因此，交通发展重点在于解决行车和乘车难题，弥补历史欠账。

道路基础设施建设是重中之重，特别是 20 世纪 90 年代围绕浦东、浦西一体化快速路及越江桥隧的建设，显著提升了道路交通基础设施的能级。此外，在制度建设方面，公交发展经历了从 1988 年实行的公交总公司、公司、车队三级管理到 1996 年实行以公交体制、机制、票制为核心的市场化制度改革，有效缓解了公交运力紧张，减轻了政府财政压力。车辆发展政策上，1986 年上海市实施专用号段管理（自备车 Z）和号牌发放总量控制，调控了私人车辆需求，为后来的非营业性客车额度拍卖政策奠定了基础。

（2）轨道交通引领的加速发展阶段（2000—2010 年）

进入 21 世纪，上海城市发展开始进入快车道。在第二轮城市规划的指导下，上海市致力于重塑城市功能，力争到 2020 年，把上海市初步建成国际经济、金融、贸易、航运中心之一，确定其国际经济中心城市地位。与之相适应，上海市的城市空间布局也进行了重大调整，全面突破原有中心城的局限，着眼全市 6340.5 平方千米，面向长江三角洲，有序引导人口和产业向郊区疏解。城市发展方向突出强调“拓展沿江沿海发展空间”，并实施以“新城及中心镇”为重点的城镇发展战略。

1）加速构建城乡统筹的交通基础设施框架

这一时期是上海市城市交通供给能力提升最快的阶段。继 20 世纪八九十年代中心城道路骨架设施初步建成后，这一时期以轨道交通线网和综合枢纽、郊区高等级公路网络和对外交通设施为核心的世界级一体化交通基础设施得到了跨越式发展。

2）初步建立统筹协调的交通综合管理体制机制

交通综合管理体制涉及横向和纵向的职能部门整合与分工合作，对交通管理政策措施的贯彻执行产生深远影响。

长期以来，上海市的交通职能呈现条块分割的状态，市级层面的交通职能分散在发改、规划、建设、市政、交通、公安等相关管理部门，不同职能部门的政策间往往存在冲突和矛盾，市级管理条线和区县政府还存在不同的职能分工，不利于统筹决策。这一时期最大的变化就是在体制和制度层面上，初步实现了交通综合管理的统筹协调。

（3）综合交通体系功能提升发展阶段（2011 年至今）

经历了 20 世纪八九十年代的交通补欠账式的发展，以及 21 世纪前 10 年跨越式的交通基础设施建设，世博会后的上海市城市交通体系进入了一个相对成熟和稳定的发展阶段。但随着经济社会的发展，交通需求量仍在刚性增长，对质量的要求也更高且多样化。同时，受资源环境限制，交通设施容量的增长空间有限，导致交通发展出现不平衡、不协调、不可持续的问题，主要体现在四个方面的“难以为继”。

一是交通发展与城市发展融合不足，被动配套适应型的交通发展难以为继。交通与用地规划、产业布局、人口分布等缺乏协调，导致中心城交通压力俱增。若延续既有态势，交通供需矛盾将加剧，交通拥堵将持续恶化，影响上海市作为全球城市的核心功能。

二是公共交通分担率增长缓慢，仅依赖轨道交通提升吸引力远远不够。近 10 年，公共交通客流增长主要靠轨道交通。但轨道交通运营效率偏低，地面公交客流强度低且增长乏力，新城内部公交体系缺乏。中心城公共交通出行分担率增长缓慢，需要完善多元化、多层次的公共交通网络体系，提高公共交通吸引力和分担率。

三是个体机动车的高强度使用，路网供需矛盾日益突出。中心城小客车新增总量控制（额度拍卖）政策难以为继，各种渠道的小客车年均增长量持续上升。虽保有率低于国际同类城市，但使用强度相当。导致中心城路网、停车和环境容量难以支撑机动车快速增长，高架快速路系统饱和，全日时空范围扩大。现有非营业性客车额度拍卖政策边际效应不断显现。

四是资源环境承载力的刚性约束日益明显，交通治理相关社会要素日益复杂，传统的交通解决手段已难以应对。随着城市发展定位的提升、绿色生态要求的提高、科学技术的快速进步、市场导向的监管模式以及日益多元的交通参与者，传统的交通发展理念和模式面临严峻挑战。现有交通政策的不利影响逐渐显现，需要综合运用经济、行政、法律、市场和社会等多种手段来解决交通问题。

4.2.2.3 上海市交通治理措施

2022 年 10 月，新一轮的《上海市交通发展白皮书》（以下简称白皮书）正式发布，将指导未来 10 年上海交通发展，是推进上海市交通工作的“行动指南”，也是促进交通领域社会共治的“倡仪书”。白皮书重点提出了要构筑“人本、高效、智慧、绿色、韧性”的国际大都市高质量一体化交通的目标。主要策略方向是综合交通统筹融合发展，公共交通和慢行交通优先发展，迭代升级引领高质量发展。

上海市交通治理措施总结见表 4-8。

表 4-8　上海市交通治理措施总结

城市	措施分类		具体措施
上海	供给端措施	公交基础设施建设	1. 完善路网结构功能和轨交网络布局。 2. 加速公共交通能源结构调整
		新型基础设施建设	1. 推动充换电基础设施建设：老小区以“一桩多车”共享充电桩建设；新小区以“一车一桩”原则配建；对于建成的新小区，进行智能桩推广和统建统营。 2. 完善充（换）电设施网络并促进使用，打造统一查询、统一结算的全市经营性快充网络。 3. 提升自动化交通装备推进自动驾驶、车路协同等技术的试点和应用工作。 4. 加快推进物联网、5G 等技术与交通融合，推动新建设施感知系统与基础设施同步规划、同步建设
	管理端措施	车辆配额和尾号限行政策	1. 通过牌照拍卖，限制燃油机动车供给量。新能源汽车免费发放牌照，并给予个人用户一次性 10000 元购车补贴。 2. 限制不同牌照的出行：每日 7：00—9：00、17：00—19：00，对内环早晚高峰的外省市号牌小客车限行；沪 C 车牌，全年不可进入市区行驶
		机动车停车管理	1. 重点在中心城老旧住宅小区、医院、学校等场所内部挖潜增建车位，外部规划新建公共车位，推动周边各类停车资源开放共享。 2. 重点针对住宅小区夜间停车需求和医院、公共服务机构、商业街区等临时停车需求，灵活设置时段性道路停车泊位。 3. 有序推进停车换乘设施（P+R）建设运营。 4. 开发智慧停车服务——上海市公共停车信息平台（官方 App 和小程序“上海停车”）。 5. 建立道路停车场动态调整机制
		公交票价优惠政策	使用同一张公交卡，地面公交之间以及地面公交与轨道交通之间 120 分钟内换乘，票价优惠 1 元；使用同一张公共交通卡乘坐轨道交通，每月票款消费超 70 元部分享受九折优惠
		以人为本的慢行交通管理	1. 完善“15 分钟生活圈”“最后一公里”慢行接驳等慢行交通基础设施建设。 2. 打造舒适多样的公共开敞空间，构建品质宜人的绿道系统。 3. 慢行交通工具使用管理，合理布设非机动车停放点位，规范非机动车停放管理。 4. 加强道路盲道、路缘石坡道、过街天桥、无障碍电梯等设施的建设，加强设施适老化与无障碍改造
		道路网交通组织优化	1. 设置潮汐车道。 2. 设置直行待行区。 3. “路口禁左转+路段掉头”。 4. 设置单行线、公交专用道、非机动车专用道，步行街的延伸禁止车辆通行等
		交通数字化转型	1. 提升交通基础设施智能化水平。 2. 完善数字化出行服务。 3. 构建数字化治理体系。 4. 形成数字化运营系统

4.2.3 深圳

4.2.3.1 城市交通基本概况

深圳市是我国第一个经济特区，位于珠江口东岸，全市下辖 9 个行政区和 1 个新区。深圳市土地面积约 1997.47 平方千米，截至 2022 年末，常住人口为 1766.18 万人。其中，常住户籍人口为 583.47 万人，占常住人口的 33.0%；常住非户籍人口为 1182.71 万人，占常住人口的 67.0%。截至 2023 年 9 月，深圳市机动车 406.6 万辆，每千米道路车辆密度居一线城市首位。停车泊位约 285 万个，停车位缺口超 100 万个。

深圳交通便利，海运、河运、陆路和航空运输方式齐全，城市公共交通也颇为发达。深圳市毗邻香港特别行政区，设有中国数量最多的出入境口岸，出入境人员和车流量均居中国首位。随着珠三角区域交通一体化和高速公路联网的完善，深圳作为泛珠三角区域交通枢纽城市的地位进一步稳固。

深圳市公路交通四通八达，高速公路可通达珠三角各城市，长途客运班线延伸到广东省内各市县及 20 多个外省城市，并有直达港澳的班车。深圳市公共交通发达。地铁是深圳市的重要公共交通工具之一，深圳地铁一期工程于1998 年开工，包括 1 号线首通段和 4 号线南段，并于 2004 年 12 月 28 日通车。地铁通车后，深圳成为中国大陆继北京、天津、上海、广州后第五个拥有地铁的城市。截至 2022 年 12 月，深圳地铁已有 16 条线路、312 座车站投入运营，运营总里程 547.12 千米，地铁线路的日均客运量 661.55 万人次（2023 年 9 月 11 日），历史最高日客运量达 859.87 万人次（2023 年 7 月 7 日），地铁线路公交分担率为 64.82%，对缓解深圳市的交通压力起到了显著作用。深圳的公交为三层次公交线网，包括快线、干线、支线三种。2021 年，深圳市常规公交客流量为 10.9 亿人次。

4.2.3.2 城市交通发展历程

（1）分系统建设——大建设期，先行探索（1980—2007 年）

1980 年 8 月，深圳经济特区成立后，深圳市交通运输管理部门、深圳市道路交通管理部门、深圳市规划部门结合自身职能管理需求，各自独立开展交通模型和信息化系统建设。1996 年深圳市率先建立了交通模拟信息系统，并于 1998 年成立全国第一个交通仿真实验室；1999 年开发了 SMOOTH 新型信号控制系统；2004 年建成全国首个城市交通仿真系统；2006 年建立深圳市交通信息与交通工程重点实验室，当时在全国交通信息化发展方面位居前列。同时，为统筹城市大基建时代的智能交通发展，2007 年深圳市规划部门编制《深圳市智能交通系统建设总体规划》，确定了智能交通“4+1”总体框架（“4”是信息基础设施、公用信息平台、交通仿真和应用服务，“1”是保障措施，包括资金、体制、人力、技术），先行探索智能交通信息化建设路径。为配合交通改善规划，深圳交通运输管理部门组织人员专题研究中观、微观交通模型，建立了宏观、中观、微观一体化模型体系（利用中观模型软件 SATURN、微观模型软件 PTV 建模），为大规模基础设施建设和道路交通管理提供了科学支撑。

（2）统一平台建设——建管并重，先行先试（2008—2018 年）

2009 年，深圳市交通运输委员会成立，统一负责城市道路以及公路的规划设计、建设、管养、执法及交通运输管理工作，将原隶属深圳市政府的综治办划入市交通运输委员会统一管理，率先建立了全国真正意义上的“一城一交”大交通管理体制。

同年，以深圳大运会为契机，市政府出台《深圳市交通智能系统近期建设工作方案》，搭建了智能交通“1+3”（“1”指交通信息共享平台，“3”指智能交通管理系统、智能交通运输系统、交通规划管理与决策支持系统）系统框架。随后在“1+3”系统框架基础上，全面整合规划、交通、交警等部门的智能化需求，由交通、交警、规划三部门共同开展全市智能交通“1+6”（“1”指交通信息交换平台，“6”指交通综合监测系统、交通整体调控系统、交通运行指挥系统、交通运输管理系统、交通管理与应急仿真决策支持系统、公众出行信息服务系统）工程，统一全市交通信息共享平台建设。2012—2014 年，先后研发了道路交通运行指数系统、交通排放实时监测平台等信息化系统，构建了多维综合评估模型系统。在此过程中，注重积聚力量开展科研攻关，2014 年组建广东省交通信息工程技术研究中心，2018 年先后建立综合交通大数据应用技术国家工程实验室深圳中心、交通运输部综合交通运输大数据处理及应用技术交通运输行业研发中心。2016—2018 年，每年开展全市交通信号社会化配时服务，推出全国首创快速路共乘车道（High-Occupancy Vehicle Lane，HOV）、自动化潮汐车道等治堵举措，建立全国首个城市级互联网+智慧停车系统，实现多个先行先试项目的落地建设。

（3）迈向先行示范——高质量发展，全球标杆（2019 年至今）

在全球经济下行风险增加和全球治理面临复杂形势的背景下，中国经济正形成以内循环为主体、国内国际双循环相互促进的新格局。同时，新一轮科技革命和产业变革加速发展，新一代信息技术（如5G、人工智能等）正在向经济社会各领域渗透，给交通行业带来了机遇和挑战。

新时期，深圳市进入重大历史机遇期，“双区”建设加速推进，交通强国城市范例建设有序铺开，综合改革试点和深圳经济特区立法变通权为深圳市创新发展提供了强大制度保障。2019年，深圳市结合新型智慧城市和数字政府工作部署，以交通运输一体化智慧平台和交通信号灯“一张网”调控为载体，启动了《深圳市智能交通系统建设规划及计划》。在此背景下，侨香路、红荔路等智慧道路建成通车，同时深圳机场的“未来机场”（智慧机场）二期建设项目也开始启动；2020年启动全国首个涵盖海、陆、空、铁全领域的交通运输一体化智慧平台建设，并建成福田中心区智慧交通集成示范区；2021年建设全球首个5G+自动驾驶集卡规模化应用港口（妈湾智慧港）；2022年《深圳经济特区智能网联汽车管理条例》作为全国首部相关法规正式实施，并在广东省城市交通数字孪生企业重点实验室落地。通过智慧化手段，提升了海、陆、空、铁多方式联网联控水平，推动城市交通向高质量发展迈进。

4.2.3.3 深圳交通治理措施

深圳市交通治理措施总结见表4-9。

表4-9 深圳市交通治理措施总结

<table>
<tr><th>城市</th><th>措施分类</th><th colspan="2">具体措施</th></tr>
<tr><td rowspan="4">深圳</td><td rowspan="3">供给端措施</td><td>区域交通一体化</td><td>1. 以深港两地核心区为双核的港深通勤圈。
2. 以深圳中心区为核心的深莞惠通勤圈</td></tr>
<tr><td>公交基础设施建设</td><td>1. 城市轨道交通网络化。
2. 形成贴合需求的公交服务体系。
3. 舒适畅达的慢行服务网络</td></tr>
<tr><td>新型基础设施建设</td><td>1. 大力提升新型新能源汽车充电桩设施供给。重点提升高速公路服务区充换电、加气、加氢等综合服务能力，率先在工业园区、港口码头等试点建设加氢站。
2. 加大新能源车辆推广和普及力度；加强低碳交通装备研发与应用</td></tr>
<tr><td>管理端措施</td><td>交通数字化转型</td><td>1. 强化智能防控，充分利用城市交通大数据，精准排查事故多发路段、路口、时段，高风险企业车辆和驾驶人。
2. 推进交巡警融合执勤，加强重点时段路面管控。
3. 一体化的智慧交通感知体系。
4. 推动“智慧公交站台+公交车路协同+线网优化调度”建设。
5. 建设融合5G、智能网联、人工智能等新技术的智慧交通基础设施。
6. 依托交通大数据平台，实行智慧化交通管理</td></tr>
</table>

4.2.4 香港

4.2.4.1 城市交通基本概况

香港，中华人民共和国香港特别行政区，位于中国东南端的珠江口岸，由香港岛、九龙半岛、新界和 262 个离岛组成，下设 18 个行政区，管辖总面积 2754.97 平方千米，陆地总面积达 1115.57 平方千米。2023 年末，总人口数量 750.31 万，是世界上人口密度最高的地区之一。2022 年，香港特别行政区实现地区生产总值 28270 亿港元，约 24280 亿元人民币。高人口密度下，香港仍保持城市交通顺畅，交通污染较低，与其极高的公共交通使用率密不可分，地铁更是人们出行首选。港铁作为世界上唯一盈利的地铁，是世界 TOD 开发的典范。

香港城市建设完善，交通网络发达，铁路、公交、渡轮等交通方式覆盖全港，出行十分便捷。与深圳之间有完善的铁路系统连接，两地交通十分便利，是城市交通网络密度最高的地区之一。香港的公共交通工具，包括铁路，电车、巴士、小型巴士、的士和轮渡，2022 年全年每日载客约 970 万人次。

据有关统计，截至 2022 年，香港铁路系统全长 270 千米，香港地铁系统每日载客量 400 万人次。香港拥有多条快速公路及连接路，组成 9 条交通干线，连接新界至九龙、香港岛与大屿山。2021 年，香港公路交通里程 2193 千米，道路网平均密度约 2 千米/平方千米，建成区道路面积约为 11.5 千米/平方千米，是世界上道路密度最高的城市之一。城市轨道交通里程 266.3 千米，轨道交通线网密度为 0.24 千米/平方千米。2022 年，机动车保有量 73.3 万辆，私家车保有量 57.1 万辆，占车辆总数的 78%，公共巴士 1.9 万辆，出租车 1.8 万辆，平均每千米道路拥有汽车 293 辆。香港电车轨道总长 16 千米，截至 2022 年 12 月底，每日平均载客约 117000 人次。2022 年，轮渡每日平均载客约 82100 人次。香港 90% 的市民使用公共交通工具，是世界上使用公共交通工具比例最高的城市。

4.2.4.2 香港 TOD 模式发展历程

TOD 是以公共交通站点为核心，在站点周边一定范围内进行的高强度、混合开发，通过城市公共交通与土地协同开发的模式提高土地的利用率，实现土地价值最大化的开发理念。香港地铁 TOD 发展模式是在其特定的政治、经济、文化制度之下孕育而生，“轨道+物业”是其主要开发方式，其演变历程大致可分为以下三个阶段。

（1）早期：地产补贴基建

早期，该模式的核心是为基建筹集资金，土地开发权的补偿主要是资金平衡。从 1950 年到 1980 年，香港致力于产业转型，尤其是劳动密集型产业，人口从 206 万增加到 515 万。经济的迅速发展和人口的急剧增长给城市交通带来了巨大的压力，道路车辆数量也大幅上升。考虑到香港的山地地形、建设用地有限、高人口密度等特性，以及对交通基础设施的巨大需求，1975 年香港地铁公司成立，主要负责铁路系统的建设和运营。初期，荃湾线、观塘线、港岛线 3 条地铁线主要覆盖香港市区，资金来源多元化，包括政府投资（20%）、地产物业开发（15%）和信贷资金（65%）。例如，港铁公司在建设港岛线时，获得了太古站康怡花园的住宅开发权，以此作为地铁建设的补偿。同一时期观塘线蓝田站的建设也涉及地产开发。

（2）中期：地铁引导新市镇建设

中期，该模式与公屋政策共同推动了香港新市镇的发展。20 世纪 70 年代，为缓解市区人口密度过快增长，政府规划了 9 个新市镇以疏散中心城区人口。地铁和公屋成为引导人口向新市镇疏解的重要支撑，经过 30 年发展，9 个新市镇的整体人口数量达到 327 万，约占香港 750 多万总人口的 40%。地铁引导新市镇开发建设呈现以下特点：一是对车站周边地块进行高强度开发，如将军澳车站上盖及周边物业容积率均在 5 以上；二是实现居住与就业的平衡；三是通过精心规划的天桥和地下步道，缩短步行距离，创造舒适的步行环境和公共空间，确保大部分建筑距离地铁站在 500 米以内。

（3）后期：精细化土地经营

后期，该模式在精细化的土地经营中进一步优化。2000 年，港铁公司上市后，采用更为市场化的运营策略，在城市规划和土地开发中发挥核心作用。港铁公司作为地铁开发主体，积极推进土地开发与地铁建设的联动，随着轨道线网的成熟和客流量的增加，港铁公司逐步对轨道沿线预留土地进行分期开发，实现沿线的土地价值的最大化。

4.2.4.3 产城枢纽综合集成开发模式（CHI-TID）

CHI-TID 模式源于 TOD 模式。CHI-TID 关注重点包括：

C（City）城市发展：在综合交通枢纽总体策略研究、线路规划的基础上，从线路、所在统筹片区的角度，结合最新的城市发展现状、规划条件、类似站点案例研究等，对枢纽周边城市的功能定位进行优化。功能定位包括交通定位、城市定位，以及由二者确定的综合功能定位。

H（Hub）枢纽建设：为满足交通设施建设和交通衔接需求，整合干线铁路、城际轨道交通、城市轨道交通、市政道路、航空、航运、内部商业及服务设施、周边市政公用设施，充分利用地上、地下空间，优化与航站楼、港口、车站及口岸直接连通的公共空间设计，完善与公交站场、换乘停车场、出租车停靠点等的衔接要求，实现各类交通设施接续转换，实现“零换乘”的设计目标。

I（Industrial）产业拓容：在明确枢纽区域周边的功能定位、空间发展重点的基础上，分析枢纽周边及交通沿线地区产业分布现状，结合产业发展趋势和规律，研判产业发展方向，提出产业功能业态类型，协调区域交通规划、空间规划和产业规划，提高枢纽及区域周边的总体交通组织、空间布局与集群化、高技术化、绿色生态化的产业结构的匹配度。

T（Transport）交通筑网：提出交通枢纽规划范围内周边道路交通、公共交通、慢行交通等的综合交通规划方案，通过切实可行的交通改善措施（包括规划范围对外出入的衔接与转换、规划区内公交网络优化、慢行交通网络完善等），加强规划区内部与外部交通系统的衔接。强化各枢纽之间的交通链接，改善和疏解地区交通，提升枢纽间互联互通的能力。

I（Intergration）融合开发和集成整合：推动枢纽与城市融合开发，推动交通运营主体、城市发展主体和产业运营主体的合作，创建“交投、产投、城投”功能协同的运营模式。

D（Development）综合开发：从城市、产业、枢纽、站点的角度，重新审视区域的开发策略和逻辑，综合考虑交通枢纽的客流量输送优势及对外联通优势，进行适度的高强度商业及产业开发，充分发挥交通基础设施的外部性及对区域价值的提升力；在枢纽片区内配置足量优质的市政及公共配套设施，以满足区域的基本需求，提升区域生活品质。同时，对区域规划方案进行整体经济评估，根据开发投资及收益情况，对规划方案进行反馈校核，确保规划方案具有合理的经济效果。

4.2.4.4　香港城市交通发展战略

香港的交通系统能如此发达且稳定的原因，在于其“以人为本、科学规划、贯彻落实”。

坚持以公交为主的城市交通发展策略：在保护环境的前提下，提供并维持安全、可靠、高效的公共交通运输系统，使香港得以持续发展。

坚持经济杠杆调节的汽车发展：为抑制小汽车数量快速增加而带来的交

通问题，香港采用提高小汽车拥有、使用经济成本的方式进行调控。

CHI-TID 策略：基于深圳和香港交通基础设施现状，发挥城市、交通、枢纽、产业“四位一体”互补作用。

实用、智能的交通管理系统：香港积极推进区域协调控制系统建设，在主要道路设置了通行时间计算显示器。

多方共治、形成合力：香港交通系统的平稳运行离不开多方的共同努力：立法会依法立法、警务处依法执法、法院依法司法、交通署依法规划，形成多位一体、稳定有序的局面。

4.2.4.5 香港交通治理措施

香港交通治理措施总结见表 4-10。

表 4-10　香港交通治理措施总结

城市	措施分类	具体措施	
香港	供给端措施	公交基础设施建设	1. 打造多元化的公共交通方式。 2. 设置具有停车功能的巴士营运场站和车辆保养车间。 3. 以人为本的交通设施规划： 一是拥有天桥、地道、空中走廊等完善、发达的人行系统规划； 二是高效的轨道交通换乘规划
		停车场建设	1. 在大型停车场的建设规划方面，实行停车场离心建设。 2. 首先严格控制非居住区的停车位总数，限制繁忙地区的停车位供给；保证居住区的停车位数量
	管理端措施	车辆配额和尾号限行政策	1. 实行提高私家车使用成本的政策，收取高购车税、高牌照年费、高燃油税、高停车费。 2. 严格控制公务车数量，公务员外出公干，必须选择最便宜的交通工具
		TOD 开发	1. 新区城市沿轨道交通轴线线性发展。 2. 在小区建设之前就必须申请到公共交通的配套线路，保证小区建成后住户出行方便，将出行需求与交通供给有效结合。
		交通数字化转型	1. 信息化、智能化的区域交通控制系统。 2. 交通和乘客资讯读报信息显示系统。 3. 交通监控与指挥协调系统

4.3 世界级城市交通治理的经验及启示

随着城市机动化的快速发展，交通拥堵成为我国大城市发展过程中普遍遇到的难题。中国香港、新加坡、纽约等世界级城市都经历过严重的交通拥堵，它们均为经济发达、人口密度较大、交通繁忙并在交通管理方面取得一定成绩的大城市。这些城市常态化开展交通拥堵治理工作，通过采取综合措施和持续努力，真正有效缓解了交通拥堵，不断提高交通运行效率，值得我国城市学习和借鉴。

世界级城市交通拥堵治理主要包括两种模式，一种是通过加大基础设施建设力度，增加交通供给，同时重视城市公共交通系统的建设和服务优化，以降低城市交通压力；另一种是结合自身实际，采取科学、合理有效的交通需求管理和拥堵治理措施，降低交通需求，实现交通拥堵情况改善。

世界级城市未来交通治理的大方向主要包括以下五个方面：

①综合交通枢纽发展完善的国家和区域的中心城市，充分发挥衔接国际、国内两个扇面高等级的枢纽门户功能，注重多种交通方式之间便捷的中转换乘服务。在城市内部，建设符合全球城市定位，并使得各类人群都能共享的无缝衔接、舒适方便的公共交通网络。

②以一体化战略思维促进交通枢纽创新发展。将交通体系作为一个完整的生态系统，通过合理有效的资源配置整合，各相关方高效顺畅的合作治理，促进交通治理效能提升，使城市交通获得可持续发展。

③以新科技引领为交通发展的新导向，增加交通服务的智能化和便利化。在交通领域广泛运用大数据、互联网、实时监控等技术手段，运用新科技如移动互联网、虚拟现实（Virtual Reality，VR）、个人飞行器、无人驾驶和汽车共享等技术改变未来交通模式，通过智能化交通治理，引导交通使用者选择最优化方案，为交通管理者科学决策提供条件。

④以精细化需求管理创新提升对内交通的通达性，满足以不同需求为导向的人性化设计，实现城市低碳、和谐、绿色、高效的交通系统和城市的可持续发展。

⑤以绿色、环保、公平理念提升交通系统品质，构建一个舒适、便利、安全的交通系统。不断改善步行和自行车交通设施和条件，提高交通系统的无缝衔接和舒适性，对基础设施进行无障碍改造升级，并提供特别服务以满足弱势群体的出行需求。

4.3.1 引导城市多中心布局

借鉴新加坡的城市规划建设经验，采取科学合理的城市规划，结合既有土地资源和城市各区的功能定位，形成多中心的城市发展空间格局。各中心的职能定位相应错开，使其能相对独立发展，及时配备相应的配套设施和资源，从而保证各中心能相互平衡。

4.3.2 推进 TOD 一体化开发

在轨道交通规划建设过程中，应当考虑轨道交通与土地利用的一体化，优化城市空间结构，促进城市新城的建设与发展。学习各国 TOD 发展经验，将轨道交通车站出入口与周边商业、住宅等功能区连通，实现居民的便捷出行；围绕轨道交通站点 1 千米内进行土地集约开发，建设集办公、商业、文化、教育、居住等功能于一体的多功能社区，大大减少居民出行距离与成本。

轨道交通系统的建设将给城际交通发展带来新的契机，有助于支持城市空间拓展，提高城市外围地区与中心城区的交通联系效率。因此，需要倡导居民使用轨道交通方式出行，以缓解高峰时段城市交通的压力。为了更好地引导居民使用轨道交通作为出行方式，应注意将轨道交通线路和站点与城市土地开发利用相结合。TOD 站城一体开发模式的使用，不仅可以提升轨道交通站点的客流量，也可以通过上盖开发提供多种服务，缩短站点周边居民生活性出行的距离。TOD 综合开发，既是城市建设的需要，也是城市轨道交通可持续发展的需要。

TOD 模式可以东京的开发经验为参考。东京 TOD 站城一体开发是基于轨道交通车站，通过对车站周边土地的集约化开发，采用了营造车站舒适空间、完善城市功能、配置商业设施、导入文化设施等手段，提升了车站的公共性、文化性、便利性和舒适性。通过统一策划、同步规划和一体化建设，促进了优质的城市居住品质和城市景观的形成；通过站内商业、站外商场、地下商业街等完美融合，共同构成高强度、高密度、紧凑型的立体三维复合车站城，体现了以车站为中心的城市整体价值。具体的经验与措施如下：

（1）重点打造枢纽节点

重点打造枢纽节点，通过轨道交通引领新的城市片区。通过科学、精准的规划和以车站为中心的高密度开发，完善相关的城市功能和公共服务设施；有意识地引入相关产业、特色商业、生活配套等设施，提高城区的连续性、便利性及运送转换力，形成以公共交通为主的中心城区出行模式，避免对机动车的过度依赖；塑造片区有影响力的标志性形象，打造城市新的片区中心。

（2）多功能集聚

避免城市轨道交通车站附近区域功能的单一化，形成无论工作日还是休息日都热闹非凡的城区空间；从“站点—组团—片区”的层面分析并确定城市发展的形态、业态和空间布局，以便形成各自的特色，避免所有车站的发展千篇一律，创造出具有吸引力和流行传播特性的空间，吸引各种各样的人群。

（3）车站与城市的一体化建设

通过车站与城市的一体化建设，形成以车站为中心的完整的步行网络。结合地形特征、道路布局及城市建设，多层次地布置步行流线，注重人文关怀，确保步行的连续性、便利性和舒适性。

（4）站城一体化开发的制度化

TOD 综合开发需要依靠政府决策并由政府主导，逐渐引入市场参与；通过出台相关政策，调动、保障市场的积极性，形成政府引导、市场积极参与的良性互动。开发后的运营管理则更为重要，日本商业街均由开发主体整体持有，通过整体打造避免业态组合过于单一和缺乏主题化。通过精细化管理保证了项目的整体、有序运营，从而具有可持续性。

4.3.3　优先发展城市公共交通

（1）公交优先发展战略

一是公交线网顶层设计。依托客运通道布设骨干线网，优化调整周边配套线路。利用大数据与互联网技术，分析客流需求特征，为线网调整提供定量化支撑，广泛征求公众意见。二是公交路权优化。优化公交专用道管理办法，试行单向两车道及以上道路设置专用道；推行公交信号优先；加大执法力度，严厉处罚违法占用专用道的社会车辆，确保专道专用。三是鼓励公交服务模式创新。鼓励企业推行区间车、微循环巴士等多样化组织方式，提高公交营运效率与服务品质；鼓励公交企业利用互联网技术，发展集约化定制班车，提供个性化服务。四是提高从业吸引力。建立公交驾驶员收入增长机制，吸引驾驶员从业。鼓励富余劳动力参加公交职业技能培训，出台培训和就业鼓励政策，拓宽驾驶员来源渠道。

（2）完善公共交通服务体系

建成以轨道交通等大运量为骨干，有轨电车、专用路权公交等中运量快速公交为协调，常规公交为基础，定制班车、水上轮渡为补充，慢行交通为延伸的多层次、多样化公共交通综合服务体系。其中，市郊铁路作为城市轨道交通的补充和扩展，主要解决市通郊、郊通郊的通勤通学和商务大客流。通过轨道交通、地面公交等的基础设施、网络及营运等的全方位融合，提供综合协调、换乘便利、无缝衔接、运作高效的一体化出行服务，全面提升公共交通服务水平。做好枢纽站设计，实现地铁、轻轨、公共巴士、出租车等多种交通方式的无缝衔接，提供一体化的公共交通服务，提高公共交通出行效率。提高公交运行速度、准点率，缩短乘客的等车时间，采取延长服务时间、增加部分拥挤线路的配车等措施提高公交服务水平，使公共交通成为居民出行的自觉自愿的首选。

（3）优化公交系统之间的衔接

国际上一些公交系统发达的城市，普遍采用“骨干+接驳”的公交体系组织方式，如新加坡、中国香港等。以新加坡为例，地铁系统是公交系统的骨干，基本覆盖全国主要地区，承担了连接主要地区间重要交通干线上的大部分客流，保证了整个交通系统宏观运行的效率和稳定；轻轨系统是地铁系统的补充和拓展，主要用于地铁车站与主要居住区、商业区的连接，为地铁网络提供客流补给；常规公交主要作用是承担内部和相邻区域间的近距离交通，为地铁和轻轨网络提供客流补给和网络完善服务，为社区提供纵深覆盖，并为轨交提供接驳支持，扩大轨交等干线运输方式在空间上的吸引范围。

（4）调整公交票价

公交票价是促进“骨干+接驳”公交服务模式的核心。通过公交票价政策的调整，如对长距离出行使用干线公交服务的乘客票价给予优惠，而对短距离出行使用干线公交服务的乘客票价给予一定的提高，则可以鼓励长距离出行采用干线服务，短距离出行使用支线服务，有利于提高整个公共交通系统的运营效率和效益。

4.3.4 打造城市慢行交通系统

1995 年的《北京宣言：中国城市交通发展战略》明确提出中国交通的目的是实现人和物的移动，而不是车辆的移动。应当根据各种交通方式运送人和货物的效率来分配道路空间的优先使用权。确切地说，就是为公共交通、自行车和行人提供优先路权。是对“以人为本”的城市慢行交通系统发展理念的高度概括。

（1）加快快与慢的多元交通方式的有机结合

慢行交通在城市交通方式中是不可或缺的。步行交通在短距离出行、末端出行交通和换乘交通中起着重要作用。自行车则在中短距离出行中具有明显的优势。其可以提供一个慢速和安静的环境，在这样的环境中生活、工作，能让人感觉城市不是一个快速过道，而是宜居的家园。首先，建议逐步取消占道停车，并且有序改善中小街道慢行环境。加强路面整治及道路绿化，以建设健康绿道体系为核心，加快实施绿道网络、外环和二绕生态带、公共绿地等生态项目，全面提升城市道路的绿化水平，努力提高市民日常出行的舒适度。同时，加快启动实施公交调度与路口信号协同配合的技术升级改造，同步实施路口渠化改造，保证公交车路口优先通行。为提升各种交通方式转换的方便性，可加快 P+R 停车场建设，大量增加地铁出入口和指引标志。

（2）推进无障碍出行政策制度的不断完善

健全老年人交通运输服务体系，满足老龄化社会交通需求。强调交通无障碍出行还需要在重塑行业价值理念、建立协同推进机制、完善法规政策体系、强化标准引领、突出科技赋能这些领域加强合作，共同推进我国交通无障碍出行工作，真正实现无障碍、无障“爱”。

4.3.5　建设发展智能交通系统

建设智能交通系统可以实现出行人员、车辆、道路、交通管理部门的信息互联与共享，使道路资源得到充分利用，有效提高事故处理效率以及交通拥堵疏散速度，提升交通管理水平。

建设共通互联、迭代赋能的数字交通，依托数字化基础设施及交通共享平台，建设“资源共享、系统整合、业务联动、自我进化”的城市智能交通体系，为新时代的交通治理和服务提供杭州方案。全面推进交通基础设施数字化建设及改造，强化基础设施数据采集功能，打造全市域智慧化数字交通基础设施网络，实现全市域基础设施数字化全覆盖；构建公用大数据共享平台，创新数据驱动与集成应用，打造实时智控、精准执法、精细服务、主动安防的城市一体化智能交通系统；创新出行服务数字化应用，推进交通数据资源开发应用，积极探索出行新模式，打造绿色、共享、高效、便捷的现代化交通服务。

加快融合类智慧交通基础设施建设，由点及面有序推广智慧道路建设工程，加快推进高快速路、主干道、枢纽场站等交通动脉的多功能智能杆建设，同步推进多功能智能杆及配套基础设施建设。推动高效协同的智慧高速示范建设。研究制定高速公路智慧交通设施建设标准指引，推进智能路侧设备、车用无线通信网络和智能化道路基础设施部署。推动多元融合的智慧枢纽集成示范建设。推进综合客运枢纽智能化升级。

推动信息类智慧交通技术平台构建，以全局最优、系统协同、个体智能为目标，以城市群和都市圈核心城市为载体，构建公安、国土、消防、气象等跨地域交通主管单位和跨部门信息共享或通报机制，推进数据资源共享共用。探索建设长三角区域交通数据中心，培育区域交通数据要素市场，探索交通数据交易新模式。推动区域规划建设、交通治理、安全应急等业务协同，为区域交通一体化赋能。

构建适应复杂交通网络运营的精准智慧公交体系与智慧地铁体系。建设客流态势感知系统，构建适应主动需求管控的新一代智慧信号管控体系。推广大规模路网动态信号优化、实时在线仿真等核心技术，构建实时、精准的智慧信号管控平台，在重点路口、关键走廊应用车路协同等技术实现公交优先智能管控。

以上实践经验表明，缓解城市交通拥堵应坚持疏堵结合、综合治理。我国内地大城市普遍具有人口总量大、密度高、土地资源匮乏、公共资源紧张等特点，这些特点决定其交通发展必须采取以限制私人小汽车出行需求，增加公共交通供给为导向的发展模式。

4.3.6 采取差异化交通治理策略

北京、上海、深圳均处于工业化、现代化高速到高质量发展阶段，以完善交通基础设施，特别是轨道交通、公交交通等供给为主；伦敦、纽约、东京均已进入后工业化发展阶段，以税收、经济手段、低碳出行、科技支撑等手段进行需求管理为主；新加坡、中国香港同样进入后工业化阶段，也以需求管理为主，高密度人口地区，更加注重提升公共交通效率。

市域交通治理主要关注城市大组团、大片区的高效联系，1 小时都市圈的便捷出行，以提升城市向区域辐射带动的效率，走向区域协同一体化发展；市区交通治理重点在中心城区不同功能片区的快速、高效联系，实现职住平衡，在关注效率的同时，更加强调公平、绿色低碳。

4.3.7 提升绿色出行服务品质

加快公共交通建设，完善配套基础设施，加强多层次公共交通系统之间的衔接，提高公共交通服务效率；降低公共交通综合成本，提高其相对于其他交通方式的竞争能力；重视公交专用道（优先道）的规划建设，促进其网络化发展；改善步行和自行车出行环境，构建连续、便捷、舒适的慢行网络。

（1）建设结构合理、高效低碳的绿色交通

积极发展新能源和清洁能源运输工具，依托交通强国建设试点，有序开展纯电动、氢燃料电池、可再生合成燃料车辆、船舶的试点。推动新能源车辆的应用。探索甲醇、氢、氨等新型动力船舶的应用，推动液化天然气动力船舶的应用。积极推广可持续航空燃料的应用。增强交通运输绿色转型新动能，提升绿色出行装备水平，大力培育绿色出行文化，完善绿色出行服务体系。

（2）创新景区交通模式，依托景区公共交通廊道

可参考伦敦的全球首个“超低排放区”特殊政策区做法，在景区或者绿地设立全时段管控区域，对进入该区域的高排放车辆征收排放费。收缴费用主要用于自行车道、公交和地铁的改善。也可在管控区域外，设立“超低排放街道”进行局部路段的机动车出行限时管控。通过限制私人机动交通进入等措施，塑造城景交融的慢行公共空间，实现景区与城市的深度融合；强化交通需求管理，以资源与环境为约束，充分发挥经济杠杆、科技手段等调节作用，通过交通需求措施合理引导小汽车的拥有和使用。

（3）引导慢行交通出行方式，提升绿色出行水平

继续完善慢行交通基础设施建设。结合城市更新与品质提升，推进道路慢行交通规划和建设。构建安全、连续、舒适的城市慢行交通体系，保障慢行交通路权，探索恢复部分禁非道路的非机动车通行。研究轨交站点“最后一公里”慢行接驳。推进轨交站点周边步行道、自行车道环境整治，加强站点及周边道路违法停车治理。规范非机动车停放管理，引导互联网租赁自行车有序发展。另外，加强设施适老化与无障碍改造，打造“覆盖全面、安全舒适”的无障碍公共交通出行环境，加快完善无障碍指引标志标识设置。

第5章 杭州市城市交通发展基本情况

杭州市提出了“奋力打造世界一流的社会主义现代化国际大都市，奉献给世界一个锦绣繁华的人间新天堂”的目标。杭州市作为省会城市和长三角重要中心城市，正经历着新型城镇化和智慧城市的双重变革，城市交通需求与未来愿景随之显著转变，正在加强新形势下区域协调发展，增强中心城市和城市群等经济发展优势区域的经济和人口承载能力，加快城市群和都市圈轨道交通网络化，推进干线铁路、城际铁路、市域（郊）铁路、城市轨道交通融合发展，推进多网融合、资源共享，形成网络层次清晰、功能定位合理、衔接一体高效的交通体系。

5.1 杭州市基本情况

杭州是华夏文明的发祥地、中国著名的七大古都之一，以“东南名郡”著称于世。杭州市，简称“杭”，古称临安、钱塘、武林，杭州市是浙江省省会和经济、文化、科教中心，长江三角洲中心城市，重要的风景旅游城市，首批国家历史文化名城。杭州地处长江三角洲南翼、杭州湾西端，是“丝绸之路经济带”和“21 世纪海上丝绸之路”的延伸交点和“网上丝绸之路”战略枢纽城市。2016 年二十国集团领导人第十一次峰会、2018 年世界短池游泳锦标赛以及 2023 年第 19 届亚运会均在杭州市举办。杭州市是 G60 科创走廊中心城市，浙江省政府批复的环杭州湾大湾区核心城市。

杭州市地处中国华东地区、浙江省北部、钱塘江下游，介于北纬 29°11′~30°34′，东经 118°20′~120°37′之间，属亚热带季风气候，四季分明，雨量充沛，市境西部属浙西丘陵区，东部属浙北平原，水网密布，物产丰富。丘陵山地占全市总面积的 65.6%，集中分布在西部、中部和南部；平原占 26.4%，主要分布在东北部；江、河、湖、水库占 8.0%；森林覆盖率达 65.33%，居全国省会城市第一位。

截至 2023 年末，杭州市辖上城、拱墅、西湖、滨江、萧山、余杭、临平、钱塘、富阳、临安 10 个区，建德 1 个县级市，桐庐、淳安 2 个县。全市有 191 个乡镇（街道），其中乡 23 个、镇 75 个、街道 93 个，居委会 1379 个、行政村 1906 个。全市土地面积 16850 平方千米（根据第二次土地利用调查数据），其中市区面积 8289 平方千米。2023 年政府工作报告提出构建“一主六辅三城”多中心、网络化、组团式、生态型特大城市新型空间格局。

2023 年末，杭州市常住人口 1252.2 万人，比上年增加 14.6 万人，如图 5-1、表 5-1 所示。城镇人口 1054.3 万人，乡村人口 197.9 万人。城镇化率为 84.2%，比上年上升 0.2 个百分点。常住人口出生率为 6.7‰，死亡率为 5.4‰，自然增长率为 1.3‰。

2023 年，杭州市实现 GDP20059 亿元，按不变价格计算，比上年增长 5.6%，按常住人口计算，人均 GDP161129 元。2023 年末，杭州市社会机动车保有量 442 万辆，比上年增长 6.7%。非营运汽车保有量 413 万辆，比上年增长 15.9%，其中私人汽车 327 万辆，比上年增长 0.8%。2023 年末，全市公路总里程达 16622 千米，其中高速公路 878 千米，市区公共交通运营线路 1371 条，新开通地铁车站 5 座，运营总里程 516 千米，全年地铁客运量 13.8 亿人次，比上年增长 43.6%。①

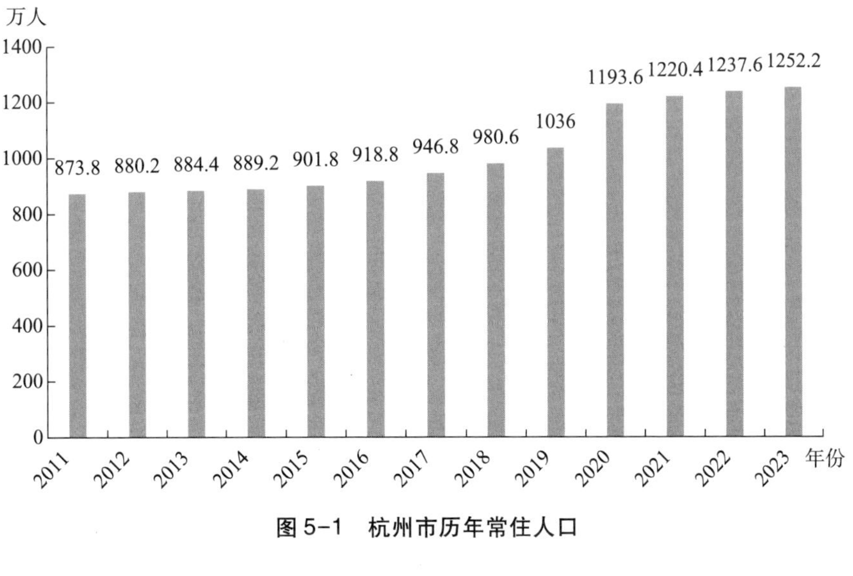

图 5-1　杭州市历年常住人口

① 数据来源于杭州市统计局发布的《2023 年杭州市国民经济和社会发展统计公报》。

表 5-1 杭州市常住人口及就业人口汇总

年份	全市				市区	
	常住人口（万人）	常住人口增长率（%）	就业人员（万人）	就业人员增长率（%）	常住人口（万人）	占全市比例（%）
2017	946.8	—	681.1	—	727.1	76.8
2018	980.6	3.57	690.1	1.32	759.0	77.4
2019	1036.0	5.65	720.0	4.33	813.3	78.5
2020	1196.5	15.49	748.4	3.94	996.6	83.3
2021	1220.4	2.00	759.7	1.51	1020.3	83.6
2022	1237.6	1.41	758.6	-0.14	1039.0	84.0
2023	1252.2	1.18	770.0	1.50	1054.3	84.2

5.2 杭州市城市交通发展历程

随着城镇化、机动化快速发展，杭州市同国内许多城市一样，交通拥堵问题日益突出，已影响城市环境、运行效率及居民宜居感受。2013 年，杭州市根据浙江省委、省政府统一部署系统开展交通拥堵治理相关工作。经过多年治理，已基本遏制交通拥堵进一步恶化势头，拥堵趋向缓解，但治堵工作成效依旧与公众预期有差距，任重道远。

新中国成立至今，结合杭州市的社会经济发展、城市空间拓展和综合交通建设、规划等内容，杭州市城市交通治理可分为四个发展阶段。

5.2.1 交通供需有限阶段（1949—1977 年）

该阶段杭州市城市交通治理特征：城市空间“东城—西湖”团块状格局，“环西湖”东侧方格路网结构；交通从服务消费城市向服务生产城市转变；交通出行以“自行车+公交”为主，交通供给以增加城市路网和公交为主，主要服务于东西约 5 千米、南北约 8 千米的城区范围；城市规模相对较小，交通需求与供给均有限，交通建设发展相对缓慢。

5.2.2 交通供需平衡阶段（1978—1992 年）

该阶段杭州市城市交通治理特征：西湖时代，沿江发展；保护西湖，城市东进、北拓，沿江发展；交通先导作用明显，道路建设引领城市空间发展；

中心城区跳出旧城，不断扩大的同时重视卫星城镇发展和市域交通体系建设；交通出行以公交、自行车为主，交通供给以增加道路、设施数量及道路环境整治为主，交通服务东西约 7 千米、南北约 15 千米的城区，交通需求与供给相对平衡。

1985 年 2 月，杭州市开始调整和修改 1983 年规划。这一时期的杭州市在“省会城市”的定位影响下，城市规模加速扩张，随着规划的实施，“东城—西湖”的城市旧格局开始动摇，出现从背江面湖发展转向沿江发展的态势。此次规划，突破 430 平方千米的市区行政区划范围，重新划定城市规划区范围，划定 1047 平方千米的城市规划区。1995 年，杭州市政府驻地搬迁至环城北路 318 号。市政府“北迁”，代表城市中心的北移，同时也意味着城市半径的扩大。

5.2.3　交通供不应求阶段（1993—2012 年）

该阶段杭州市城市交通治理特征：在此期间，杭州市人口不断增加，从 1993 年 587.10 万人增加到 2012 年的 700.52 万人（见表 5-2）。城市空间东进、沿江、跨江，呈现组团式发展、环形放射路网结构的“大杭州”格局；高铁、机场、绕城高速、港口等区域重大交通基础设施不断建成，杭州走向世界。

表 5-2　1993—2012 年杭州市域人口总数变化

年份	1993 年	1994 年	1995 年	1996 年	1997 年	1998 年	1999 年	2000 年	2001 年	2002 年
总人口数（万人）	587.10	592.93	597.96	603.22	607.96	611.64	616.05	621.58	629.14	636.81
年份	2003 年	2004 年	2005 年	2006 年	2007 年	2008 年	2009 年	2010 年	2011 年	2012 年
总人口数（万人）	642.78	651.68	660.45	666.31	672.35	677.64	683.38	689.12	695.71	700.52

随着杭州市城市空间多组团、跨越式发展，交通机动化出行“井喷式”增长，跨组团、片区交通需求快速增加；交通出行以“私家车+公交”为主，交通供给以“快速公交+快速路+城市路网+过江通道”建设为主，服务于城市东西约 30 千米、南北约 25 千米的城区。促进了快速路、轨道交通等重大道路基础设施建设，但道路基础设施建设仍滞后于交通需求，出现“停车难、行路难”等交通治理问题。

这一阶段，交通治理仍以增加交通基础设施数量和规模供给为主，交通需求管理逐步成为重要治理手段。交通治理以出行效率为导向，公众关注不足，以自上而下的交通管理模式为主导。

2001 年 3 月，萧山、余杭撤市设区，杭州市区由 6 个区增加到 8 个区，面积由 683 平方千米大幅增长至 3068 平方千米。“城市东扩、旅游西进、沿江开发、跨江发展”的城市化战略被提升至新的高度。同年 7 月 1 日，杭州大剧院在钱江新城核心区打下第一桩，钱江新城建设正式启动，杭州由此翻开了从“西湖时代”迈向“钱塘江时代”的崭新篇章。2012 年，杭州地铁 1 号线开通，随后杭州市进入发展现代综合交通的新时代。

5.2.4 交通需求引导阶段（2012 年至今）

该阶段杭州市城市交通治理特征：钱塘江时代，拥江发展；形成一江两岸，多中心、多组团式城市空间结构，“一主六辅三城”的大都市空间格局；G20 峰会和亚运会等重大会议和赛事促进城市重大基础设施数量和质量全面提升；快速路网初步建成，轨道成网形成“轨道上的杭州”，“双网”有力支撑城市多中心、多组团发展；区域重大基础设施、高速路网（一绕、二绕）、区域高速铁路全面支撑杭州 1 小时都市交通出行圈。

交通出行倡导公交优先、绿色低碳，形成多元融合的一体化格局；交通治理从以交通设施供给为主到供给与需求管理并举，交通增量需求管理逐步向存量需求品质提升；交通治理智能化、精细化特征明显，交通出行效率与公平并重；自上而下与自下而上结合，多元协同治理机制初步形成。

2015 年 1 月富阳和 2017 年 8 月临安相继撤市设区，2021 年杭州市再次进行行政区划优化调整，撤销上城区和江干区，设立新的上城区；撤销下城区和拱墅区，设立新的拱墅区；撤销余杭区，设立新的余杭区和临平区；设立钱塘区。经过多轮行政区划调整之后，杭州市将重点放在了强化市域统筹、重塑空间格局和引导城市精细化发展上。

老城区、中央商务区和除这两个区域外的主城区其他区域的交通发展阶段特征为：交通出行方式以公交、轨道为主导，道路设施存量优化与高效接驳并举；慢行品质提升；需求引导为主。副城区的交通发展阶段特征为：公交与机动车出行并重；道路基础设施大规模增量建设；慢行品质不断受到重视，以供给为主。

分区来看，2023 年末，萧山区常住人口为 214 万人，与 2022 年末常住人口（211 万人）相比，增加 3 万人。上城区常住人口数量为 139 万、拱墅区常住人口数量为 118.8 万、西湖区常住人口数量为 117.1 万，都超过了 100 万人，增长数量在各区中也是名列前茅。这样的增长速度带来了很大的小汽车需求增长①。

图 5-2 梳理了杭州市相关重大交通发展政策出台、重大交通设施建设时间轴。

重大交通发展政策出台		重大交通设施建设
	1922年	成立公共汽车公司，开辟杭城第一条公交线
	1931年	修建萧山站，后更名为杭州南站
	1937年	修建钱塘江大桥
	1953年	成立杭州市公交公司
	1989年	杭州古荡电车回车场营运
	1991年	钱塘江二桥建成通车
	1992年	修建杭州东站
	1999年	第一座高架——中河高架开通
	2000年	萧山机场开通运营
成立“两难”（停车难、行路难）问题协调小组办公室	2003年	
构建“城市公交优先”体系，解决市民“出行难”问题	2004年	
	2006年	首条BRT专用道启用
西湖景区推行单双号举措	2007年	
出台《杭州市综合交通规划》	2008年	杭州东站改扩建
深入实施公共优先发展战略，打造“品质公交”	2010年	
杭州市错峰限行	2011年	
成立治堵办	2012年	萧山机场第二国内航站楼投入使用、第一条地铁正式运营
	2013年	改建后的杭州东站投入运营
实施升级版限行政策	2014年	
《杭州市交通拥堵治理工作白皮书（2016—2020）》	2015年	
《杭州市“十三五”城市交通拥堵治理规划》	2016年	
《杭州市建设交通强国示范城市行动计划（2020—2025年）》	2020年	
《杭州市“十四五”治理城市交通拥堵规划》《杭州市综合交通专项规划（2021—2035年）》	2021年	
	2022年	杭州西站开通运营、杭州地铁19号线（机场轨道快线）运营

图 5-2　杭州市重大交通发展政策出台、重大交通设施建设时间轴

① 数据来源于杭州市统计局发布的《2023 年杭州市人口主要数据公报》。

5.3 杭州市城市对外交通发展状况

5.3.1 交通枢纽

从长三角一体化发展形势来看，杭州交通区位条件优越，是辐射长三角、贯通中西部的重要枢纽节点城市，是长三角南翼的高速铁路中心、重要国家公路运输枢纽、国际化的航空客货运枢纽港、上海国际航运中心的重要门户港口以及杭州都市经济圈一体化交通体系的核心。2022年《现代综合交通枢纽体系“十四五”发展规划》发布，浙江四大交通枢纽确定，其中，省会杭州市为国际性综合交通枢纽。

随着长三角一体化发展上升为国家战略，将打造高能级平台，合力推进城西科创大走廊、G60科创大走廊、宁杭生态经济带等重要区域建设，把杭州都市圈作为主动融入长三角发展的基本盘，打造跨区域合作新典范，争当长三角一体化发展的排头兵，落实杭州枢纽“全国性综合交通枢纽、长三角国际综合交通枢纽重要组成部分、华东地区陆域交通枢纽中心、浙江省域门户枢纽”的功能定位。

从浙江经济社会使命担当来看，浙江处于实现新的更大发展的关键突破期，正在全力争创社会主义现代化先行省，国家更是赋予了浙江高质量发展建设共同富裕示范区的历史使命。杭州市是浙江省省会和经济、文化、科教中心，担负着实现更高质量、更有效率、更加公平、更可持续、更为安全的发展，不断完善社会治理体系，推进市域社会治理现代化，助力浙江打造社会主义现代化先行省和共同富裕示范区的重任。

从杭州市经济社会发展要求来看，“十四五”时期是“亚运会、大都市、现代化”的重要窗口期，杭州市发展具备良好基础和独特优势，应围绕“数智杭州·宜居天堂”的发展导向，加快构造“一城一窗”的美好蓝图，打通“大动脉”、畅通“微循环”，争当浙江高质量发展建设共同富裕示范区城市范例，加快建设国际性综合交通枢纽城市和交通强国示范城市。

5.3.2 航空

杭州萧山国际机场是我国重要的区域性枢纽机场、国际门户枢纽机场和对外开放的国家一类航空口岸和国际航班备降机场，投资139亿元。2019年营运的各类航空公司共71家（含运营定期包机航班），年内通航点（包括定期包机）达 190 个。2019 年旅客吞吐量突破 4000 万人次，较 2014 年增长了 57.1%，达到 4011 万人次，正式入列全球最繁忙机场，旅客吞吐量位居全国第十，在长三角地区仅次于上海虹桥机场（4563 万人次）和上海浦东国际机场（7615 万人次），其中机场口岸出入境旅客 580 万人，位居全国第五。2019 年货运吞吐量达到 69 万吨，较 2014 年增长了 72.5%。受新冠疫情影响，2020 年旅客吞吐量有所降低，为 2822 万人次，但货运吞吐量增长明显，为 80 万吨。2023 年旅客吞吐量亦突破 4000 万人次，达到 4117 万人次（见表 5-3）①。

表 5-3　2014—2023 年杭州萧山国际机场旅客及航空货运吞吐量及增长率

	2014 年	2015 年	2016 年	2017 年	2018 年	2019 年	2020 年	2021 年	2022 年	2023 年
旅客吞吐量（万人次）	2553	2835	3159	3557	3824	4011	2822	2816	2004	4117
增长率（%）	—	11.0	11.4	12.6	7.5	4.9	-29.6	-0.2	-28.8	105.4
航空货运吞吐量（万吨）	40	42	49	59	64	69	80	91	83	81
增长率（%）	—	5.0	16.7	20.4	8.5	7.8	15.9	13.8	-8.8	-2.4

5.3.3　高速铁路

随着高铁枢纽功能的强化，铁路客运量不断增加，在综合交通体系中承担的比重显著上升。随着杭黄高铁建成通车，杭州南站枢纽改建后投入使用，湖杭铁路（含杭州西站）、建衢铁路、杭温铁路二期、金建铁路等开工建设，初步形成“一轴五向”的高速铁路网络，完成投资 347.81 亿元。2019 年 9 月 17 日，杭州西站开工建设；2021 年 6 月 30 日，杭州西站站房封顶；2022 年9 月 22 日，杭州西站通车运营。截至 2022 年 9 月，杭州西站总建筑面积 51.2 万平方米，站房建筑面积约 10 万平方米，站场规模为 11 台 20 线。2022 年 1 月，总投资 383 亿元的杭州萧山机场铁路枢纽及接线工程正式开工。

从表 5-4 中可看出，2014 年，杭州市铁路客运量达 4689 万人次，在对外交通客运量中占比 19.5%。2019 年铁路客运量达到 8874 万人次，货运量达到 537 万吨。2020 年完成铁路客运量 5895 万人次，同比下降 33.6%，铁路客运量占综合客运量的 47.8%；货运量有所增加，达到 578 万吨。2022 年客运量较 2021 年大幅下降 35.4%。2023 年客运量突破 9000 万人次，达到 9553 万人

① 数据来源：《杭州市交通发展暨年度治堵白皮书综合研究报告》、《杭州市综合交通发展“十四五”规划》、《2015 版杭州市年鉴　交通篇》、《2022 版杭州交通年鉴》、杭州网、民航资源网。

次。货运量2021年后呈下降趋势①。

表5-4 2014—2023年铁路客运、货运量及增长率

	2014年	2015年	2016年	2017年	2018年	2019年	2020年	2021年	2022年	2023年
客运量（万人次）	4689	5282	6053	6807	7535	8874	5895	6914	4465	9553
增长率（%）	—	12.6	14.6	12.5	10.7	17.8	-33.6	17.3	-35.4	114.0
货运量（万吨）	312	307	274	328	306	537	578	498	486	454
增长率（%）	—	-1.6	-10.7	19.7	-6.7	75.5	7.6	-13.8	-2.4	-6.6

5.3.4 公路

杭州市大力开展公路网建设，相继完成了330国道淳安临岐至湍口段改建、104国道苕溪大桥拓宽整治工程、320国道提升整治工程（崇贤至东湖连接线工程一期工程）、104国道余杭马头关至勾庄段改建、104国道马头关至南山配套工程、104国道瓶窑至勾庄段综合整治工程等主要国道项目，国省道项目合计完成投资约355亿元。全市形成了广域覆盖的公路网络，公路总里程达1.69万千米，路网密度为100.28千米/百平方千米。2014年公路客运量17431万人次，货运量23202万吨。2019年公路客运量达9360万人次，相比“十二五”期末减少7231万人次，降幅达44%；公路货运量31732万吨。受新冠疫情影响，客运总体呈长期低位运行状态，2020年完成公路客运量4535万人次，货运量有所增加，达到34837万吨（见表5-5）②。

表5-5 2014—2023年公路客运、货运量及增长率

	2014年	2015年	2016年	2017年	2018年	2019年	2020年	2021年	2022年	2023年
客运量（万人次）	17431	16591	12282	13019	10027	9360	4535	5042	4099.85	4111
增长率（%）	—	-4.8	-26	6	-23	-6.7	-51.5	11.2	-18.7	0.3
货运量（万吨）	23202	23800	25194	29378	30593	31732	34837	38804	35091	35243
增长率（%）	—	2.6	5.9	16.6	4.1	3.7	9.8	11.4	-9.6	0.4

① 数据来源：《杭州市交通发展暨年度治堵白皮书综合研究报告》《杭州市综合交通发展“十四五”规划》《2015版杭州市年鉴 交通篇》《2022版杭州交通年鉴》《2023年杭州统计年鉴》。

② 数据来源：《杭州市综合交通发展“十四五”规划》《2015版杭州市年鉴交通篇》《2022版杭州交通年鉴》《2023年杭州统计年鉴》。

5.3.5　水运

“十三五”时期，以三级、四级航道建设为重点，推进全市内河骨干航道网建设，完成投资 139 亿元。其中，京杭运河二通道工程于 2016 年全线开工，桐庐富春江船闸建成投用，建德十里埠综合作业区和萧山义桥作业区基本建成。随着全市内河骨干航道网日益完善，内河通航瓶颈逐步消除，有效扩大了现有干线航道的辐射半径，客货运量逐年递增。2014 年水路客运量 616 万人次，港口货物吞吐量 1.01 亿吨。2019 年水路客运量 610 万人次，杭州港年货物吞吐量 1.39 亿吨。2020 年水路货运量为 6483 万吨，较“十二五”期末增长 23.5%。受新冠疫情影响，2020 年水路客运量为 339 万人次（见表 5-6），较“十二五”期末下降 43.2%[①]。

表 5-6　2014—2023 年水路客运、货运量及增长率

	2014 年	2015 年	2016 年	2017 年	2018 年	2019 年	2020 年	2021 年	2022 年	2023 年
客运量（万人次）	616	597	584	638	603	610	339	436	243	698
增长率（%）	—	-3.1	-2.2	9.2	-5.5	1.2	-44.4	28.6	-44.3	187.2
货运量（万吨）	5797	5251	4673	5044	4244	4073	6483	7645	7539	8925
增长率（%）	—	-9.4	-11	7.9	-15.9	-4.0	59.2	17.9	-1.4	18.4

5.4　杭州市城市交通发展状况

5.4.1　机动车发展水平

近 5 年杭州市常住人口累计新增规模超过 300 万人，增幅超过 30%，人口规模的大幅增长带来了出行需求、车辆购买和使用需求的大幅增长。

2023 年末，社会机动车保有量 442 万辆，比上年增长 6.7%。非营运汽车保有量 413 万辆，比上年增长 15.9%，其中私人汽车 327 万辆，比上年增长 0.8%。2022 年末，市区机动车保有量达到了全市的 89.9%。全市汽车保有量

① 数据来源：《杭州市综合交通发展“十四五”规划》《2015 版杭州市年鉴　交通篇》《2022 版杭州交通年鉴》《2023 年杭州统计年鉴》。

381.2 万辆，排名全国第 12，每千人保有量约 310 辆，全年总增量达 35.8 万辆，增幅 10.4%，其中新能源车 21.6 万辆，占总增量的 60.3%，新能源车保有量变化 2021—2022 年对比见表 5-7。2022 年末，全市私人汽车保有量约 301.0 万辆，较上年增长 4.4 万辆，增幅 1.5%保有量。此外，全市电动自行车保有量高达 607 万辆，其中主城区保有量 364.2 万辆，占比 60%。高占比的机动车保有量对主城区的小汽车精细化管理提出了高要求，见表 5-8 和图 5-3①。

表 5-7 杭州市 2021—2022 年机动车保有量

分类		2021 年		2022 年		全市较上年增幅（%）
		市区	全市	市区	全市	
机动车保有量	数量（辆）	3266609	3765971	3721685	4141650	9.98
	占比（%）	86.74	100	89.9	100	
汽车保有量	数量（辆）	3057013	3453726	3494374	3811763	10.37
	占比（%）	88.51	100	91.7	100	
私人汽车保有量	数量（辆）	2748928	2965827	2763187	3009783	1.48
	占比（%）	92.69	100	91.8	100	
区域号牌车辆保有量	数量（辆）	363890	436091	442147	508303	16.56
	占比（%）	83.44	100	87.0	100	
新能源车保有量	数量（辆）	306646	329605	526035	545572	65.52
	占比（%）	93.03	100	96.4	100	

表 5-8 2017—2022 年杭州市私家车保有量变化情况

年份	市区（辆）	增长率（%）	全市（辆）	增长率（%）
2017	1767832	—	1889556	—
2018	1803718	2.03	1935111	2.41
2019	1877935	4.11	2019035	4.34
2020	1954864	4.10	2108043	4.41
2021	2748928	40.62	2965827	40.69
2022	2763187	0.52	3009783	1.48

① 数据来源：杭州市统计局发布的《杭州市国民经济和社会发展统计公报》、杭州市综合交通运输研究中心发布的《杭州市小客车运行监测数据统计及分析》。

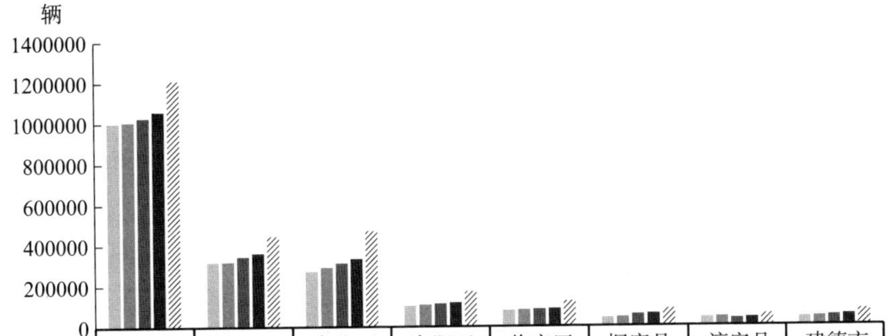

	老城区	萧山区	余杭区	富阳区	临安区	桐庐县	淳安县	建德市
2017年	999718	316511	271406	102417	77780	40575	40575	40574
2018年	1005942	318758	290709	107426	80883	43798	43798	43797
2019年	1026198	344034	311482	112226	83995	57025	35227	48848
2020年	1056393	360819	333212	117591	86849	60383	39494	53302
2021年	1210328	444162	469238	171911	123022	83059	56765	77075

图 5-3　2017—2021 年杭州市私家车拥有量变化情况

近年来，杭州市新能源车辆发展迅速，增幅加快，2019 年底为 169592 辆，2020 年底为 210460 辆，2021 年底达到 329605 辆，较上年增长 56.61%。其中，2021 年底主城区的新能源汽车保有量达 194445 辆，较上年增幅明显，约为 40.48%。2022 年末全市新能源汽车保有量达到 545572 辆，较 2021 年末增长 215967 辆，增幅高达 65.52%，近两年增幅均突破 55%（见表 5-9 和图 5-4、图 5-5）。其中，主城区新能源车辆为 28.4 万辆，占全市的 52.1%，市区新能源车辆 52.6 万辆，占全市的 96.4%①。

表 5-9　2019—2021 年杭州市新能源车拥有量变化情况

年份	主城区（辆）	增长率（%）	全市（辆）	增长率（%）
2019	108643	—	169592	—
2020	138418	27.41	210460	24.10
2021	194445	40.48	329605	56.61
2022	—	—	545572	65.52

2022 年，非营运汽车保有量 356 万辆，同比增长 11.0%，其中私人汽车 301 万辆，较 2021 年增加 43956 辆，增幅 1.48%。截至 2022 年 12 月底，区域号牌车辆保有量达到 50.8 万辆，较上年末增长 65781 辆，增幅 16.56%。

① 数据来源：杭州市综合交通运输研究中心发布的《杭州市小客车运行监测数据统计及分析》。

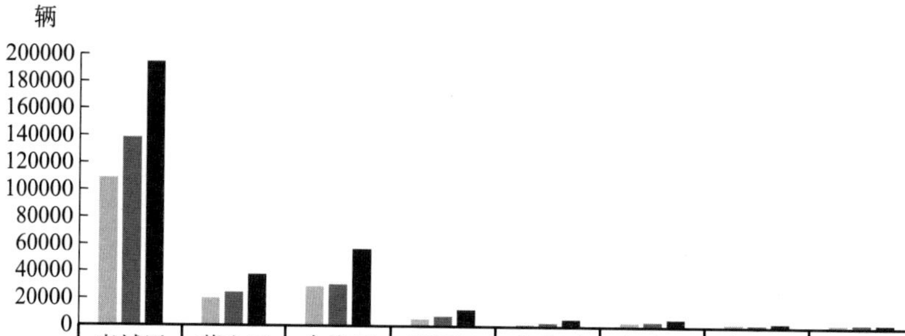

	老城区	萧山区	余杭区	富阳区	临安区	桐庐县	淳安县	建德市
2019年	108643	19970	28828	5344	1782	3296	982	747
2020年	138418	24448	30476	7408	2827	3755	1899	1229
2021年	194445	37656	56788	12338	5419	5667	3046	2728

图 5-4　2019—2021 年杭州市新能源车拥有量变化情况

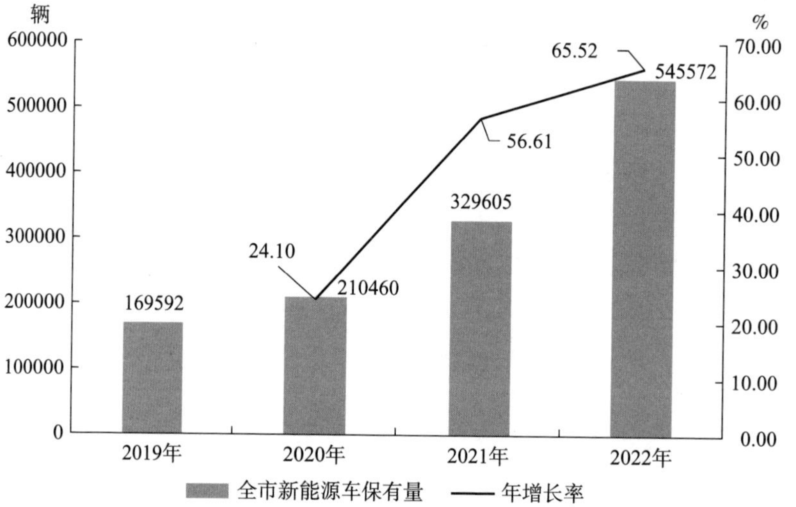

图 5-5　杭州市历年新能源车保有量、增长率

此外，全市目前办证新能源网约车总量约 10 万辆，日均上路提供服务的车辆 5 万~6 万辆，巡游出租车 1. 14 万辆，出租车日均客运量约 150 万人次。网约车、出租车虽然在总量上远低于非营运车辆，但其超高的使用强度也占用了很多的道路资源，是不可忽略的一部分①。

对比国内一线城市以及部分二线城市的千人拥车量数据，杭州市千人汽车拥有量相对较高，杭州市机动化发展水平处于国内较高位置，高于上海、广州和深圳（见图 5-6）。

① 数据来源：杭州市综合交通运输研究中心发布的《杭州市小客车运行监测数据统计及分析》。

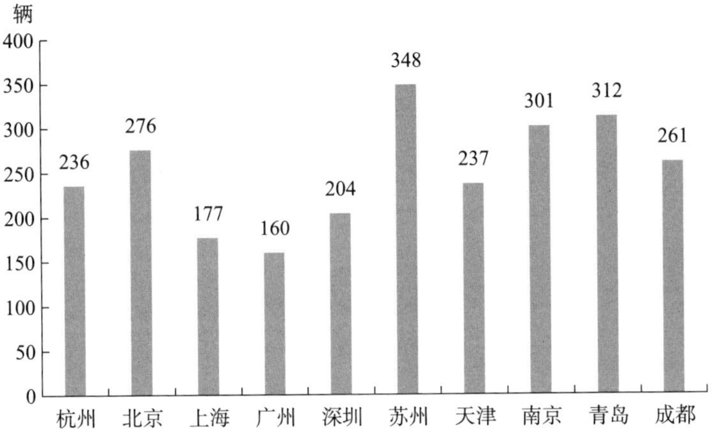

图 5-6　2020 年国内部分城市千人汽车拥有量对比

5.4.2　城市居民出行特征①

5.4.2.1　出行量与方式结构

（1）出行次数逐年增加，交通需求总量增长速度加快

2022 年杭州市区（出行一端在市区内）日均出行量为 2678.26 万人次，人均出行次数从 2000 年的 2.07 次提高到 2022 年的 2.50 次。随着常住人口稳步、快速增长以及旅客、游客不断增加，城市交通需求的总量增长速度加快，见图 5-7。

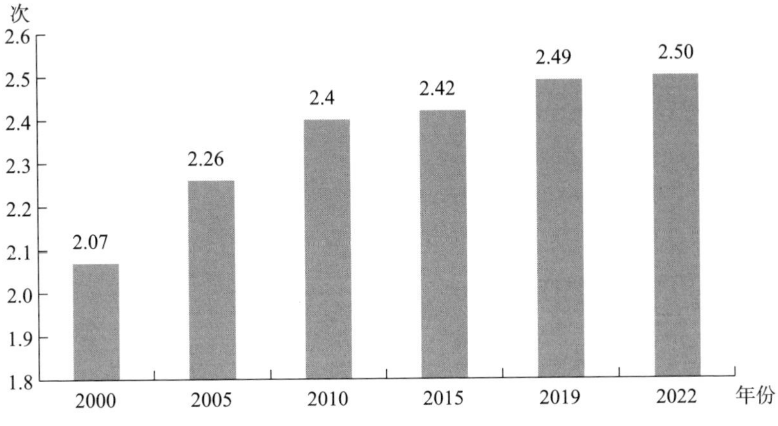

图 5-7　杭州市历次调查居民平均出行次数变化趋势

① 本部分数据来源于杭州市综合交通运输研究中心《杭州市小客车运行监测数据统计及分析》。

（2）小汽车出行比例大幅增长

从出行结构可以看出，近年来小汽车出行比例增长较快，从2000年的2.6%增加至2022年的26.6%。非机动车比例较往年大幅度下降，从2000年的42.8%降至2022年的15.7%，非机动交通方式向机动方式转化趋势明显（见表5-10）。公共交通分担率有一定的波动，但是波动幅度相对较小，基本维持在20%左右，见图5-8。

表5-10　2022年杭州市区居民出行量及比例

出行方式	日均出行量（万人次）	出行比例（%）
小汽车	712.42	26.60
轨道交通	412.45	15.40
公共汽电车	216.94	8.10
非机动车	421.19	15.70
步行	915.96	34.20

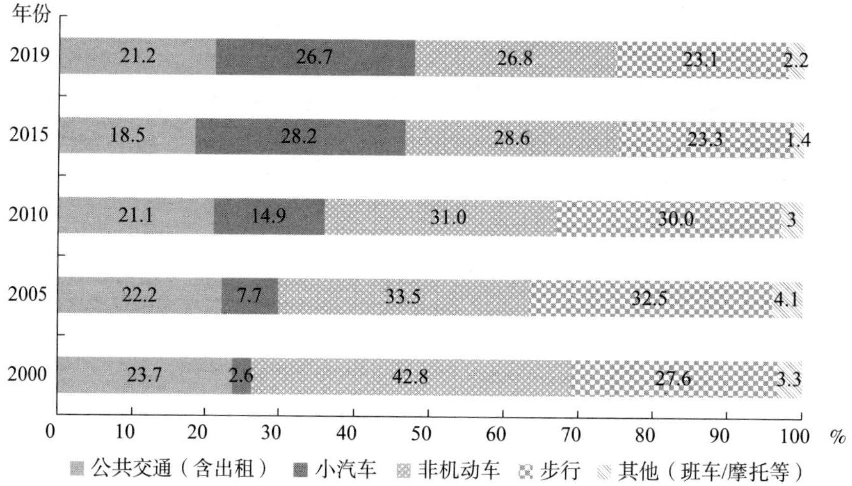

图5-8　历年杭州市区居民出行结构

（3）主城区公共交通机动化分担率明显高于外围区县

萧山老城区、余杭未来科技城、临平老城区、钱塘下沙公共交通机动化分担率高于外围乡镇街道。

5.4.2.2　出行时间分布

乘坐轨道交通通勤比重最大，2022年主城区（出行一端在主城区内）公共汽电车、小汽车、非机动车、轨道交通和步行早晚高峰时段出行量占全天出行量比例分别为 45.00%、35.99%、38.07%、53.81%、35.52%，见表 5-11、图 5-9。

表 5-11　主城区各方式早晚高峰时段出行量占比

方式	早晚高峰时段出行量占全天出行量比例（%）
公共汽电车	45.00
小汽车	35.99
非机动车	38.07
轨道交通	53.81
步行	35.52

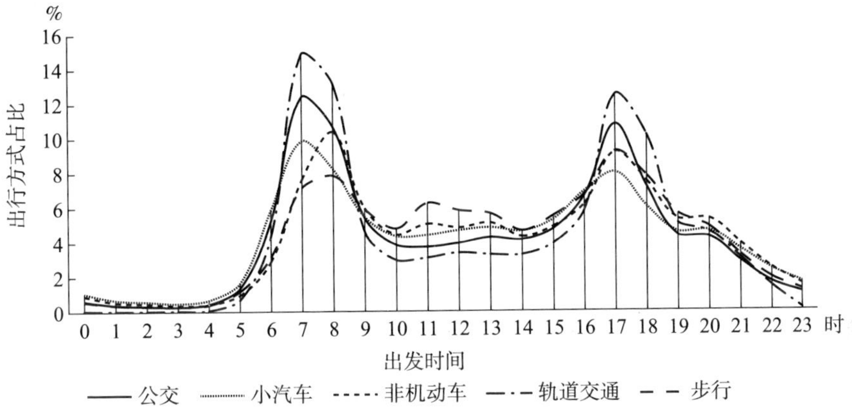

图 5-9　不同时段出行方式变化情况

5.4.2.3　出行时耗与距离

2020—2022 年，杭州 45 分钟以内的通勤比重及极端通勤（单程通勤时长大于 60 分钟）比重持续稳定，分别为 79%、11%。2022 年，杭州 45 分钟以内的通勤比重在特大及超大城市中排名第四，极端通勤排名第十三，见表 5-12、表 5-13。

2022 年，杭州单程平均通勤距离为 8.4 千米，较上年增加 0.6 千米，单程平均通勤时耗为 35 分钟，与上年持平。与其他特大及超大城市相比，杭州平均通勤距离相对较短，平均通勤时耗相对较少，见表 5-14。

表 5-12　2022 年超大、特大城市 45 分钟内通勤比重对比

城市规模	研究城市	45 分钟以内通勤比重（%）
超大城市（72%）	东莞市	82
	杭州市	79
	深圳市	77
	天津市	72
	广州市	71
	武汉市	71
	上海市	70
	成都市	70
	重庆市	68
	北京市	56
特大城市（77%）	昆明市	83
	佛山市	82
	长沙市	79
	郑州市	78
	济南市	78
	哈尔滨市	78
	西安市	77
	南京市	75
	大连市	74
	沈阳市	73
	青岛市	70

表 5-13　2022 年超大、特大城市极端通勤比重对比

城市规模	研究城市	60 分钟以上通勤比重（%）
超大城市（16%）	东莞市	9
	杭州市	11
	深圳市	12
	成都市	14
	广州市	15
	武汉市	15
	天津市	16
	重庆市	17

续表

城市规模	研究城市	60 分钟以上通勤比重（%）
超大城市（16%）	上海市	18
	北京市	28
特大城市（11%）	昆明市	8
	佛山市	10
	长沙市	10
	郑州市	10
	哈尔滨市	10
	西安市	10
	济南市	11
	南京市	13
	大连市	13
	沈阳市	13
	青岛市	15

表 5–14　2022 年超大、特大城市单程平均通勤时耗对比

城市规模	研究城市	单程平均通勤距离（千米）	单程平均通勤时耗（分钟）
超大城市（39 分钟，9.4 千米）	东莞市	9.4	34
	杭州市	8.4	35
	深圳市	8.5	36
	广州市	9.1	38
	武汉市	9.1	38
	成都市	9.9	39
	天津市	8.8	39
	重庆市	9.6	40
	上海市	9.8	40
	北京市	11.7	47
特大城市（35 分钟，8.6 千米）	昆明市	8.1	32
	佛山市	8.4	33
	长沙市	8.7	34
	郑州市	9.4	35
	哈尔滨市	7.9	35
	西安市	9.3	35

续表

城市规模	研究城市	单程平均通勤距离（千米）	单程平均通勤时耗（分钟）
特大城市（35 分钟，8.6 千米）	济南市	8.7	35
	南京市	9.1	37
	大连市	7.7	37
	沈阳市	7.9	37
	青岛市	8.9	40

2022 年，杭州通勤空间半径为 34 千米，较上年增加 1 千米，在超大城市中排名第六，城市辐射能力逐步增强，见表 5-15。

表 5-15 2022 年超大、特大城市通勤空间半径对比

城市规模	研究城市	通勤空间半径（千米）
超大城市（35 千米）	上海市	41
	北京市	41
	重庆市	40
	深圳市	40
	天津市	38
	杭州市	34
	广州市	32
	武汉市	30
	成都市	30
	东莞市	23
特大城市（31 千米）	大连市	36
	南京市	33
	济南市	33
	哈尔滨市	33
	沈阳市	32
	郑州市	30
	长沙市	29
	西安市	29
	佛山市	28
	昆明市	28
	青岛市	26

2022 年，杭州 5 千米以内通勤比重为 51%，较上年下降 3 个百分点。与其他特大及超大城市相比，处于中等偏上水平，从通勤感受来看，杭州城市宜居性较佳，见表 5-16。

表 5-16　2022 年超大、特大城市 5 千米以内通勤比重对比

城市规模	研究城市	5 千米以内通勤比重（%）
超大城市（47%）	深圳市	55
	东莞市	52
	杭州市	51
	广州市	50
	天津市	50
	武汉市	47
	上海市	45
	重庆市	45
	成都市	42
	北京市	36
特大城市（51%）	佛山市	56
	昆明市	56
	大连市	52
	济南市	52
	长沙市	51
	哈尔滨市	50
	沈阳市	49
	郑州市	49
	青岛市	48
	南京市	47
	西安市	46

5.4.2.4　出行 OD 分布

从行政区间出行 OD 分布[①]可以看出，主城区间出行量明显高于外围区县，出行量较大的有上城区—拱墅区、西湖区—拱墅区、余杭区—西湖区、萧山区—滨江区、西湖区—上城区。从乡镇街道间出行 OD 分布可以看出，中

① 选定的时间段内，一定范围内的居民出行的起点（Origin）到终点（Destination）的交通流量分布。

心城区街道范围较小，街道分布较为密集，街道相互之间出行量分布较为均匀；外围区县街道范围较大，对外出行以相邻街道为主。

5.4.3 道路交通设施与运行状况

5.4.3.1 道路交通设施现状

本部分数据来源于杭州市综合交通运输研究中心《杭州市小客车运行监测数据统计及分析》。

（1）道路、轨道建设情况

近10年杭州市累计建成地铁12条线路、516千米，实现十城区地铁全覆盖，总里程位居全国第六，基本建成“轨道上的杭州”；快速路总里程达480千米，里程占比仅约10%，但通行交通量占比超过60%。杭州市开启治堵10年以来，累计新建主次干路387千米、支小路180千米，与城市快速路网形成有益补充。“四纵五横”快速路网全面成型，全面覆盖十城区，基本实现市区45分钟“时空圈”。快速路不断向外延展，产生虹吸效应，吸引大量外围车流快速进城，进城交通量快速集聚后在部分节点、路段产生了严重拥堵，进一步加剧了快速路拥堵状况。核心区大量快速路（如文一路隧道、秋石高架、时代高架、中河高架、上塘高架、德胜高架等）均出现常态化长时间拥堵。

从道路网密度来看，截至2022年末，杭州市道路网密度达到了7.6千米/平方千米，较上年增长了4.1%（见图5-10）。其中，杭州市余杭区、萧山区、滨江区均为全国密度指标增长速度前20名的主要行政区，滨江区道路网密度由7.5千米/平方千米提升至7.9千米/平方千米，接近8.0千米/平方千米的目标要求。2018—2022年全国主要城市道路网密度变化幅度见表5-17。

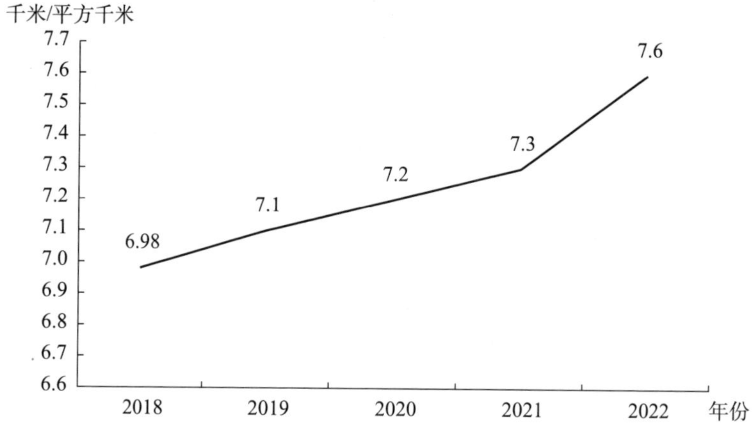

图5-10 2018—2022年杭州市道路网密度变化

表 5-17　2018—2022 年全国主要城市道路网密度变化幅度　　单位：%

序号	城市	道路网密度指标增长情况					
		2018 年	2019 年	2020 年	2021 年	2022 年	累计增长
1	太原市	3.8	7.47	1.7	1.7	1.7	16.3
2	呼和浩特市	4.8	2.3	2.2	6.5	0.0	15.8
3	南宁市	4.5	4.37	2.8	2.7	1.3	15.7
4	海口市	1.9	1.8	3.6	3.4	3.3	14.0
5	西宁市	2.0	5.9	1.9	1.8	1.8	13.3
6	重庆市	1.5	1.5	3.0	2.9	4.2	13.2
7	福州市	2.9	2.9	2.8	2.7	1.3	12.6
8	郑州市	3.2	3.1	1.5	1.5	2.9	12.3
9	西安市	1.8	1.8	1.8	5.2	1.6	12.2
10	武汉市	0.0	3.4	3.3	1.6	3.2	11.6
11	南昌市	0.0	1.6	4.8	1.5	3.0	11.0
12	长沙市	1.6	1.6	3.19	1.5	2.9	10.7
13	合肥市	3.0	0.0	2.9	1.4	2.8	10.2
14	杭州市	1.4	1.4	1.4	1.40	4.1	9.8
15	兰州市	2.5	2.4	2.4	2.3	0.0	9.6
增长率平均值		1.6	1.7	1.5	1.8	1.6	8.2

资料来源：中国城市规划设计研究院《2023 年度中国主要城市道路网密度与运行状态监测报告》。

（2）泊位情况

截至 2022 年 12 月，杭州全市总泊位规模为 346.1 万个，泊位与车位比值已达 1.01，泊位供应已实现长足进步（表 5-18）。市区停车泊位与车辆保有量之比达到 1.05。而因主城区停车泊位与车辆保有量之比已经达到 1.05，机动车保有量 2022 年比 2020 年增加 102.3 万辆，其中私人小汽车保有量增加 90.2 万辆，主城区停车泊位与车辆保有量之比略有下降，从 2020 年的 1.08 降低到 2022 年的 1.05。局部区域停车条件得到明显改善，有效推动城市动静态交通协同发展。

表 5-18　2022 年杭州市机动车泊位调查数据

泊位类型	主城区（四区）	市区（十区）	市域
居住配建（万个）	87.8	197.0	206.1
其他配建（万个）	57.4	100.9	103.7

续表

泊位类型	主城区（四区）	市区（十区）	市域
路外公共（万个）	13.3	26.6	28.2
路内划线（万个）	2.4	6.9	8.1
合计（万个）	160.9	331.4	346.1
小汽车保有量（万辆）	152	315	343.4
泊位/汽车	1.05	1.05	1.01

从不同行政区域来看，居住配建比例呈现主城核心区低、外围区高的特征，也从侧面反映出城市核心区居住停车难问题比外围区域更加突出，见图 5-11。

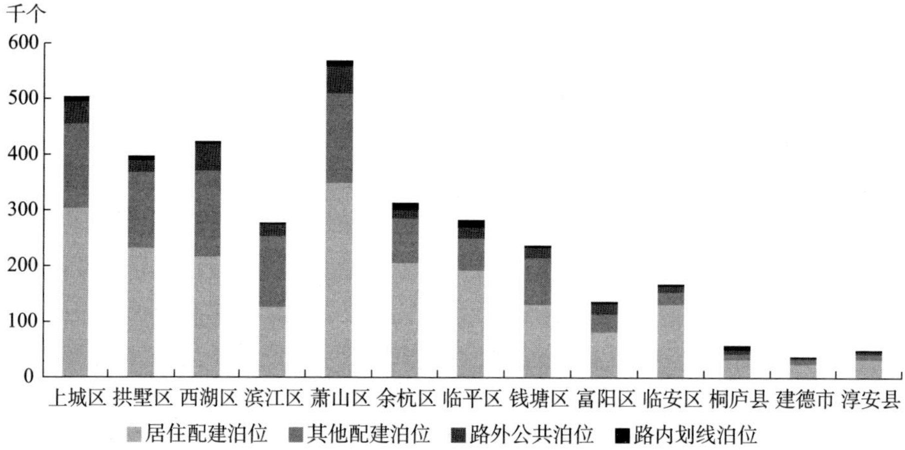

图 5-11　分城区泊位供给现状

（3）充电桩情况

在全国 36 座主要城市中，城市中心城区公用桩密度平均为 26.5 台/平方千米，见图 5-12。杭州市在这 36 座城市中处于中上水平，略高于平均值。然而，相对于杭州市的机动车保有量及近年的增长幅度及趋势，公用桩的供给显著滞后于电动车辆的发展进程，与同规模城市相比存在较大提升空间。

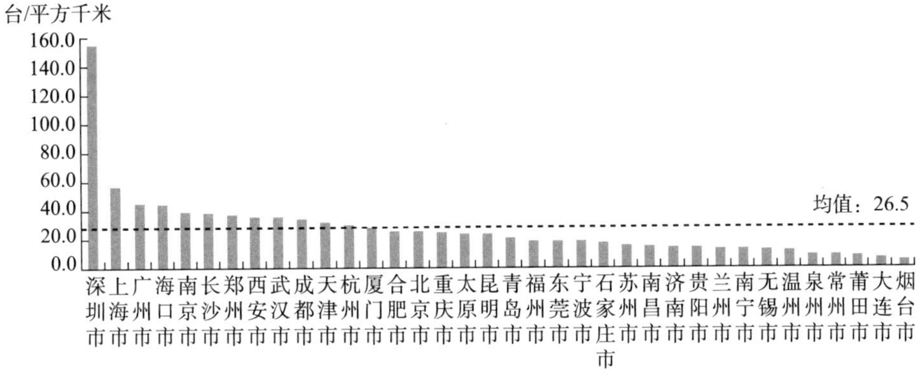

图 5-12　36 座城市中心城区公用桩密度分布

资料来源：中国城市规划设计研究院《2023 年中国主要城市充电基础设施监测报告》。

从公用桩比角度来讲，杭州市公用桩的供给滞后较多，约为 12.1 辆/台，远高于平均值 7.03 辆/台，见图 5-13。

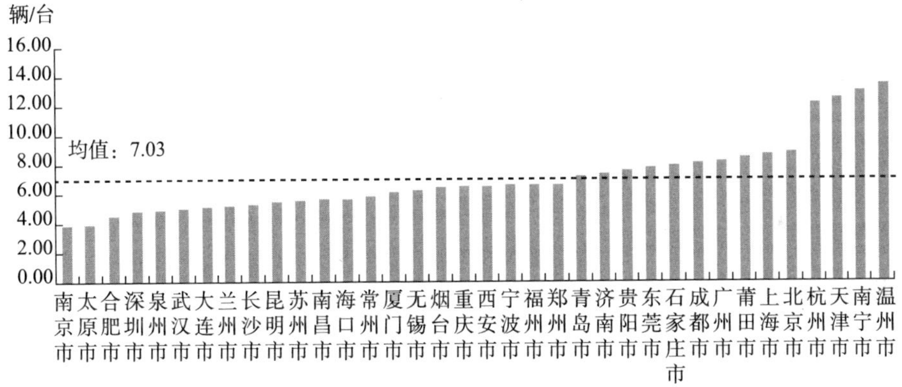

图 5-13　36 座城市公用桩比

资料来源：中国城市规划设计研究院《2023 年中国主要城市充电基础设施监测报告》。

从 32 座城市的公用桩覆盖率来看，公用桩覆盖率均值从 2021 年的 73.3%增长至 2022 年的 78.1%，杭州市公用桩覆盖率则达到了 91.70%，表现突出，但是排名相较于 2021 年度后退一名，见表 5-19。

表 5-19　32 座城市公用桩覆盖率年度变化

城市	排名	2022 年度	2021 年度	变化量	排名变化	城市	排名	2022 年度	2021 年度	变化量	排名变化
天津市	1	95.10%	91.90%	3.20%	+3	南京市	13	86.90%	84.60%	2.30%	-1

续表

城市	排名	2022年度	2021年度	变化量	排名变化	城市	排名	2022年度	2021年度	变化量	排名变化
上海市	2	94.70%	93.30%	1.40%	-1	海口市	14	83.50%	78.20%	5.30%	0
西安市	3	94.70%	92.00%	2.70%	0	昆明市	15	82.80%	76.70%	6.10%	0
长沙市	4	94.10%	70.70%	3.40%	+2	苏州市	16	82.00%	72.50%	9.50%	+1
成都市	5	93.30%	88.30%	5.00%	+3	厦门市	17	81.90%	76.30%	5.60%	-1
深圳市	6	92.70%	92.10%	0.60%	-4	东莞市	18	77.70%	72.10%	5.60%	0
广州市	7	91.90%	90.70%	1.20%	-2	青岛市	19	75.60%	71.10%	4.50%	0
杭州市	8	91.70%	88.70%	3.00%	-1	济南市	20	75.40%	66.20%	9.20%	+1
郑州市	9	91.10%	83.80%	7.30%	+4	重庆市	21	73.30%	62.00%	11.30%	+3
武汉市	10	89.70%	87.40%	2.30%	-1	南昌市	22	72.90%	69.60%	3.30%	-2
北京市	11	89.00%	86.10%	2.90%	o	贵阳市	23	69.70%	63.80%	5.90%	-1
石家庄市	12	88.40%	86.40%	2.00%	-2	福州市	24	66.50%	62.00%	4.50%	-1
宁波市	25	64.80%	61.80%	3.00%	0	常州市	29	58.50%	52.30%	6.20%	0
温州市	26	64.00%	55.80%	8.20%	+2	大连市	30	58.40%	51.20%	7.20%	0
无锡市	27	63.90%	58.70%	5.20%	-1	烟台市	31	52.40%	45.10%	7.30%	0
太原市	28	61.30%	56.90%	4.40%	-1	泉州市	32	42.80%	37.70%	5.10%	0

资料来源：中国城市规划设计研究院《2023年中国主要城市充电基础设施监测报告》。

5.4.3.2 道路运行总体情况

2022年，市区年末实有道路长度达到6873千米，较上年增长4.6%；年末实有道路面积达到13843万平方米，较上年增长11%；市区平均道路网密度8.29千米/平方千米，道路面积率16.7%，达到国标要求（见表5-20）。

表5-20 杭州市城市道路指标统计

项目	2016年	2017年	2018年	2019年	2020年	2021年	2022年
年末实有道路长度（千米）	3074	3550	3783	3990	4323	6573	6873
年末实有道路面积（万平方米）	6932	8291	8840	9341	10073	12467	13843
建成区面积（平方千米）	541	591	615	648	666	802	829

续表

项目	2016 年	2017 年	2018 年	2019 年	2020 年	2021 年	2022 年
平均道路网密度（千米/平方千米）	5.68	6.01	6.15	6.16	6.49	8.20	8.29
	国标要求：≥8.0 千米/平方千米						
道路面积率（%）	12.8	14.0	14.4	14.4	15.1	15.5	16.7
	国标要求：15%～25%						
人均道路面积（平方米/人）	12.31	13.01	13.59	13.69	14.92	17.90	19.52
	国标要求：≥12.0 平方米/人						

数据来源：杭州市统计局历年《杭州统计年鉴》。

（1）市区年度交通拥堵状况

近几年，杭州早晚高峰延时指数呈逐年下降趋势，2022 年，市区早晚高峰延时指数为 1.56，较 2021 年下降 1.89%（见图 5-14、图 5-15）。2022 年杭州市区早晚高峰平均车速为 26.50 千米/小时，较 2021 年上升 2.04%（见图 5-16）。

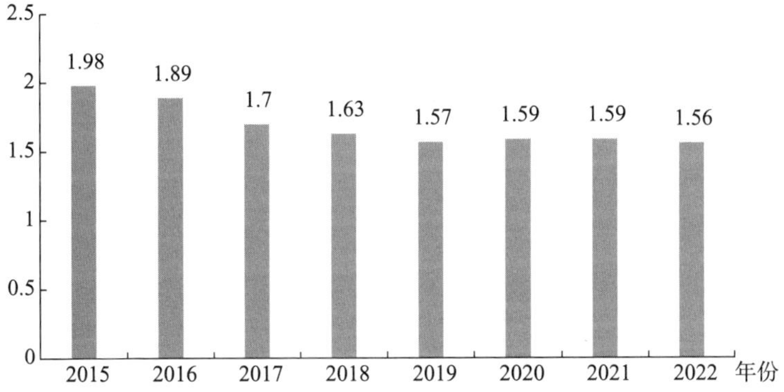

图 5-14　杭州市历年延时指数

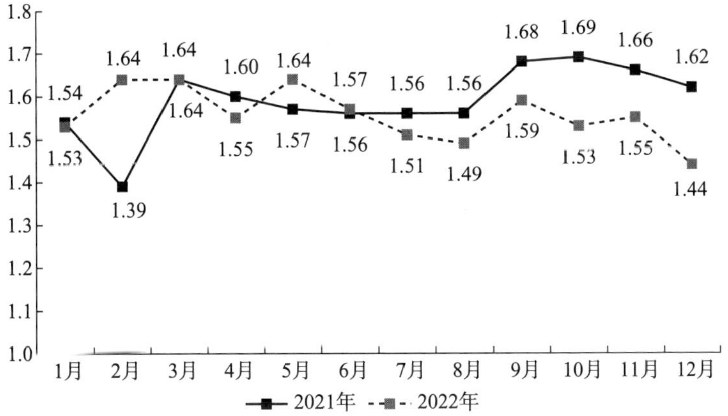

图 5-15　2021—2022 年杭州市高峰延时指数分月对比

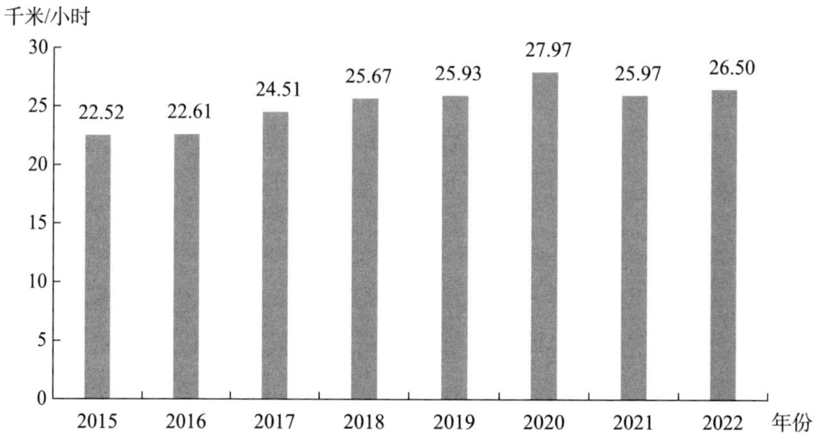

图 5-16　杭州市历年早晚高峰平均车速

从各月交通运行状况来看，2022 年全年最堵月份为 3 月、5 月，延时指数均为 1.64。下半年，随着“两网”建设的逐步收官，道路交通运行状况较上半年有明显改善。

（2）各行政区交通拥堵状况

2022 年，拱墅区早晚高峰延时指数最高，达到 1.69，机动车平均车速为 24.4 千米/小时；富阳区、临安区早晚高峰延时指数最低，均为 1.32，机动车平均车速分别为 35.6 千米/小时、35.8 千米/小时（见图 5-17）。

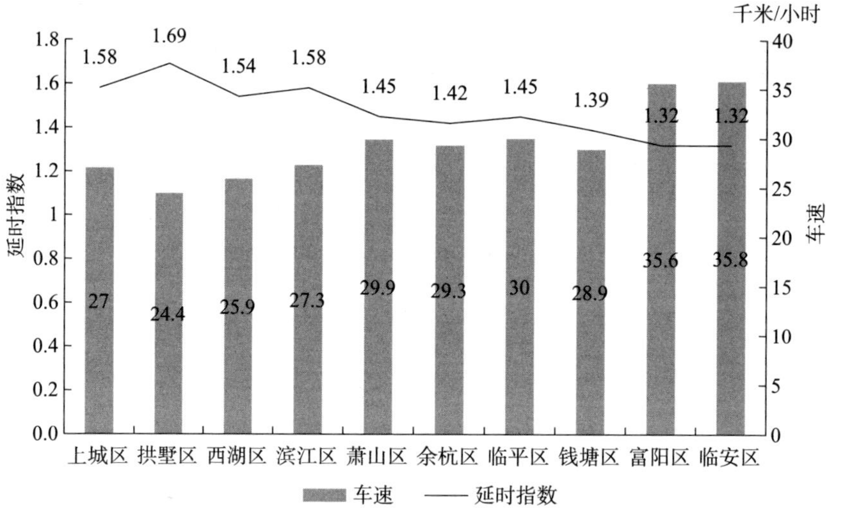

图 5-17　2022 年各行政区交通拥堵延时指数及平均车速对比

同比 2021 年，临安区早晚高峰延时指数上升幅度最大，达到 3.13%；钱塘区早晚高峰延时指数下降幅度最大，达到 3.47%（见表 5-21）。

表 5-21　2021—2022 年各行政区交通拥堵延时指数对比

行政区	2021 年	2022 年	变化（%）
上城区↓	1.59	1.58	-0.63
拱墅区↑	1.65	1.69	2.42
西湖区↑	1.53	1.54	0.65
滨江区↑	1.57	1.58	0.64
萧山区↓	1.47	1.45	-1.36
余杭区↑	1.41	1.42	0.71
临平区↑	1.41	1.45	2.84
钱塘区↓	1.44	1.39	-3.47
富阳区↓	1.34	1.32	-1.49
临安区↑	1.28	1.32	3.13

5.4.3.3　路网运行分析

杭州市综合交通发展“十三五”规划中心城区“四纵五横三连一抬升”快速路网 464 千米，2022 年绕城高速公路内“四纵五横”快速路网基本建成，快速路建成总里程 435 千米，总里程数位居国内城市前列。根据 2023 年度《中国主要城市道路网密度与运行状态监测报告》统计，杭州市中心城区路网密度为 7.6 千米/平方千米，跻身全国第六位，在长三角城市群中排名第一。

表 5-22　杭州市“四纵五横”快速路网

绕城高速公路内“四纵五横”快速路网										
项目名称	规划起止点	规划长度（千米）	建设计划							
			起止点		长度（千米）	责任单位	2017 年	2018 年	2019 年	2020 年
第一纵：吉鸿路—紫金港路—紫之隧道—之浦路快速路	绕城西线—绕城南线	27	之浦路三期		—	西湖区政府	开工	建成		
第二纵：通益路—中河—上塘快速路—时代大道—四季大道	绕城北线—绕城南线	35	康桥路—上塘路立交一期		—	余杭区政府	开工	续建	建成	
			时代大道	冠山隧道—绕城南线	7	萧山区政府		开工	续建	建成
第三纵：秋石快速路—风情大道	绕城北线—绕城南线	34	风情大道	机场高速—彩虹大道	5	萧山区政府		开工	续建	建成
			风彩立交		—	萧山区政府		开工	续建	建成
			风情大道	彩虹大道—绕城南线	5	萧山区政府		开工	续建	建成
			半山路北匝道		—	市建委	建成			
第四纵：东湖—通城快速路	绕城北线—绕城东线	24	通城大道	机场高速—03 省道东复线	11	萧山区政府		开工	续建	建成
第一横：留祥路—石祥路—石大路	绕城西线—绕城北线	21	石祥路西延	花蒋路以东—绕城西线	2	市交投集团、市交通运输局	纳入留石快速路西延（绕城西线—杭州都市经济圈高速公路环线）项目实施，确保 2020 年建成			

续表

绕城高速公路内“四纵五横”快速路网										
项目名称	规划起止点	规划长度（千米）	建设计划							
			起止点		长度（千米）	责任单位	2017年	2018年	2019年	2020年
第二横：文一西路—文一路—德胜快速路	绕城西线—文海南路	33	文一路西延	紫金港路—荆长大道	3	西湖区政府、余杭区政府、市建委	开工	续建	建成	
			文一路地下通道	紫金港路—保俶北路	6	市建委	续建	建成		
			紫金港立交		—	市建委	建成			
第三横：天目—环北—艮山—下沙—六号大街快速路	绕城西线—绕城东线	33	天目山路西段	绕城西线—古翠路	8	市城投集团	开工	续建	续建	建成
			留下立交		—	市交通运输局、市城投集团	开工	续建	续建	建成
			天目山路中段	古翠路—中河立交	5	市城投集团	开工	续建	续建	建成
			艮山东路	彭埠立交—聚首路	8	市城投集团	开工	续建	建成	
			艮山东路下沙段	聚首路—绕城东线	5	杭州经济开发区管委会		开工	续建	建成
第四横：江南大道—机场快速路	时代大道—绕城东线	17	江南大道	时代大道—风情大道	5	滨江区政府、市地铁集团	开工	续建	建成	
第五横：云河路—彩虹大道快速路	绕城西线—绕城东线	26	彩虹快速路萧山段	萧山区界—新城路	7	萧山区政府	开工	续建	续建	建成
小计		250			77					

资料来源：《杭州市人民政府办公厅关于印发〈杭州市迎亚运保畅通快速路网建设四年攻坚行动计划（2017—2020年）〉的通知》（杭政办函〔2017〕57号）（hangzhou. gov. cn）。

表 5-23 杭州市“三连”快速路网建设情况

项目名称	规划起止点	规划长度（千米）	建设计划						
			起止点	长度（千米）	责任单位	2017 年	2018 年	2019 年	2020 年
第一连：秋涛南路	清江路—中河快速路	4	望秋立交	—	市建委	续建	建成		
第二连：莫干山路	绕城北线—留石快速路	6	绕城北线—留石快速路	6	市建委、余杭区政府		完成技术前期	开工	续建，2021 年建成
第三连：康良路	320 国道—秋石快速路	12	320 国道—秋石快速路	12	市建委、余杭区政府	开展技术前期，结合疏港大道工程，适时开工建设			

“十四五”时期，杭州市将新建道路 650 千米，至“十四五”末，快速路网总里程达 555 千米。“十三五”时期，绕城高速公路内“四纵五横”总长约 250 千米，“三连”总长约 22 千米；绕城高速公路外“十一延”总长约 192 千米。快速路网将通往大城西、大江东、富阳、临安方向，最终实现主城、副城、组团“45 分钟时空圈”①。

5.4.3.4 重点区域交通运行状况

数据来源于杭州市综合交通运输研究中心《杭州市小客车运行监测数据统计及分析》。

（1）快速路运行分析及拥堵路段分布

2022 年，市区快速路早晚高峰小时拥堵指数分别为 7.5、6.8，同比分别下降 10.1%、8.92%（见图 5-18）。2022 年，市区快速路平均车速 57.4 千米/小时，同比提升 1.17%（见图 5-19）。

2022 年，全市快速路全天平均拥堵时长排名前十的路段有秋石高架（三桥—庆春路匝道）南向北、时代高架（彩虹立交—滨康路匝道）南向北、秋石高架（石石立交—石德立交）北向南、秋石高架（艮秋立交—严家弄匝道）北向南、上塘高架（大关路匝道—文晖路匝道）北向南、秋石高架（艮秋立交—机场路匝道）南向北、中河高架（望江路匝道—庆春路匝道）南向北、上塘高架（中河立交—文晖路匝道）南向北、中河高架（中河立交—庆春路匝道）北向南、文一路隧道（莫干山路出口）西向东，见表 5-24。

① 数据来源于《杭州市迎亚运保畅通快速路网建设四年攻坚行动计划（2017—2020 年）》。

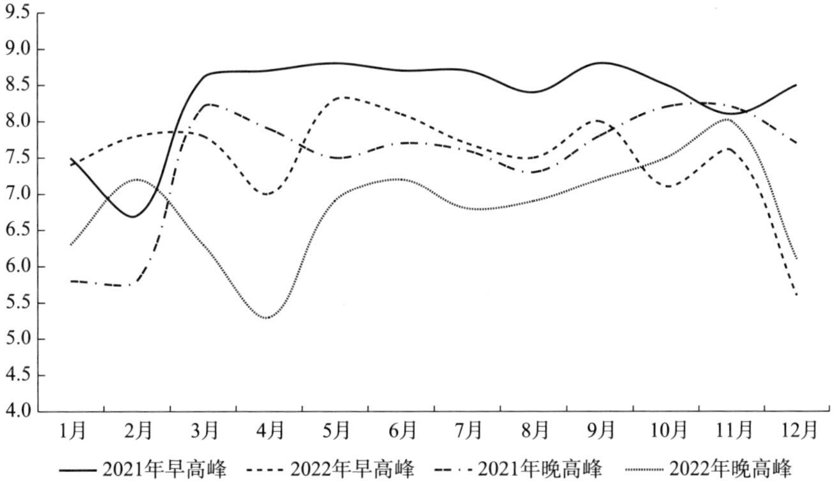

图 5-18　2021—2022 年快速路高峰小时拥堵指数对比

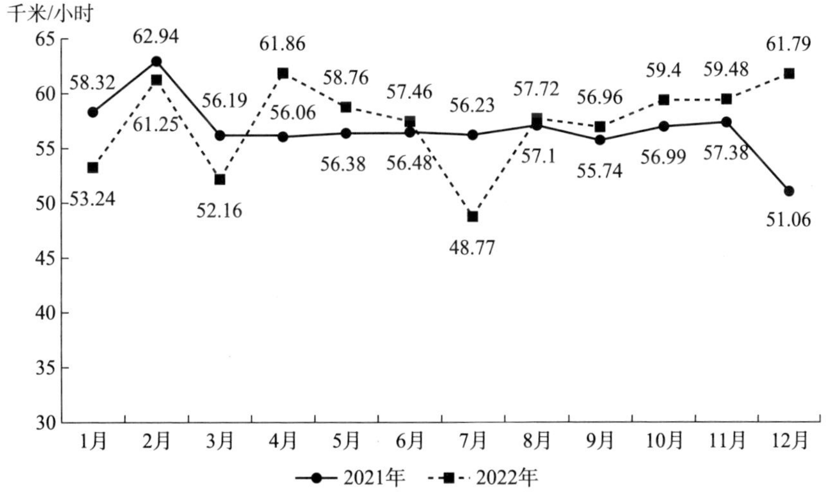

图 5-19　2021—2022 年快速路平均车速变化趋势

表 5-24　2022 年快速路全天平均拥堵时长（TOP10）统计

序号	拥堵路段	全天平均拥堵时长（小时）	平均拥堵延时指数
1	秋石高架（三桥—庆春路匝道）南向北	13. 2	3. 38
2	时代高架（彩虹立交—滨康路匝道）南向北	11. 4	2. 18
3	秋石高架（石石立交—石德立交）北向南	11. 2	3. 91

续表

序号	拥堵路段	全天平均拥堵时长（小时）	平均拥堵延时指数
4	秋石高架（艮秋立交—严家弄匝道）北向南	10.5	3.07
5	上塘高架（大关路匝道—文晖路匝道）北向南	10.1	2.58
6	秋石高架（艮秋立交—机场路匝道）南向北	8.2	2.03
7	中河高架（望江路匝道—庆春路匝道）南向北	6.7	2.31
8	上塘高架（中河立交—文晖路匝道）南向北	6.3	2.26
9	中河高架（中河立交—庆春路匝道）北向南	6.0	2.11
10	文一路隧道（莫干山路出口）西向东	5.9	2.57

2022 年，全市快速路早晚高峰拥堵延时指数排名前十的路段有时代高架（彩虹立交—滨康路匝道）南向北、上塘高架（大关路上匝道—德胜立交南）北向南、秋石高架（石石立交—石德立交）北向南、秋石高架（新业路匝道—庆春路匝道）南向北、紫金港快速路（石祥路—振华路）南向北、秋石高架（艮秋立交—严家弄匝道）北向南、中河高架（望江路匝道—庆春路匝道）南向北、秋石高架（姚江路匝道—复兴立交）南向北、留石高架（沈半路匝道—石石立交）西向东、文一路隧道（莫干山路出口）西向东，见表 5-25。

表 5-25　2022 年快速路早晚高峰平均拥堵延时指数（TOP10）统计

序号	早晚高峰拥堵路段	高峰时段平均拥堵延时指数	高峰时段平均车速（千米/小时）	主要拥堵时段
1	时代高架（彩虹立交—滨康路匝道）南向北	6.25	15.7	早晚高峰
2	上塘高架（大关路上匝道—德胜立交南）北向南	5.22	16.6	早高峰
3	秋石高架（石石立交—石德立交）北向南	4.44	16.1	早高峰
4	秋石高架（新业路匝道—庆春路匝道）南向北	4.43	21.1	早高峰
5	紫金港快速路（石祥路—振华路）南向北	4.21	20.6	早高峰
6	秋石高架（艮秋立交—严家弄匝道）北向南	4.15	20.7	早晚高峰
7	中河高架（望江路匝道—庆春路匝道）南向北	3.97	23.1	早晚高峰
8	秋石高架（姚江路匝道—复兴立交）南向北	3.60	29.4	早高峰
9	留石高架（沈半路匝道—石石立交）西向东	3.15	26.6	早晚高峰
10	文一路隧道（莫干山路出口）西向东	3.01	23.2	早晚高峰

（2）景区交通运行及拥堵路段分布

2022 年，非工作日景区全天平均拥堵时长排名前十的路段有灵隐路（玉泉路—曙光路）、北山街（保俶路—环城西路）、虎跑路（虎玉路—莲花峰路）、灵溪隧道、梅灵北路（中法路—梅灵南路）、南山路（万松岭路—玉皇山路）、玉古路（浙大路—玉泉路）、万松岭路（南山路—中河中路）、曙光路（浙大路—北山街）、五老峰隧道（满觉陇路—龙井路），见表 5-26。

表 5-26　2022 年非工作日景区十大拥堵路段统计

序号	道路	拥堵时长（小时）
1	灵隐路（玉泉路—曙光路）	9.42
2	北山街（保俶路—环城西路）	8.79
3	虎跑路（虎玉路—莲花峰路）	8.61
4	灵溪隧道	8.25
5	梅灵北路（中法路—梅灵南路）	6.92
6	南山路（万松岭路—玉皇山路）	6.75
7	玉古路（浙大路—玉泉路）	6.58
8	万松岭路（南山路—中河中路）	6.25
9	曙光路（浙大路—北山街）	6.08
10	五老峰隧道（满觉陇路—龙井路）	6.08

（3）医院、学校、综合体拥堵分析

医院、学校、商业综合体作为人流集聚区域，各类交通方式混杂，极易发生交通拥堵。目前，这三类区域交通拥堵情况随着城市中心区功能的对外疏解总体有所好转，但周边的交通拥堵问题依然突出。典型的拥堵问题包括停车供给严重失衡，驶入车流排队溢出至外围道路；普遍缺乏车辆临时上下客通道，严重影响周边道路运行效率；缺乏优质公共交通服务，出行方式过于依赖私人机动交通等。

医院交通拥堵状况：杭州市主城区共有省属医院 22 所（含分院），市属医院 14 所，其中三甲以上医院 25 所。在杭医院作为浙江省内最顶尖的医疗机构，既承担了杭州本地居民的医疗需求，也服务于浙江省及周边地区患者，就医需求旺盛。从布局来看，大型医院多位于老城区内，交通拥堵较为突出的医院主要有省儿保（滨江院区）、浙医一院、浙医二院、省儿保（竹竿巷院区）、市三医院、市一医院、省肿瘤医院、省妇保、省人民医院（朝晖院区）等。

学校交通拥堵状况：杭州市主城区中小学周边道路拥堵主要是由于早晚接送学生上、下学，临时泊车及候客引起的交通流阻滞，特别是位于老城区的老牌学校，其周边能提供的交通资源供给十分紧张，尤其是停车资源的匮乏，导致老城区的重点中小学周边道路的拥堵问题更为严重。周边道路拥堵表现较为突出的学校有文一街小学、采荷中学、胜利小学、天长小学等。

综合体交通拥堵状况：从杭州市大中型商业设施分布现状来看，主要分布在武林—湖滨—吴山、钱江新城、下沙、城北、城西、新天地、城东新城、滨江等区域。武林—湖滨—吴山在设施数量和建筑面积方面均排名第一，属于主城核心区传统商业中心，钱江新城、城西、滨江等新兴区域的商业综合体也在不断成熟。主城区周边道路拥堵表现较为突出的综合体区域主要有杭州解百、嘉里中心、西湖银泰、庆春广场、湖滨银泰等。

5.4.4 城市公共交通

数据来源于杭州市统计局发布的历年《杭州市国民经济和社会发展统计公报》《杭州交通年鉴》。

在坚持公交优先发展战略的带动下，公交都市创建与城市交通拥堵治理工作的实施极大地推动了城市公共交通发展，目前正逐步形成以轨道交通为骨架，以公共汽（电）车为主体，以公共自行车和水上巴士为补充的“四位一体”城市公共交通体系。为社会公众提供了多样化的公共交通出行方式，满足社会公众出行需求，主城区公共交通分担率不断增长，公共交通出行人数不断增长。

“十三五”时期，杭州市公共交通客流结构发生明显变化，伴随地铁快速成网发展新形势，主城区范围内，地铁客流已经实现常态化反超地面公交，主体地位逐渐显现，见图 5-20。受新冠疫情影响，2020 年杭州市主城区公共交通客运量较上年有所降低，日均客运总量为 313.2 万人次/日，同比降低 37.53%。

截至 2021 年底，新建（改造）公交停靠站 128 个，优化公交线路 332 条，主城区公交专用车道总长 156.42 千米。其中，全天公交专用车道长度 41.15 千米。开通地铁接驳线 256 条，实现地铁口 50 米换乘公交站点占比 78.1%，150 米近距离换乘比例 98.3%，公共交通出行占机动化出行比例提升 4.3%。

5.4.4.1 公共汽（电）车

2021 年，公共交通场站建设与开发投资 28708 万元，公交车辆投资

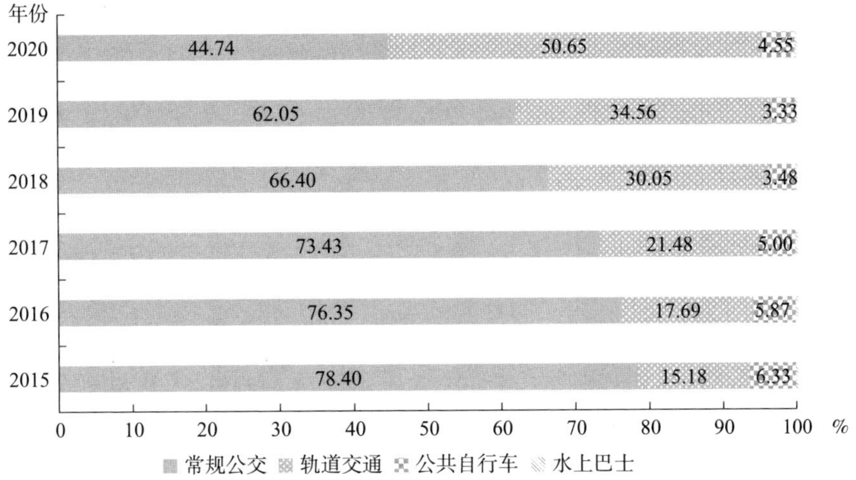

图5-20　2015—2020年主城区各公共交通方式日均客运量变化

11561万元。截至2021年12月，全市公交停保场32个（其中六城区13个），公交中心站297个（其中主城区172个）。全市公交运营车辆10106台，折合11660.8标台，其中主城区5076台，折合6013.6标台，公交运营线路1077条，运营线路长度总计18029.42千米（见表5-27）。初步形成以公交线路为主体，以旅游线、定制线、接驳线、社区微公交、出租车、公共自行车为补充的公共交通服务体系，线路覆盖杭州市10个城区，并开通杭州至德清、海宁等地的公交线路。

表5-27　杭州公共汽（电）车场设施情况

指标	运营车辆		运营线路（条）	运营线路长度（千米）	停保场		中心站首末站数量（个）
	台	标台			数量（个）	面积（平方米）	
主城区	5076	6013.6	434	5932.38	13	834374.8	172
全市	10106	11660.8	1077	18029.42	32	1212429.8	297

2020年以来受新冠疫情影响，地面公交整体客流降幅较大，全年日均客流量仅为140.11万人次，同比下降54.96%（见图5-21）。伴随国内疫情形势趋于平稳，社会生产、生活秩序逐渐恢复，地面公交客运量出现恢复迹象，但低于轨道交通客运量。总体来看，公共汽（电）车在杭州市主城区公共交通系统中功能定位已由主体变为基础（见图5-22），后续更多承担的是片区微循环和地铁未覆盖区域补白等补充作用，其余区

域公共汽（电）车仍然承担主体作用。

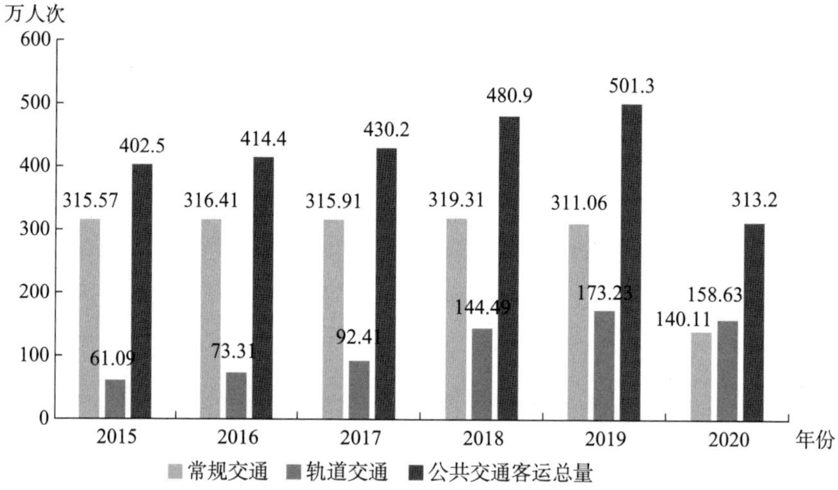

图 5-21 杭州市主城区公交与轨道运量对比

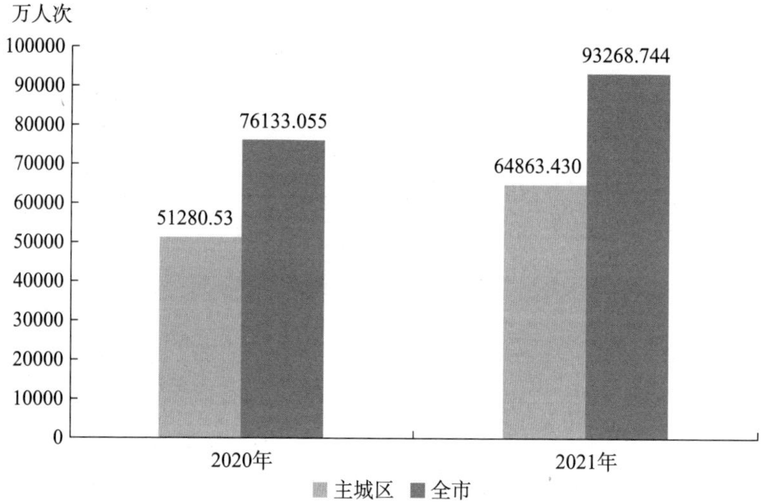

图 5-22 2020—2021 年杭州市公共汽（电）车客运量

5.4.4.2 轨道交通

（1）发挥地铁交通“主力军”作用

杭州轨道交通正处于迅猛发展时期。杭州的轨道交通从 2015 年的 3 条发展到 2022 年的 12 条，营运里程从 2015 年的 81.5 千米发展到 2022 年的 516 千米，日均客运量也从 2015 年的 61.23 万人猛增到 2022 年的 316.78 万人（见表 5-28 和图 5-23）。截至 2022 年 12 月，杭州地铁运营线路共 12 条，分别为地铁 1 号线、2 号线、3 号线、4 号线、5 号线、6 号线（含杭富段）、7 号线、8 号线、9 号线、10 号线、16 号线和 19 号线，共设车站 260 座（换乘站不重复统计），换乘车站 46 座，运营总里程达 516 千米，目前位居全国第五。市辖十区实现“轨道全覆盖”，地铁首次“双线”接入国际门户枢纽萧山机场，实现“空轨联运”。

表 5-28　2015—2022 年杭州市轨道交通发展概况

年份	营运线路（条）	营运线路里程（千米）	线路站点（个）	日均客运量（万人）	年增长率（%）
2015	3	81. 5	53	61. 23	53. 92
2016	3	81. 5	53	73. 43	19. 92
2017	3	106	72	93. 11	26. 8
2018	3	117. 6	80	135. 41	45. 43
2019	4	135	91	173. 7	28. 28
2020	7	306. 3	167	159. 13	-8. 39
2021	10	397. 84	217	217. 3	36. 56
2022	12	516	260	316. 78	45. 78

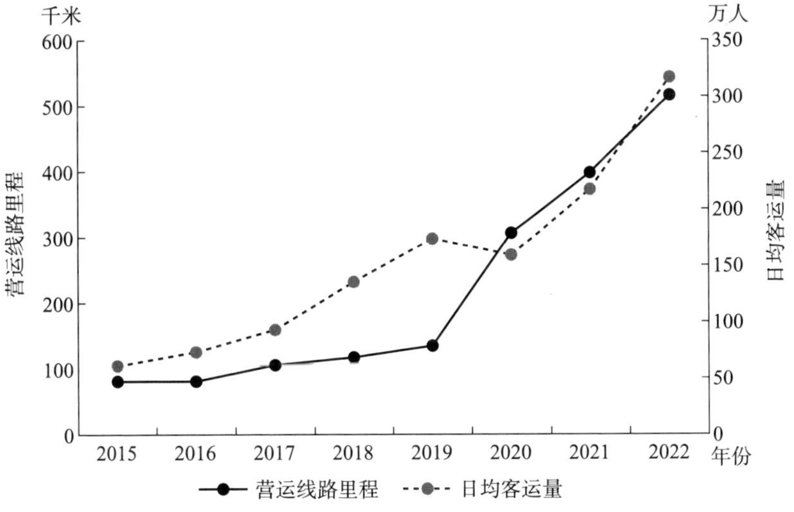

图 5-23　杭州市 2015—2022 年轨道交通运营情况

（2）地铁出行比例有待提升

2019 年居民出行调查数据（地铁通车里程 130 千米）显示，公共交通出行比例仅为 17. 6%（公交车 12. 8%，地铁 4. 8%），见图 5-24。根据 2022 年地铁流量数据（通车里程 561 千米），全天总客流约 316. 78 万（含进站+换乘客流），出行比例仅有 8%，不含临安、富阳为 9%，地铁出行比例未明显提高。

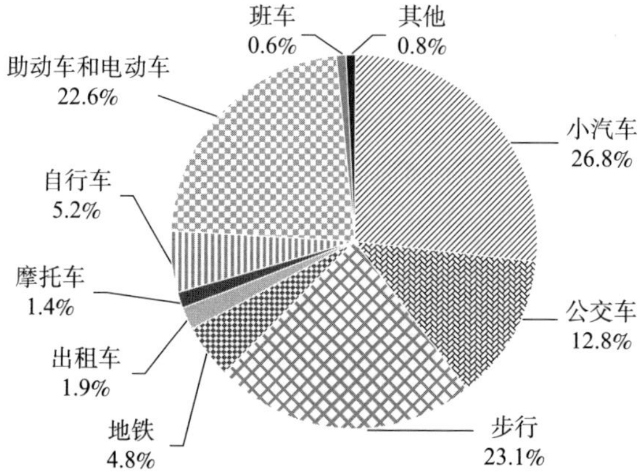

图 5-24　2019 年杭州市居民出行方式占比

（3）地铁出行早晚高峰较为集中，占比近 50%

从客流时间分布上看（见图 5-25），早晚高峰客流集中，早高峰 7：00—9：00，晚高峰 17：00—19：00，客流总量占全天客流比例达到 48%；非高峰时段客流较少。此外，6 号线富阳段、16 号线、1 号线和 7 号线大江东片区段等外围地区地铁站点全天客流均较少。

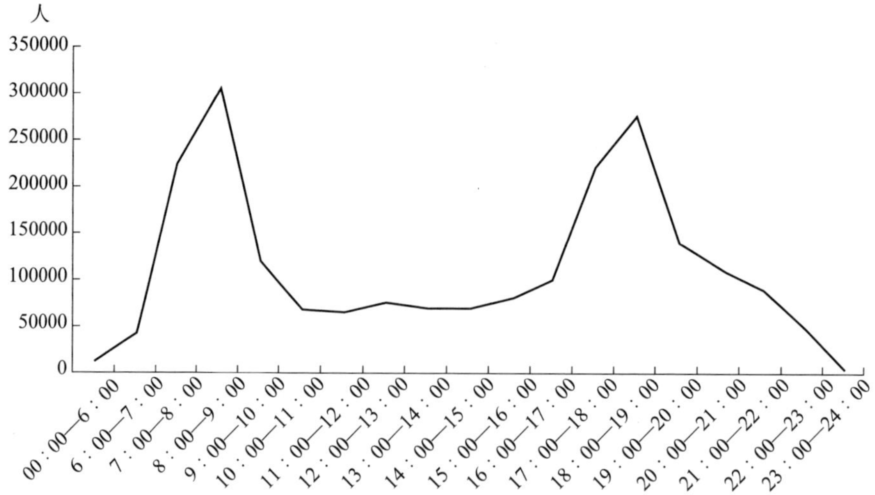

图 5-25　不同时段地铁进站量

（4）地铁出行以通勤为主要目的

乘坐地铁主要出行目的为通勤通学（占比 45.50%）和休闲娱乐（20.90%），公务/商务出行占比不足 10%（见图 5-26）。

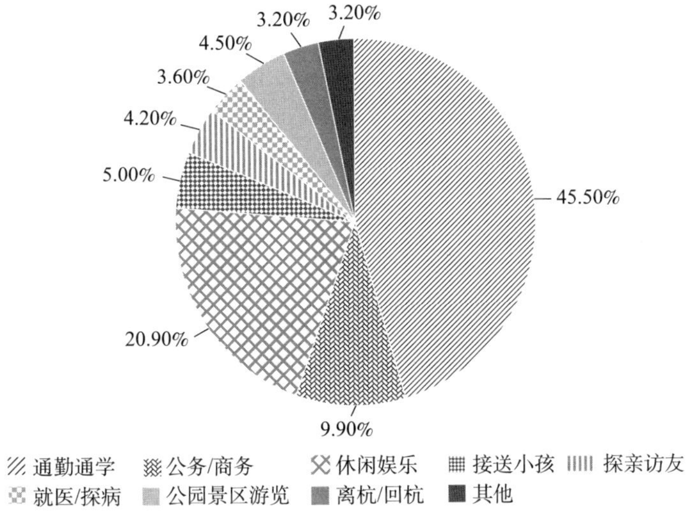

图 5-26　乘坐地铁出行目的占比

5.4.4.3　公共自行车

受新冠疫情影响，2020 年杭州市主城区公共自行车租用量呈下降趋势。截至 2020 年底，杭州市主城区日均租用量 14.3 万人次（见图 5-27），2021 年相较于 2020 年有所下降，下降率为 10.5%。总体来看，公共自行车作为解决公共交通出行“最后一公里”的重要手段，对改善公共交通出行“最后一公里”的支撑力度有限，因受到互联网租赁自行车的影响，其租用量呈下降趋势。

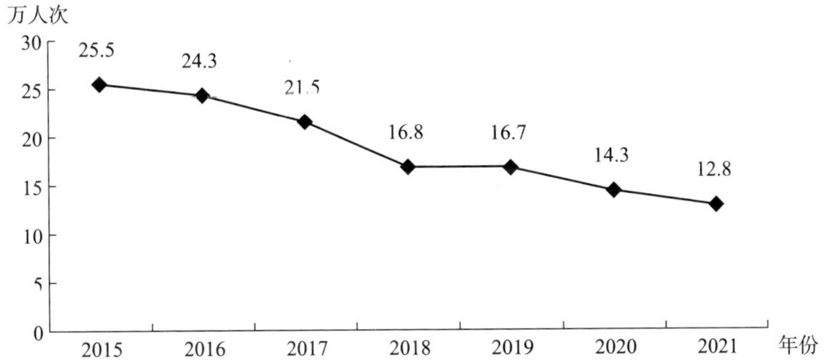

图 5-27　2015—2021 年杭州市主城区公共自行车租用量

5.4.4.4 水上巴士

截至2020年底，杭州共有水上巴士运营线路4条，船舶15艘，日均客运量达0.17万人次，2021年相较于2020年有所上升，上升率为23.5%（见图5-28）。目前，尽管水上巴士比地铁、公交日均客流量少得多，但其满足了市民、游客休闲观光的出行需求，同时充分展示了杭州特色和形象，有其独特的意义。

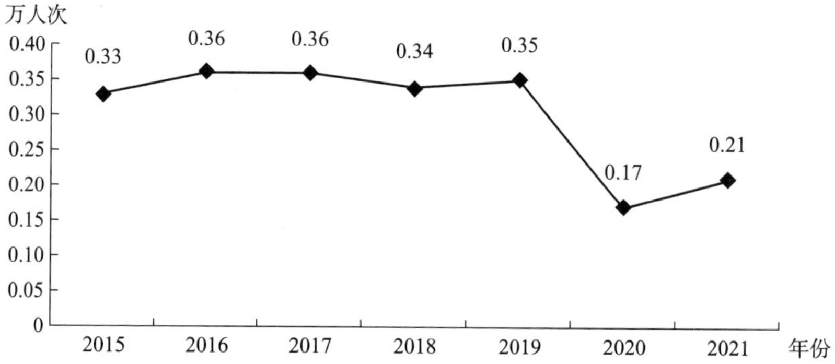

图5-28 2015—2021年杭州市水上巴士客运量

5.4.4.5 巡游出租车、网约车

2023年9月，出租车、网约车日均订单量138.7万单，同比增加29.81%，日均运营车辆8.6万辆，同比增加30.26%，单车日均载客约16次，与上年同期基本持平。其中，网约车日均订单量127.9万单，日均运营车辆7.8万辆，单车日均载客约16次；出租车日均订单量10.8万单，日均运营车辆0.82万辆，单车日均载客约13次，见图5-29。

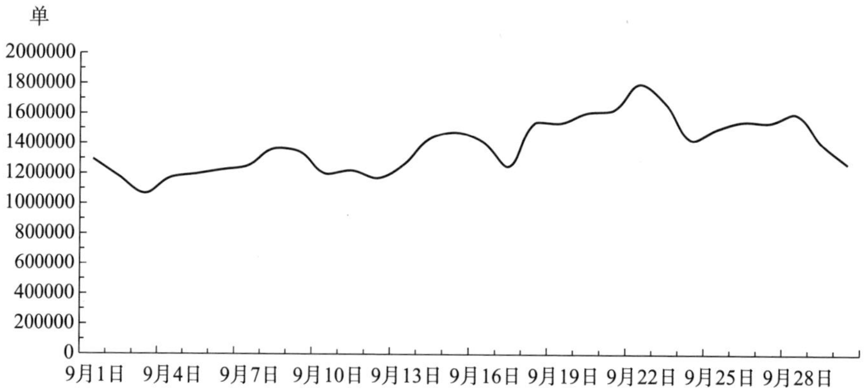

图5-29 出租车、网约车日均订单量

网约车订单量具有明显的早晚高峰特征，早高峰更为突出，9—10 时最高小时订单量达 8 万单，没有明显晚高峰，午后至 20 时的小时订单量都在较高水平，20 时后订单量逐渐减少（见图 5-30）。小时运营车辆数趋势与订单量基本一致，9—10 时最高小时运营车辆数达 4. 2 万辆（见图 5-31）。主城区日均 7—9 时通行车辆总数 61. 7 万辆，在途量峰值 38. 2 万辆，网约车运营车辆数约占在途量峰值的 11%，见图 5-30 至图 5-31。

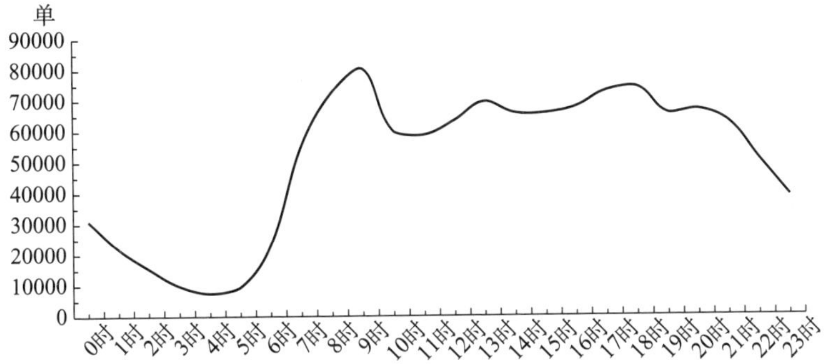

图 5-30　网约车订单量时变特征

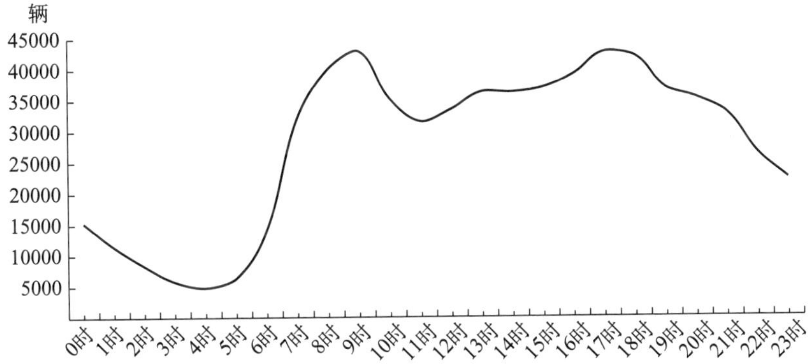

图 5-31　网约车运营车辆数时变特征

5. 4. 4. 6　旅游公交

《杭州市综合交通发展“十四五”规划》提出创建景区公交优先示范，以提升游客景区游览体验。以“景城一体”融合发展为目标，构建支撑世界名城水准的旅游交通体系，形成以公共交通和慢行交通出行为主体的景区交通出行结构，缓解景区节假日交通拥堵，为杭州举办亚运会创造良好的景区交通环境。

2023 年 1 月 20 日《杭州公交景区出行服务手册》线上发布，为广大游客和市民提供了公交游杭指南。杭州公交重构了地铁接驳线网，首创社区穿梭巴士、“错峰错站”式地铁接驳线；开辟公交配套走进“门”，将线路开进小区、园区、院区，积极带动常规公交线网升级转型。以“公交数据大脑”为支撑，精准匹配客流，先后推出“地铁一到，公交即发”“准时公交”“多线联动”“响应式停靠”“错时发车”等一系列创新服务举措。

结合杭州市“数智杭州·宜居天堂”的发展导向，根据不同场景、不同人群的客流组成，推出心动巴士、求知专线、橙意暖巴、爱国主义教育专线、1314 路“中意巴士”、510 小莲清风专线等各种业内首创的多元化公共交通服务。针对西湖西溪景区，为满足不同层次的出行需求，搭建了以常规公交为主、地铁接驳为辅、景区定制为补充的旅游公交体系，为市民提供顺心、暖心、贴心的出游服务。

随着地面公交与轨道交通“两网融合”不断紧密，“地铁+公交”的出行模式已经成为市民的出行首选。在春节假期期间，杭州公交增开“胜利剧院—灵隐”“武林广场—灵隐”“黄龙洞—上天竺”“黄龙体育中心—动物园”“黄龙体育中心—灵隐”“动物园—龙翔桥”等专线，从地铁站“一线直达”西湖景区。西湖景区地铁接驳直达公交线，极大地缓解了节假日景区游客出行的压力。除了通过景区接驳专线，乘坐常规公交线路也能畅游景区。

2023 年 4 月，在收费景点恢复收费的情况下，景区拥堵情况总体没有得到改善。4 月前 2 周双休日全天延时指数为 2. 44，环比前 2 周增加 0. 92%，平均车速 14. 74 千米/小时，环比前 2 周降低 3. 03%。4 月 8 日（周六）全天延时指数为 2. 59，环比前一周增长 8. 04%。10 时至 19 时指数均超过 3. 0（车速 10 千米/小时），16 时指数达到最高值 4. 98。4 月前 2 周双休日灵隐景区周边的灵隐路、灵溪南路和梅灵北路白天双向平均车速分别为 16. 74 千米/小时、27. 32 千米/小时、17. 45 千米/小时，环比前 2 周分别下降 0. 5%、上升 3. 9%、上升 23. 6%；北山街、南山路和虎跑路白天双向平均车速分别为 12. 56 千米/小时、10. 45 千米/小时、16. 04 千米/小时，环比前 2 周分别下降 10. 5%、上升 2. 4%、上升 6. 8%。灵隐景区、动物园等收费景点周边道路压力有所缓解。

5. 4. 5 停车系统

随着 2014 年小汽车总量调控政策的实施，以及持续多年的停车场（库）建设，主城区（不含萧山区、余杭区）停车泊位 2018 年规模增加至 90 万个，车位与车辆比从 0. 36 提升至 0. 66（汽车 135 万辆）；随着主次干路的路内停车逐步取消，停车结构不断优化，路内停车泊位占比下降至 3. 00%（见图 5-32）。

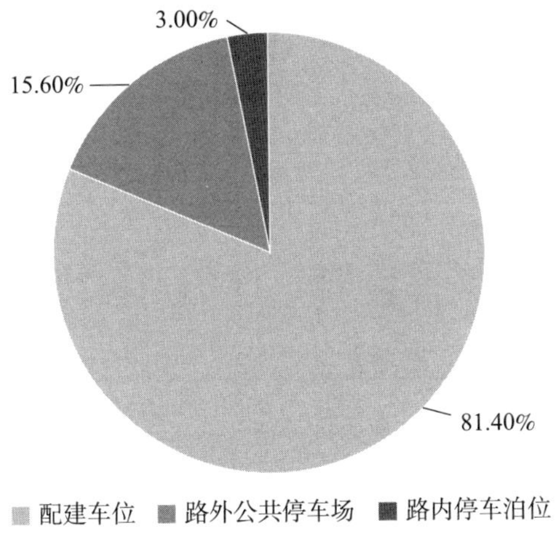

图 5-32　2018 年杭州市主城区停车位供给结构

2021 年市区新增停车泊位 70486 个，其中公共停车位 6531 个，全市建成新能源汽车充电桩 2.4 万个，其中公（共）用充电桩 3852 个。

主城区累计建成路内外停车泊位总数约 102.9 万个，停车泊位与私人小客车保有量之比上升至 0.96（见图 5-33）。

截至 2022 年 12 月，杭州全市总泊位规模为 346.1 万个，泊位与车位比值达 1.01，泊位供应已实现长足进步。市区停车泊位与车辆保有量之比达到 1.05。机动车保有量 2022 年比 2020 年增加 102.3 万辆，其中私人小汽车保有量增加 90.2 万辆，主城区停车泊位与车辆保有量之比略有下降，从 2020 年的 1.08 降低到 2022 年的 1.05。局部区域停车条件得到明显改善，有效推动城市动静态交通协同发展，见表 5-29、图 5-34。

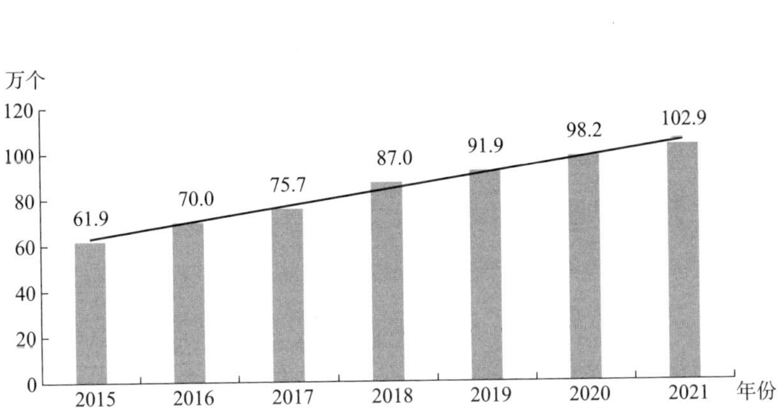

图 5-33　2015—2021 年杭州市主城区停车位总数变化

表 5-29　2022 年杭州市机动车泊位调查数据

泊位类型	主城区（四区）	市区（十区）	市域
居住配建（万个）	87.8	197.0	206.1
其他配建（万个）	57.4	100.9	103.7
路外公共（万个）	13.3	26.6	28.2
路内划线（万个）	2.4	6.9	8.1
合计（万个）	160.9	331.4	346.1
小汽车保有量（万辆）	152	315	343.4
泊位/汽车	1.05	1.05	1.01

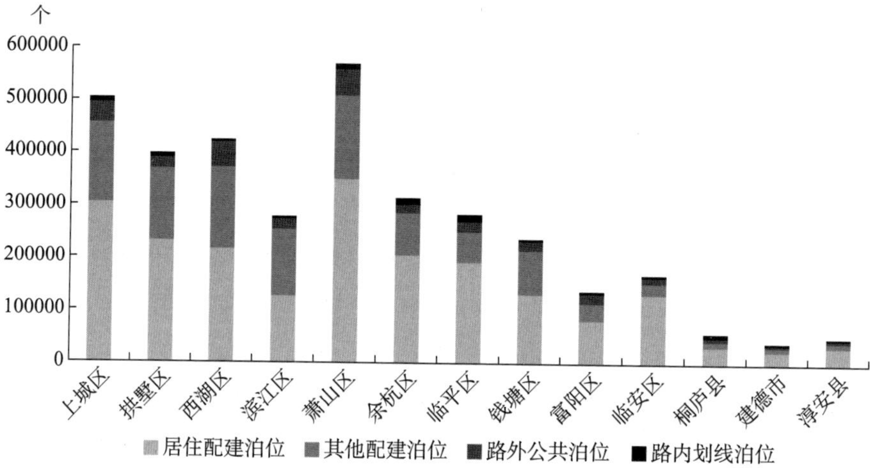

图 5-34　分城区泊位供给现状

资料来源：杭州市统计局《杭州市国民经济和社会发展统计公报》《杭州交通年鉴》。

从不同行政区域看，居住配建比例呈现主城核心区低、外围区高的特征，也从侧面反映出城市核心区居住停车难问题比外围区域更加突出。

5.4.6　慢行交通

2020 年，结合河道、山体、湿地，全市建成超过 3700 千米绿道网，约占全省绿道总规模的 2/3；中心城区整体道路空间资源中慢行空间占 41.2%；杭州中心城区慢行出行比例为 51%。

结合快速路、综合体建设，人本化、高标准，主城区已建成各类人行过街设施74处，其中人行天桥40处，地道34处。

2020年，杭州市总计绿道建设596.73千米，其中新建350.23千米，改造246.5千米。

对城市慢行空间的侵占已大幅缓解，绿道总量不断增加，品质不断提升，但连通性、系统性有待提升。

5.4.7 换乘交通

2022年暑期，浙大城市学院开展了为期一周的地铁站内市民面访交通调查，5万余份问卷统计数据显示，换乘交通呈现如下特征。

5.4.7.1 步行接驳地铁总体满意度相对较高

老城区对地铁口附近步行距离和步行环境的满意度均高于其他类型站点，分别为82.9%和80.0%，满意度最低的是副城区，分别为71.8%和69.5%（见图5-35）。

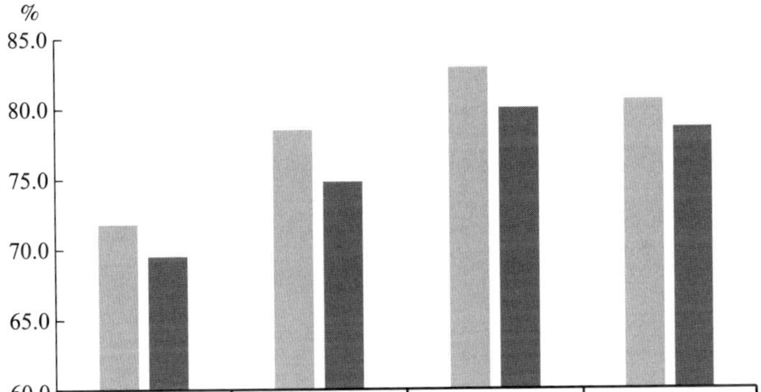

	副城区	主城区	老城区	中央商务区
步行距离满意度（%）	71.8	78.5	82.9	80.6
步行环境满意度（%）	69.5	74.8	80.0	78.6

图5-35 不同城市位置地铁口受访者对附近步行距离和步行环境的满意度

从地铁站周边用地功能来看，高教园区对地铁口附近步行距离表示满意的比例最高，占83.5%；行政办公中心对地铁口附近步行环境表示满意的比例最高，占81.0%，两方面满意度最低的是工业商贸物流园区，分别为58.7%和60.2%（见图5-36）。

从行政区划来看，临平区对地铁口附近步行距离的满意度最高，为81.8%，上城区对地铁口附近步行环境的满意度最高，为78.4%，满意度最低的是富阳区（见图5-37）。

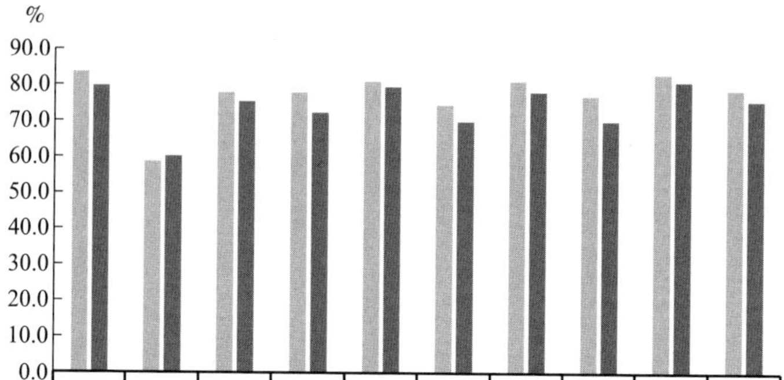

	高教园区	工业商贸物流园区	交通枢纽	居住区	旅游景区	其他	商业商务中心	文体中心	行政办公中心	综合
步行距离满意度（%）	83.5	58.7	77.9	77.9	81.0	74.5	81.1	77.0	83.1	78.8
步行环境满意度（%）	79.7	60.2	75.4	72.3	79.5	69.9	78.1	70.0	81.0	75.7

图 5-36　不同用地功能的地铁口受访者对附近步行距离和步行环境的满意度

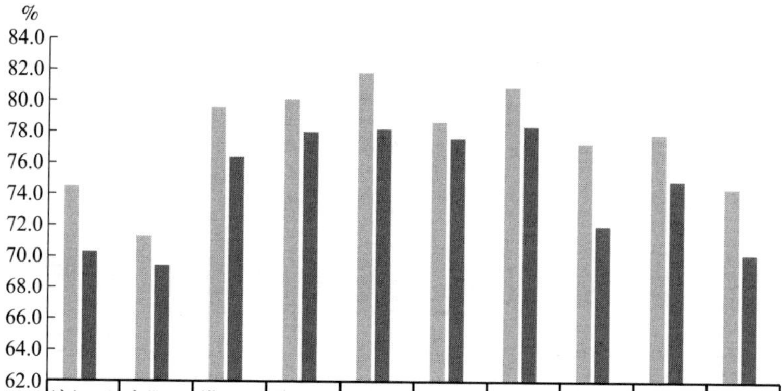

	滨江区	富阳区	拱墅区	临安区	临平区	钱塘区	上城区	西湖区	萧山区	余杭区
步行距离满意度（%）	74.5	71.3	79.6	80.1	81.8	78.7	80.9	77.3	77.9	74.4
步行环境满意度（%）	70.3	69.4	76.4	78.0	78.2	77.6	78.4	72.0	74.9	70.2

图 5-37　不同区划的地铁口受访者对附近步行距离和步行环境的满意度

从地铁的营运特点来看，两方面满意度最高的均为两线换乘站点，分别为 80. 5%和 77. 5%；两方面满意度最低的均为终点站点，分别为 75. 1%和 73. 1%（见图 5-38）。

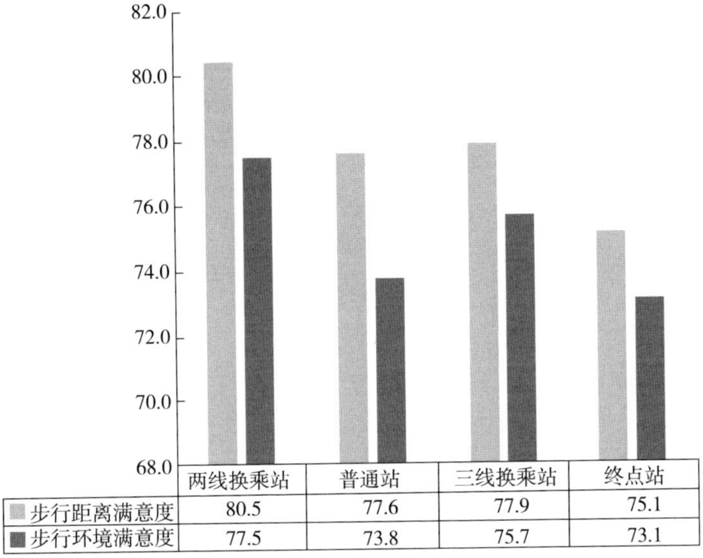

图 5-38　不同营运特点的地铁口受访者对附近步行距离和步行环境的满意度

5.4.7.2　地铁接驳设施满意度普遍不高

对于地铁、高铁、客运站与机场换乘，满意度总体较高；对于公交、非机动车等接驳设施满意度总体较低。关于公共自行车（小红车）换乘，居民满意度最低，总体满意度为 44.1%（见图 5-39），滨江、富阳、余杭 3 个地区对公共自行车满意度均不足 40%（见表 5-30）。

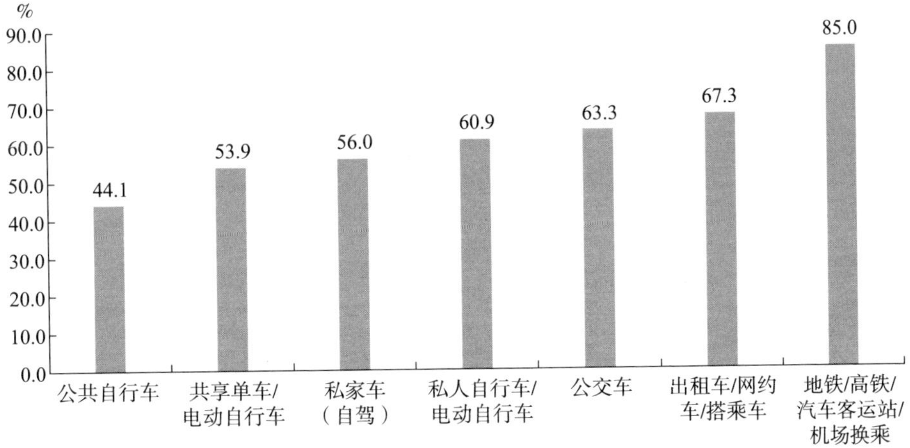

图 5-39　居民对不同出行方式换乘地铁的满意度

表 5-30 不同区划、不同出行方式受访者对地铁换乘的满意度

区划	公交车	私人自行车/电动自行车	共享单车/电动自行车	公共自行车	出租车/网约车/搭乘车	私家车（自驾）	地铁/高铁/汽车客运站/机场换乘
滨江区	57.3	52.0	45.4	24.6	62.4	47.5	82.9
富阳区	51.9	53.7	54.2	30.0	60.0	50.0	84.9
拱墅区	65.1	58.4	52.6	50.5	63.3	55.7	88.2
临安区	62.2	67.1	61.2	71.4	72.0	60.0	80.6
临平区	64.3	70.3	56.5	45.2	69.2	57.3	83.2
钱塘区	64.6	63.5	62.6	43.6	75.7	51.4	91.9
上城区	66.2	61.2	54.5	44.6	67.9	58.3	85.2
西湖区	62.0	60.0	53.6	41.5	68.3	45.5	85.9
萧山区	60.3	62.2	51.1	46.6	69.6	58.7	82.3
余杭区	61.2	58.5	55.0	35.4	64.1	63.5	82.1

5.4.7.3 居民呼声最强烈的是优化公交线路和班次

对地铁接驳设施改善最为强烈的呼声包括优化公交线路与班次（43.00%）、改善步行环境（32.60%），优化小汽车换乘停车场占比最低，仅为3.5%（见图5-40）。

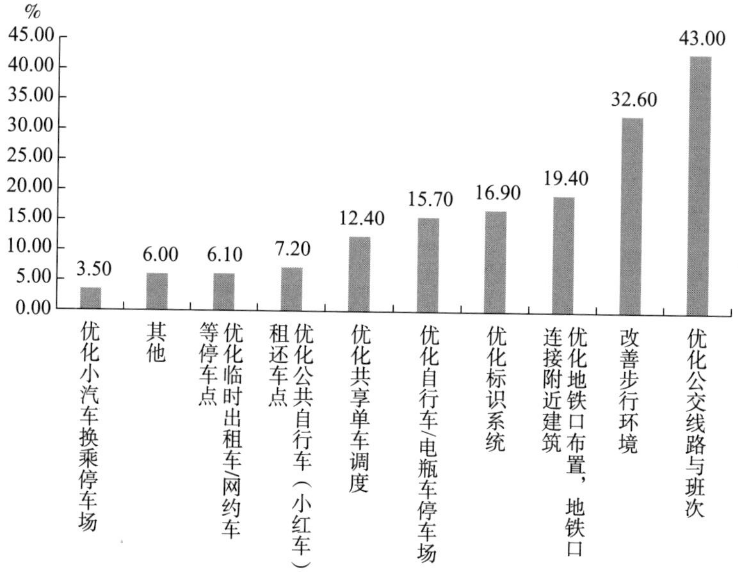

图 5-40 居民对优化地铁接驳设施的建议

5.4.8 交通政策与管理

5.4.8.1 需求管理政策

（1）限行管理

1）限行限购政策

杭州市自 2011 年 10 月 8 日起正式推行“错峰限行”政策以缓解交通压力。错峰限行时间为每个工作日的早高峰 7：00—8：30，晚高峰 17：00—18：30。机动车在工作日按机动车号牌的最后一位阿拉伯数字进行“错峰限行”。浙 A 新能源车不受限行政策限制。自 2014 年 3 月 26 日零时起，对杭州市行政区域内小客车实行增量配额指标管理，增量指标须通过摇号或竞价方式取得。

2）“区域号牌”新政配套错峰出行政策

为方便群众出行，拓展市民获得小客车指标的途径，加强城市交通管理，推出“区域号牌”及相关配套措施。“区域号牌”是指使用“区域指标”登记的小客车专用号牌，同样以浙 A 开头，但其通行权较浙 A 普通号牌低。2020 年 7 月起开展小客车限牌和机动车限行调整等政策研究和论证，2021 年 3 月 1 日起，“区域号牌”政策正式实施。对浙 A 号牌小客车的交通管理措施未作调整，主要明确了浙 A 区域号牌小客车的限行政策；同时，对非浙 A 号牌小客车的限行范围和时段进行了调整（见表 5-31）。

表 5-31　“区域号牌”新政配套错峰出行政策

对象	错峰范围		错峰时段	错峰规则
浙 A 号牌	不变			
浙 A 区域号牌	地面道路	蓝色区域（不含紫金港路）	7：00—9：00 16：30—18：30	全号段 禁止通行
	高架快速路	绕城范围内的高架路、快速路（不含紫金港路隧道、紫金港路南隧道、紫之隧道、之江大桥）	7：00—10：00 16：00—19：00	
非浙 A 号牌	地面道路	红圈内的所有道路	7：00—9：00 16：30—18：30	全号段 禁止通行
	高架快速路	绕城范围内的高架路、快速路	7：00—10：00 16：00—19：00	

（2）实施停车需求管理

1）实施停车收费改革

通过发挥价格杠杆作用，引导机动车理性出行，缓解动态交通压力。

“十三五”时期，延续2014年杭州市区机动车停放收费管理办法。将市区分为核心区、一级区、二级区3个区域以及西湖景区，每半小时计一次费，调整差别化停车收费政策，优化区域停车供需关系，实行分类别、分时段、分地区的差别化收费标准，通过发挥价格杠杆作用，合理调控中心区小汽车使用，以缓解中心区交通压力（见表5-32）。目前，杭州市停车收费标准仍远低于国内一线城市，特别像深圳、上海等城市的机动车停车费用是杭州的3倍（见表5-33、表5-34）。

表5-32　杭州市现状差异化停车收费标准

<table>
<tr><th></th><th colspan="2">2008年停车收费体系</th><th colspan="3">2014年停车收费体系</th></tr>
<tr><td rowspan="7">道路停车泊位</td><td rowspan="6">8：00—20：00</td><td rowspan="6">一级区6元/时
（2008年一级区对应2014年核心区）
二级区4元/时
（2008年二级区对应2014年一级区）
三级区4元/时
（2008年三级区对应2014年二级区）</td><td rowspan="6">8：00—20：00</td><td rowspan="3">首小时内</td><td>核心区5元/时</td></tr>
<tr><td>一级区3元/时</td></tr>
<tr><td>二级区3元/时</td></tr>
<tr><td rowspan="3">首小时后</td><td>核心区6元/时</td></tr>
<tr><td>一级区4元/时</td></tr>
<tr><td>二级区3元/时</td></tr>
<tr><td>20：00—次日8：00</td><td>4元/次</td><td>20：00—次日8：00</td><td colspan="2">5元/次</td></tr>
<tr><td rowspan="4">住宅小区</td><td rowspan="2">包月</td><td>小区内道路100元/月</td><td rowspan="2">包月</td><td colspan="2" rowspan="2">不变</td></tr>
<tr><td>配套停车库360元/月</td></tr>
<tr><td rowspan="2">临时</td><td>小区内道路不足2小时免费；
2~24小时不得超过4元</td><td rowspan="2">临时</td><td colspan="2" rowspan="2">不变</td></tr>
<tr><td>配套停车库5元/时；
不足1小时按1小时计；
5~24小时不得超过4小时计收</td></tr>
<tr><td rowspan="3">公共停车场库</td><td colspan="2" rowspan="3">5元/时</td><td colspan="3">核心区10元/时</td></tr>
<tr><td colspan="3">一级区5元/时</td></tr>
<tr><td colspan="3">二级区5元/时</td></tr>
</table>

表 5-33　深圳市停车收费标准

类型标准			一类地区	二类地区	三类地区
小车	工作日	高峰时段（8：00—20：00）	第一小时 15 元，第一小时后 1.5 元/半小时	第一小时 15 元，第一小时后 1.5 元/半小时	5 元/天
		非高峰时段（20：00—次日 8：00）	1 元/小时	0.5 元/小时	
	非工作日	—	第一小时 5 元，第二小时起 1 元/小时	第一小时 4 元，第二小时起 0.5 元/小时	
大车	工作日	高峰时段（8：00—20：00）	第一小时 30 元，第一小时后 3 元/半小时	第一小时 10 元，第一小时后 2 元/半小时	10 元/天
		非高峰时段（20：00—次日 8：00）	2 元/小时	1 元/小时	
	非工作日		第一小时 10 元，第二小时起 2 元/小时	第一小时 8 元，第二小时起 1 元/小时	

表 5-34　上海市停车收费标准

区域		内环线内重点区域	内环线外其他区域	内、外环线间（含外环线外城镇）
白天	首小时	15 元	10 元	7 元
	每超过 1 小时后，每 30 分钟	10 元	6 元	4 元
	夜间	10 元/次	8 元/次	5 元/次

2）推行“小汽车换乘地铁”停车优惠

建成湘湖站、临平站、朝阳站等外围地铁换乘停车场；实施换乘半价优惠，缓解中心区交通压力并引导公交出行。

（3）景区交通需求管理

1）机动车环保行动

对于景区，继续开展机动车环保行动。主要采取以下措施：

①限行时间：全年双休日及法定节假日（双休日如遇调休，以国务院规定为准）的 8 时 30 分至 17 时。

②限行规则：凡悬挂小型车号牌（蓝牌）的机动车辆（含个性化牌照、临时号牌）需在西湖风景名胜区限行区域（道路）内通行的，其车牌最后一位阿拉伯数字必须与公历日单双号相一致，即小型车号牌最后一位阿拉伯数字为 1、3、5、7、9 的允许在奇数日通行；号牌最后一位阿拉伯数字为 2、4、6、8、0 的允许在偶数日通行。

2）西湖景区差异化停车收费

为缓解杭州西湖风景名胜区内道路交通压力，杭州西湖风景名胜区内停车场和道路停车泊位的收费标准均高于市区收费，并在法定节假日、旅游旺季双休日期间实行上浮。同时，为鼓励自驾车游客通过换乘进入景区，旅游集散中心（换乘中心）对换乘进入风景区的游客，其小型车辆凭换乘凭据实行免费停放（见表5-35）。

表5-35　西湖风景名胜区内停车场和道路停车泊位收费标准

<table>
<tr><th rowspan="3">机动车
车型类别</th><th colspan="4">收费标准</th></tr>
<tr><th colspan="3">8：00—20：00［元/(辆·小时)］</th><th rowspan="2">20：00—次日8：00
［元/(辆·次)］</th></tr>
<tr><th>国庆、春节长假</th><th>元旦、清明节、五一、端午节、中秋节等小长假和旅游旺季双休日</th><th>其他时间</th></tr>
<tr><td>小型车</td><td>30</td><td>20</td><td>10</td><td>5</td></tr>
<tr><td>大型车</td><td>10</td><td>10</td><td>10</td><td>5</td></tr>
<tr><td>备注</td><td colspan="4">1. 按时计费的停车费，停车时间在1小时内的按1小时计费，超过1小时后以半小时为计费单位，收费标准相应减半；
2. 旅游旺季为每年的3月15日至5月31日和9月15日至11月30日。</td></tr>
</table>

（4）疫情期间灵活需求管理

为更好满足市民通勤需求，助力城市复工复产，根据公共交通客流情况和道路交通状况，进行灵活需求管理。2020年3月初相继推出公交免费与快速路限行政策。2020年3月18日至31日工作日7：00—9：00、16：30—18：30，主城区公交线路（包含主城区与四区连接线，专线除外）、已开通运营的地铁线路，试行免费乘车措施。结合杭州市道路交通状况，自2020年3月23日7：00起，有序恢复高架、快速路工作日（周一至周五）高峰时段机动车“错峰限行”交通管理措施。4月20日起全面恢复工作日“错峰限行”交通管理措施。

5.4.8.2　交通组织管理

杭州城市交通精细化管理主要是在G20杭州峰会后形成，即深入实施改革强警和公安大数据战略，以城市道路交通的文明畅通行动计划为载体，以“城市交通大脑”建设为引擎，以现代化警务机制改革为支撑，大力推进观念革新、科技创新、方法更新，构建“一化”带“五化”的精细化管理体系。具体是以精细化为龙头，带动道路基础标准化、交通组织多样化、交通整治常态化、警务模式现代化、警力资源最优化，使杭州城市交通拥堵明显缓解，道路通行效率不断提升，交通安全形势持续稳定。

杭州市主要从以下两个方面来深度挖掘道路通行潜力，努力实现时空资源优化配置，提升治堵精细化水平。

（1）处理道路“血栓”（点优化）

引发交通拥堵、通行效率下降、安全性能减弱的单一性交通节点，一般出现在路口或具有复杂交通流汇集的路段上。如同医生对付血栓，在治理道路堵点中，通过开展路口精细渠化、实施“四头”交通组织和道路“微手术”3 个层级，优化交通组织，提高道路通行效率。具体方法如下：

1）实施路口精细渠化

按照路权合理分配原则，综合考虑机动车、非机动车、行人通过路口时的通行权、先行权和占用权要求，分别对“十”字路口、“丁”字交叉口、“环岛”及立交路口、支小路口实施路口精细渠化。在普遍的“十”字路口，重点对进（出）口道机非隔离、车道优化、路口中心圈及转向轨迹线、路口待驶区、绿化端头导流线、非机动车转弯导向线、非机动车道进口道地面提醒文字、非机动车道出口标线、人行护栏长度和开口尺寸、行人等候区 10 类要素进行统一标准，通过规范设施设置，确保交通参与者各行其道，还将非机动车、行人的路权保障延伸到施工道路。

2）实施“四头”交通组织优化

“四头”，即断头、转头、掉头、结头，主要是打通断头路、禁止违法左转和掉头以及优化斑马线设置等。

3）实施交通改造项目

对无法通过路口渠化，以及采取“四头”交通组织的道路节点，则需借助“微手术”对道路进行局部改造（又称交通改造项目，简称“交改”），并形成了由交警提出需求，建委批复，城管委负责施工的“交改”联动机制。

（2）清理道路“管壁”（线优化）

很多时候，“血栓”多了，就需要及时进行“管壁”清理。对于特定道路、特定方向、特定时间的规律性交通拥堵，采用全线优化的交通组织措施，因地制宜地采取设置潮汐车道、主干道单行、区域单行、时段性单行等各种方式，对消除路口冲突点、减少交通事故、提升区域通行效率具有显著成效。

自 2022 年 12 月 21 日起暂停实施地面“错峰限行”、维持“高架限行”措施以来，杭州主城区交通总体上运行平稳，道路运行还在可承载范围内，道路速度未出现大幅下降。

5.4.8.3 智能交通管理

近年来，杭州市推进互联网、大数据、人工智能等新技术与城市治理的深度融合，建立杭州市数据资源局，加强全市信息数据资源的整合共享。高起点规划建设城市大脑，推进城市大脑交通模块在治堵领域的综合应用，实现行业监管精细化、运行管理智慧化、公交路权优先保障精准化。加强与阿里巴巴等行业领军企业的战略合作，统筹政企资源，推进智慧治堵并取得成效。公共交通智能服务全面升级，以公共交通模型为主导，精准对接出行需求。全面实现公共交通移动支付，创新推出多元化、高品质的公共交通产品，市民群众得到便利和实惠。

（1）数据归集共享

建立开发共享的发展环境，开展政企联合共同推进数字城市建立。2017年，成立杭州市数据资源局，组织协调全市政务数据和公共数据资源整合、归集、应用、开放、共享，指导全市经济社会各领域的数据开发利用工作，推进“互联网+政务”深度融合、政府数字化转型，推动数据资源在政府管理和社会治理领域的应用等。出台了《杭州市政务数据资源共享管理暂行办法》，建立完善的数据整合和共享体制机制，向社会无偿开放数据。通过开放共享，充分发挥杭州市作为“互联网之都”的数据资源优势，实现数据资源最大化的整合利用，实现交通大数据的互通互连，打破部门之间的信息壁垒，加强交通系统与外部互联网数据的对接和数据共享，实现数据驱动交通管理模式和服务模式的改变，构建安全有序的交通环境。

（2）城市大脑

2017年云栖大会上，城市大脑1.0版发布。杭州城市交通大脑将城市中所有与交通相关的人、车、路数据汇集在一个平台，通过视频图像的结构化处理、人工智能新技术更好地分析、利用各种交通相关的信息，对城市交通运行进行监测、预警、优化。杭州城市大脑在运行实践中，选择率先在交通治理领域进行探索试验，落地实施了特种车辆优先调度、在线信号控制优化、重点车辆精准管控、全域事件动态感知四大应用。

建成全国首个城市级城市大脑停车系统。城市大脑停车系统以“便民、利民、惠民”为宗旨，围绕“监管、服务、缴费、运营、分析”“五位一体”核心功能，实现全市停车场库的统一接入和信息发布。提升政府管理部门对停车场的监管水平，促进泊位运营者规范化经营管理，改善市民停车体验，引导政府、经营单位、停车人共建静态交通生态文明体系，有效缓解停车难问题。

按照便民服务与决策管理相结合的思路，推出“先离场后付费”便捷泊车服务，实现停车泊位资源效用最大化，打造城市智慧停车算法引擎，赋能城区治理，助力破解“停车难”。打造城市智慧停车算法引擎，深挖数据价值，通过动静态交通数据融合，实现对市、区、网格多级区域停车需求、停车缺口、停车盲点分析，回答杭州市停车哪里难、有多难、为何难。

（3）交通行业管理信息化建设

杭州市交通行业管理信息化建设始终走在全省前列，形成对行业全业务领域的覆盖，重点完成了小客车总量调控系统、公共交通智能化应用示范工程建设、网约租车监管平台、互联网租赁自行车监管平台以及出租车综合管理服务平台五大系统。交通信息资源云平台实现了覆盖杭州市城市路网、国省干线、高速公路三大路网，常规公交、轨道交通、出租车、公共自行车、水上巴士“五位一体”城市交通方式，公路、铁路、民航、水路四大城际交通方式的交通信息资源的接入整合，已成为全省交通信息资源汇聚种类最全、数量最多的综合交通信息枢纽。为了方便群众出行，积极推进高速公路电子不停车收费系统（ETC），预约定制数字公交系统，杭州、绍兴和嘉兴等区域轨道交通票务一体化建设。

5.5　杭州市城市交通的主要问题

5.5.1　轨道交通客流有待提升

根据 2022 年 10 月各城市地铁出行统计数据，杭州地铁客流强度为 0.58，与北京、上海、广州、深圳等城市有较大差距（见表 5-36）。此外，杭州地铁客流分布不均匀，1 号线、2 号线、5 号线等服务于主城区的线路客流量较大，而部分服务于郊区的线路如 8 号线、10 号线、16 号线等，客流量稀少甚至在非高峰时段出现空跑，造成资源浪费（见图 5-41）。（数据来源于中国城市轨道交通协会发布的《城市轨道交通 2022 年度统计和分析报告》）

表 5-36　2022 年 10 月中国主要城市轨道交通运营数据

序号	城市	通车里程（千米）	日均客运量（万人次）	客流强度
1	广州	609.8	648.8	1.06
2	深圳	482.7	483.2	1.00
3	上海	8250	799.2	0.97

续表

序号	城市	通车里程（千米）	日均客运量（万人次）	客流强度
4	北京	7830	674. 3	0. 86
5	长沙	209. 1	170. 9	0. 82
6	成都	557. 8	437. 8	0. 78
7	西安	252. 6	173. 2	0. 69
8	重庆	434. 6	256. 1	0. 59
9	杭州	5160	299. 6	0. 58
10	南京	428. 5	199. 4	0. 47
11	武汉	478. 6	206. 7	0. 43
12	苏州	254. 2	103. 2	0. 41
13	天津	2650	88. 80	0. 33

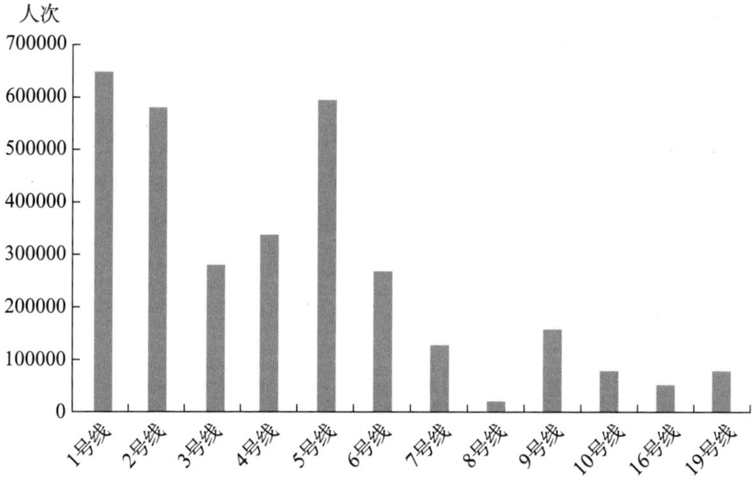

图 5-41　2022 年 10 月 27 日杭州地铁客流量

地铁客流强度低主要有以下几个方面原因：

（1）受限于杭州常住人口数量

2021 年，杭州市区常住人口数量为 1220. 4 万，在全国各大城市人口规模中排名第 12，根据第七次全国人口普查，杭州市区常住人口数量为 1071. 1 万，在这样的基础之上，轨道交通的客流量无法与运营里程匹配，客流强度自然受限。

（2）郊区人口分布相对分散

郊区的人口相对主城区较少，人口分布较为分散，且郊区的轨道交通未成线网，部分乘客坐完地铁后还要换乘其他交通工具，无法满足乘客单一交通工具直接到达目的地的要求，很多乘客会选择已建成网络的公交，无法对地铁客流强度起到积极作用。

（3）新城区站点周边用地开发不成熟

杭州市的轨道交通建设与国内大部分城市不同，率先提出“人跟线走”为主，“线跟人走”为辅的理念，形成“老城区线跟人”与“新城区人跟线”相结合的地铁沿线开发建设模式。这类模式虽能有效导入新城区轨道站点周边居住功能，但商业等服务功能配套落后于轨道建设，一般站点周边 TOD 开发建设不成熟，人口聚集量较低。

5.5.2　常规公交客流明显下降

近年来，杭州常规公交客运量下降显著。2021 年，杭州常规公交全年客运量 6.2 亿人次，在公交系统中占比 49.26%，日均客运量 170.6 万人次，相比 2019 年下降 55.8%（见图 5-42）。（数据来源于交通运输部政府信息公开 2021 年中心城市客运量）

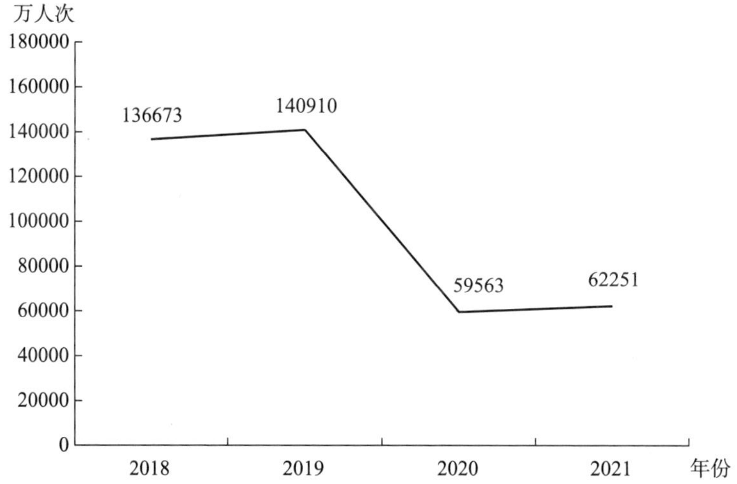

图 5-42　2018—2021 年杭州常规公交客运量

常规公交客运量大幅下降主要有以下几个方面的原因：

一是轨道交通分流了大部分地面公交客流，共享单车也已成为轨道重要的接驳方式，分流了地面公交接驳客流。且由于地铁和常规公交都存在补贴情况，因此导致大量公交线路与地铁抢夺客流。

二是多模式公共交通体系尚未形成，客流吸引力不足。公交投资逐年加大，但收效不够明显。杭州市公共交通出行比例为 20.9%，公共交通占机动化比例为 48.5%，相较于其他大型城市还有一定差距。

三是与轨道交通网络衔接不足。①网络衔接不足。常规公交线网未与轨道交通线网总体统筹协调调整，仍存在公交网络与轨道网络线路重叠、接驳公交线路过长等问题。②设施衔接不足。部分规划紧密结合轨道交通站建设的公交首末站建成后，人为设置围墙，绕行距离过长，轨道交通“无缝衔接”理念尚需进一步落实。此外，由于杭州市目前轨道交通站点大多布置于城市主要道路交叉口，受公交站点与交叉口间距影响，无法实现“无缝衔接”。③运营衔接不足。常规公交运营服务时间与轨道交通服务时间有间隔，常规公交运力规模与轨道交通不匹配，存在接驳公交线路发车班次不足的问题，等候时间过长，大大影响市民出行体验。

5.5.3 道路交通拥堵明显增加

（1）高峰期路网整体运行状况

根据《2021 年度中国主要城市交通分析报告》，杭州市高峰时段延时指数为 1.597，即高峰出行时间是畅通状态下的 1.597 倍，拥堵指数退出全国前十，交通拥堵逐年恶化的势头得到一定遏制，但高峰时段交通拥堵现象仍然较为严重。

据杭州市建委《2021 杭州市交通发展年度报告》，2020 年全年早晚高峰时段（早高峰时段为 7：00—9：00，晚高峰时段为 16：30—18：30）平均拥堵指数分别为 5.19、5.12，较上年分别下降 2.8%和 1.4%，总体处于轻度拥堵状态（见图 5-43、图 5-44）。全年共有 98 天出现持续 15 分钟以上严重拥堵（指数达到 8 以上），比上年增加 20 天。交通呈现“疫情前期畅通，疫情后期拥堵回升”的态势。

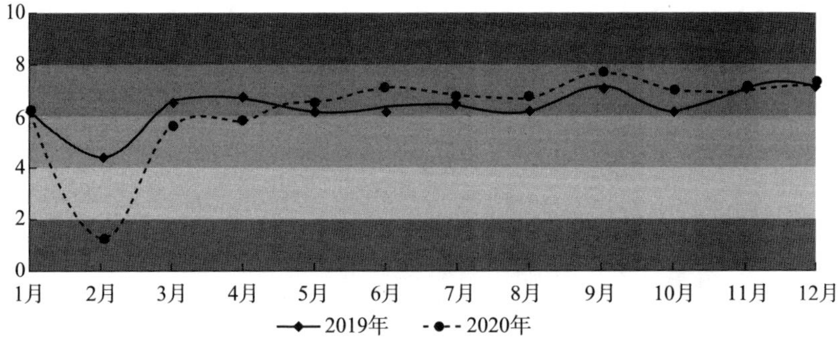

图 5-43　2019 年、2020 年每月工作日高峰小时平均拥堵指数

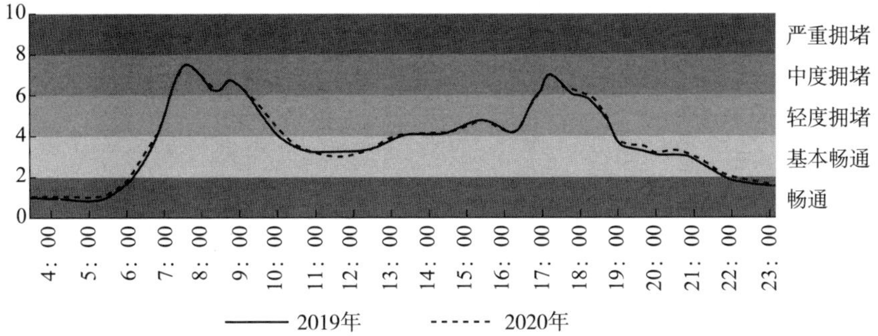

图 5-44　2019 年、2020 年工作日交通拥堵指数时变曲线

（2）快速路交通运行问题

杭州市快速路系统道路里程占比约为 10%，但每日通行交通量占比则高达 52.2%。快速路不断向外延展，产生虹吸效应，吸引大量外围车流快速进城，外围进城交通量快速集聚后在主要节点、路段产生了严重拥堵，进一步加剧了快速路的拥堵状况。2020 年，杭州市快速路早晚高峰小时拥堵指数分别为 8.4、7.7，较 2019 年分别上升 1.33%、14.29%，早晚高峰平均车速分别为 39.9 千米/小时、39.9 千米/小时，较上年分别下降 4.5%、4.1%，核心区大量快速路出现常态化拥堵。

快速路常发拥堵路段主要集中于市区“两纵”快速路，即上塘—中河高架、秋石高架，以及德胜高架（红普路匝道—机场路匝道，东—西）、紫金港快速路（天目山路—余杭塘路，南—北）等路段。

快速路拥堵主要集中在出入口处，其主要原因是快速路与快速路衔接不畅，快速路上、下匝道衔接不畅。快速路出入口车辆汇入、变道、交织等交通行为造成断面的通行能力下降。

（3）地面道路交通运行情况

主次干路早晚高峰平均车速分别为 25.2 千米/小时、24.1 千米/小时，较上年分别上升 2.0%、2.6%，拥堵情况有所好转，但地面道路仍然拥挤严重。地面路常发拥堵路段主要集中于城西、城北片区的莫干山路、教工路—大关路—沈半路、古翠路、古墩路、紫金港路、蒋墩路，核心区的延安路、庆春路、解放路，城东片区的机场路、新塘路、新业路、钱江路，以及滨江区江南大道、江晖路等道路。

（4）越江通道交通运行情况

相比 2019 年同期，2020 年越江通道车速总体上升。其中，早高峰出城方向钱江四桥车速上升较为明显，进城方向钱江四桥、之江大桥车速下降较为明显；晚高峰钱江三桥进城方向车速上升较为明显（见表5-37）。

表5-37　越江通道早晚高峰车速对比　单位：千米/小时

		进城（南至北方向）			出城（北至南方向）		
		2019年	2020年	变化率	2019年	2020年	变化率
早高峰（7：00—9：00）	钱江一桥	25.4	26.5	4.3%	29.1	29.2	0.3%
	钱江三桥	42.2	41.6	-1.4%	53.2	51.3	-3.6%
	钱江四桥	45.2	41.5	-8.2%	53.5	57.4	7.3%
	九堡大桥	67.3	69.8	3.7%	65.2	68.8	5.5%
	之江大桥	45.8	40.7	-11.1%	58.5	59.8	2.2%
晚高峰（16：30—18：30）	钱江一桥	28.6	28.9	1.0%	29.5	29.3	-0.7%
	钱江三桥	32.0	37.6	17.5%	45.9	45.9	0
	钱江四桥	46.5	45.7	-1.7%	40.1	38.8	-3.2%
	九堡大桥	71.1	69.3	-2.5%	68.2	69.4	1.8%
	之江大桥	57.8	57.6	-0.3%	55.7	55.9	0.4%

（5）重点区域交通运行情况

医院、学校、商业综合体作为人流集聚区域，各类交通方式混杂，极易发生交通拥堵。目前，这三类区域交通拥堵情况随着城市中心区功能的对外疏解总体有所好转，但周边的交通拥堵问题依然突出。

典型的拥堵问题主要包括以下几个方面：①停车供给严重失衡，驶入车流排队溢出至外围道路；②普遍缺乏车辆临时上下客通道，严重影响周边道路运行效率；③缺乏优质公共交通服务，出行方式过于依赖私人机动交通。

（6）高速公路运行情况

高速公路中绕城高速流量较大，全日流量大多超过双向80000pcu①，部分路段甚至达到120000pcu以上，高峰时段部分路段已接近饱和。根据高速公路收费站饱和度分析，良渚、半山、下沙、三墩等收费站交通压力较大，易发生交通拥堵。

高速公路收费站发生拥堵的原因主要分为以下几点：①入口广场线型不

① pcu（passenger car unit）：标准车当量数，又称当量交通量，是将实际的机动车和非机动车交通量按一定的折算系数换算成某种标准车型的当量交通量。（具体可参见《公路工程技术标准（JTG B01—2014）》和《城市道路工程设计规范（2016版）（CJJ 37—2012）》）。

佳，匝道短，易产生交织现象。②绕城主流大流量，交警经常性管控。③出口匝道车道较少，ETC 车与非 ETC 车交叉造成 ETC 车辆通行缓慢；人工车道配置占比报备数量不足，疏解非 ETC 车辆车道不足。④施工引起的地面道路车辆通行不畅，或高速出口与市政道路过渡段距离较短，易出现交通排队溢出现象，影响高速出入口通行。⑤地面道路禁货政策，导致分流下来的货车无法经地面道路绕行，以致违停现象较多，造成收费广场秩序混乱。货车比例高，大货车较多且随意穿插变道，经常堵塞进口匝道。

（7）景区交通拥堵显著

根据交通调查，工作日早晚通勤高峰景区已经形成以南北向为主的过境穿越型交通。工作日早晚通勤高峰景区内道路 50% 以上是与游览无关的穿越性交通量，如南山路雷峰塔路段 86% 为穿越型通勤交通，灵溪隧道 76% 为穿越型通勤交通。大量穿越型过境交通造成灵溪隧道北口、曙光路口、钱江一桥和南山路等路段道路较为拥堵，影响了景区道路的正常运行。

另外，周末和黄金周期间游客总量大，环湖区域道路车流和人流集中，交通拥堵频发。根据历次的景区游客交通调查，近年来私家车出游比例快速上升；巴士出游比例下降，公交数据外地游客下降较多。由于环湖道路资源有限，一方面游客总量增加，另一方面私家车出游比例提高，致使周末和黄金周期间环湖道路拥堵十分严重。

5.5.4　城市道路规划有待完善

（1）城市道路规划整合协调能力有待提升

目前主干路规模较大，“九横十二纵”网络基本成型，仅有部分主城边缘新城主干路建设相对欠缺。

但由于快速路、次干道、支路系统不完善，主干路系统功能较为复杂，既承担了快速路的快速通行功能，又承担了次干路和支路应有的通达功能，各级道路不能各司其职，机非车流均在主干路上汇聚，易引发交通拥堵。

①与快速路相比，主干路承担功能过多，造成常发性拥堵。天目山路、莫干山路、余杭塘路、文一路等主要道路，沿线地块开口过多导致拥堵加剧。

②次干路、支路功能有待加强。从目前的交通运行情况来看，常发性拥堵主要集中于快速路和主干路，快速路、主干路不仅承担了长距离交通功能，同也承担了短距离交通功能。

下阶段需着眼于次干路、支路的规划建设，从规划源头入手，增加次干路、支路网。

(2) 依自然山、水、人文等构建的通道网与需求不匹配造成拥堵

城市功能高度集中于主城，副城城市功能不完善。虽然开展多年主城功能疏解及外围副城建设，但受各种因素的制约，城市公共资源、就业岗位、热门景点仍过度集中于中心城区。浙一医院、浙二医院、市一医院等全省优质医疗资源虽然均在城市外围区域设置了分院，但中心院区的病人仍然较为集中；根据第七次全国人口普查数据，中心城区的长庆街道、潮鸣街道、文新街道、武林街道等区域人口密度高于2万人/平方千米，人口密度偏高；副城中心公共设施功能短期内难以完善，用地发展与交通协调度不足，TOD发展理念尚未得到普遍推广，职住分离及交通潮汐现象较为明显，交通压力进一步增大。

5.5.5 停车供需矛盾仍然存在

根据2019年的居民出行入户调查，绕城公路以内，上城区等老城区的居民车辆停放在小区内的比例较低，这与老城区20世纪90年代住宅缺乏配建地下停车库有关。三墩、紫金港、申花、桥西、钱江新城、世纪城、望江等区域居民车辆停放在小区内的比例较高，因为这些区域住宅楼大部分建成于2000年以后，均配套了地下停车库。临平、富阳、临安、萧山城区的居民车辆停放在小区内的比例比较低，与这些区域住宅楼总体配建地下车库较少有关。

通过对近年来机动车发展与停车泊位增长情况进行对比可知，实施"双限"政策以来，每年全市配额8万个小客车指标（不含新能源汽车），且新能源汽车增量大于普通浙A号牌，而年增停车泊位的数量仅7万个左右，停车设施建设速度远跟不上小汽车过快增长所带来的停车需求，历史欠账逐年扩大。

停车供需矛盾仍然存在，有以下几个主要原因。

(1) "限牌"政策开始松动，新能源汽车爆发性增长

从2020年开始，杭州市的小客车摇号政策已有所松动，2020年和2022年分别增加2万个和4万个指标。另外，由于新能源汽车技术逐渐成熟、充电桩设置日益普遍、不受"双限"政策影响等多重因素作用，新能源车数量呈现爆发式增长的状态。停车需求正在不断增加。

(2) 基本车位不足，路外公共泊位建设有滞后性

截至2021年底，杭州市主城区总停车泊位为102.97万个，其中居住区配建泊位85.09万个，路外公共泊位15.42万个，路内停车泊位2.46万个，配建、路外、路内的停车结构比例为82.6∶15∶2.4。

从停车结构合理构成上看，85%以上应为配建停车泊位。尽管 2013 年杭州市在 2009 年基础上再次大幅提高了建筑工程配建标准，但只能控制新建、改建建筑停车配置，而主城中心区在 2000 年以前就已基本建成，配建无法解决老小区等历史欠账问题。

（3）停车需求时空不均衡，核心区矛盾尤为突出

在空间分布上，杭州市的汽车保有量与城市人口密度之间呈畸形对应关系，机动车主要集中在人口密度高的中心城区，与国际都市普遍的“人口密度越高的区域，人均机动车拥有量越低”的分布态势相反。

5. 5. 6　“双限”政策效果有所减弱

（1）“双限”政策效果逐渐减小

总体来看，“区域号牌”政策措施及限行政策实施后，主城区交通拥堵指数环比略有下降，但整体依然高于 2019 年。2020 年 5 月小客车指标增加后，拥堵指数大幅上升（见图 5-45）。路网总体运行情况并未明显改善，交通拥堵治理工作压力实际上仍有进一步加重的趋势。

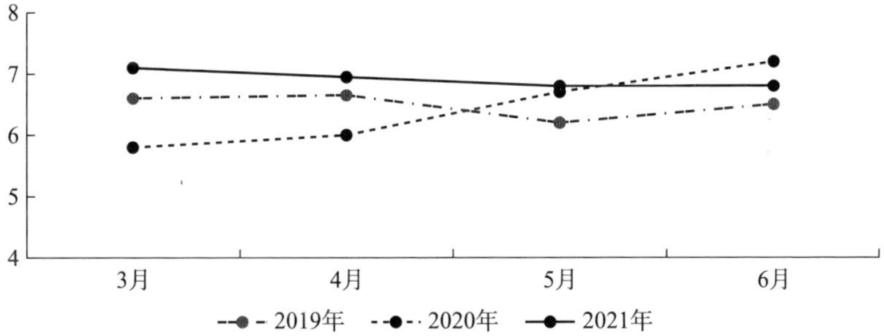

图 5-45　主城区工作日高峰月均拥堵指数

根据百度地图《中国城市交通报告》，2018 年至 2022 年第二季度，杭州市的通勤高峰拥堵指数总体呈上升趋势，表明“双限”政策对缓解交通拥堵的效果正在逐渐减弱（见图 5-46）。

新能源车的兴起导致“双限”政策的实施效果大打折扣。新能源车、区域号牌车辆持续增长，每月新增新能源汽车、区域号牌已超每月摇号和竞价指标。近两年新能源汽车数量增幅加快，2019 年底为 16. 96 万辆，2020 年底为 21. 05 万辆，2022 年 8 月达到 44. 38 万辆。新能源车辆大量被单位购置用于租赁和营运，使用强度大，几乎 10 倍于普通车辆，因而产生大量的出行需求。高峰时段限行政策已实施多年，对缓解主城区高峰时段交通拥堵压力起

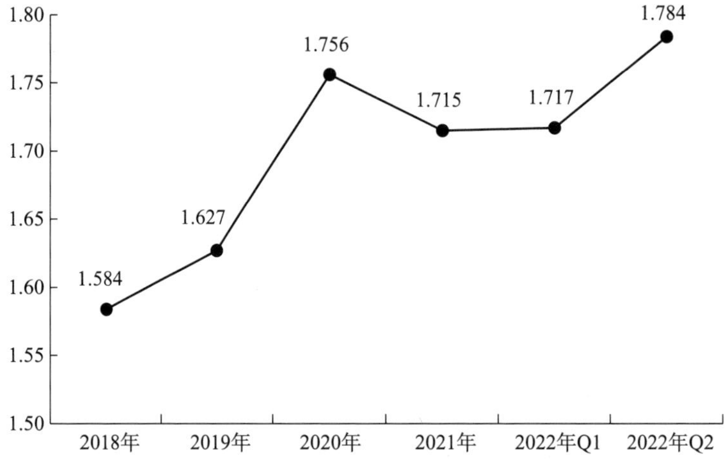

图 5-46 百度地图杭州市历年通勤高峰拥堵指数变化

到非常积极的作用。但是，近年来，由于新能源汽车的数量快速增长，以及高强度使用，导致“双限”政策的效果大打折扣。

（2）取消限行交通压力增加

自 2022 年 12 月 21 日杭州市暂时取消地面限行起，城市交通压力急剧增大。对比“限行”政策取消前后——2022 年 10 月（疫情平稳期间）和 2023 年 2 月的拥堵指数，早高峰平均拥堵指数从 2. 44 上涨至 4. 12（见图 5-47），晚高峰平均拥堵指数从 3. 34 上涨至 5. 44（见图 5-48）。由此可知，取消“限行”政策之后面临交通压力陡增问题，未来城市交通发展政策是摆在杭州市面前的重大课题，亟须研究出台相应替代政策。

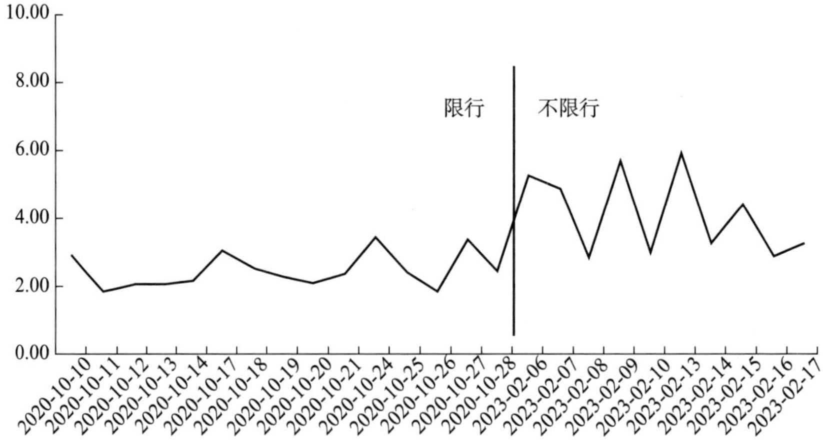

图 5-47 2022 年 10 月和 2023 年 2 月工作日早高峰（8：00—9：00）拥堵指数变化

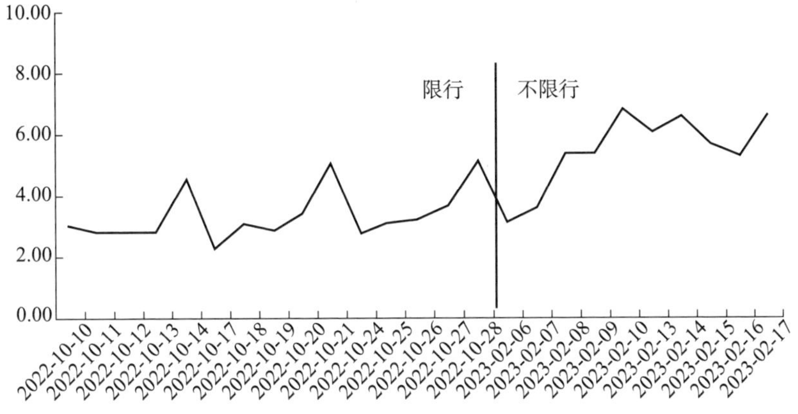

图 5-48　2022 年 10 月和 2023 年 2 月工作日晚高峰（17：30—18：30）拥堵指数

5.5.7　文明低碳交通有待提高

文明交通，是市民文明素质、社会文明程度的直观体现，也是城市软实力、竞争力和治理能力的外在反映。近年来，杭州市在礼让斑马线、电动自行车违法整治、大货车违法整治等方面取得了显著的成效，但交通违法行为仍然偏多，影响交通秩序和运行效率，见图 5-49。

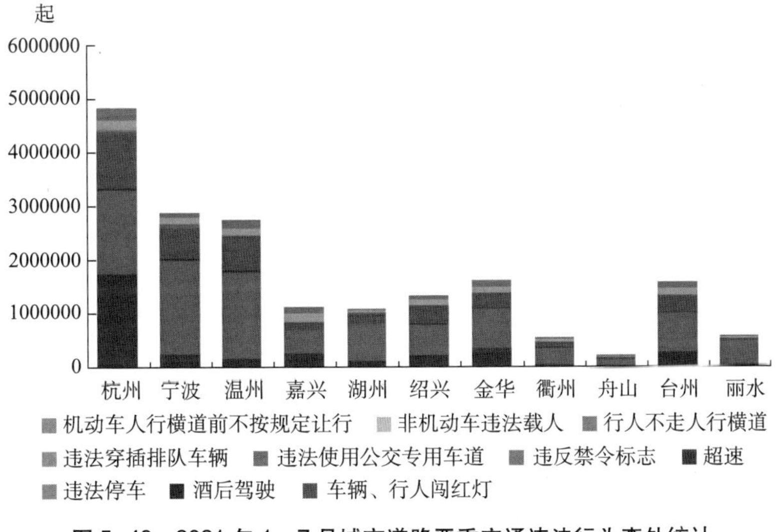

图 5-49　2021 年 1—7 月城市道路严重交通违法行为查处统计

机动车保有量的快速增长带来了日益剧增的尾气污染。按照环保部门测算，杭州市机动车尾气排放对大气 $PM_{2.5}$的贡献率达 39. 5%。尽管已采取“错峰限行”，实施摇号与竞价相结合的小客车总量调控等管理措施，但要在短期内从根本上缓解城市拥堵、减少机动车尾气排放，还需要提高居民的绿色、低碳出行意识。

（1）交通系统本身协同效率不高

道路网系统协调性不足。快速路与快速路衔接不畅，快速路上、下匝道衔接不畅，过江通道两端衔接不畅，地面交叉口交通组织方式不科学。轨道交通与其他交通系统衔接不足。轨道站点周边换乘服务设施配置不合理，部分轨道站点周边非机动车停车空间不足，随意停放的现象时有发生。

（2）道路交通体系与城市用地空间布局协调性不足

城市空间结构、用地布局与道路交通体系衔接有限，特别是大运量轨道交通线路、站点布局与城市空间结构、片区中心土地利用不协同。多年来，杭州市一直将 TOD 开发模式作为用地开发的发展方向，但受制于体制机制、工作惯性等因素的影响，轨道覆盖人口比重仍然较低。根据中国城市规划院的研究，目前杭州轨道交通 1 千米的覆盖人口在全国特大城市中排名较低，仅覆盖了 15%的人口；根据宇恒可持续交通研究中心排名，杭州市的轨道交通 TOD 发展水平仅排全国第 21 位。

（3）停车设施空间资源错配与利用效率不高

尽管停车配建标准不断完善，公共停车场（库）建设全国领先，以改善停车为抓手的老居住小区交通综合治理成效显著，但建成区基本停车位依然短缺，总体供需矛盾突出；停车产业化水平依然不高；停车建设进一步发展遇到用地和资金瓶颈；停车管理与执法不足，违规停车严重，需求调控作用难以发挥。

（4）非机动车出行管理有待创新

各类违章停车、违章经营、书报亭侵占步行、自行车空间现象严重，且缺乏有效管理，影响步行、非机动车的正常通行，骑车人之间的相互碰撞难以避免，一些骑车人嫌非机动车道太挤，甚至冒险在机动车道旁边骑行，导致险象环生。34.4%的人认为私人自行车/电动自行车的最主要问题是“停车区域空间不足”，其次是“停车区域乱停乱放”和“停车区域距离地铁站太远”，分别占比为 17.2%和 14.5%。其中，余杭区、旅游景区和三线换乘站地铁站点分别有 40.7%、41.2%和 41.8%的受访者认为“停车区域空间不足”。

（5）慢行交通出行环境品质不高

在平面交叉口、路段等节点，步行、非机动车与机动车交通干扰严重，使得交叉口、路段等节点的通行能力下降。尤其在交叉口放行过程中，同一方向进口道，机动车右转往往与非机动车直行同时放行，形成干扰，交通冲突严重。同时，步行系统被快速路割裂的现象较为严重，造成步行通道不连贯。对于立体过街设施，由于过街距离较长，且必须上下阶梯，因此较为不便及费力（特别对于残障人士），经常出现行人为了方便、省力而在立体过街设施附近强行穿越机动车流的情况；且并未解决非机动车与机动车的交通冲突。下一步需优化完善连续、安全、高效的交叉口、路段等节点。

（6）条块分割，治理体制效率不高

交通运输体制机制改革、综合执法改革有待进一步深化，“最多跑一次”“放管服”改革需要持续推进，刚柔并济的交通管理手段需进一步完善。交通规划、建设和各项重大决策公众参与度不足，市场尚未在资源配置中发挥应有的作用。数据公开共享水平难以满足区域交通治理需求，政务信息与企业、个体的信息共享尚未形成有机互动。

（7）居民绿色、低碳出行意识不强

机动车保有量快速增长，带来了日益剧增的尾气污染。按照环保部门测算，杭州市机动车尾气排放对大气 $PM_{2.5}$的贡献率达 39.5%。尽管已采取“错峰限行”，实施摇号与竞价相结合的小客车总量调控管理措施，但要在短期内从根本上缓解城市拥堵、减少机动车尾气排放还需要提高居民的绿色、低碳出行意识。

（8）景区交通与城市交通协同有待提升

西湖景区城市交通借道过境比例高，城市交通与旅游交通相互干扰严重；景区公共交通效率较低，行人与机动车冲突严重，需持续完善交通设施，提升管理水平。

第6章 杭州市城市交通治理模式及发展趋势

6.1 杭州市城市交通治理模式

杭州市城市交通治理已跳出传统交通治理的模式框架，从全局综合治理高度出发，开创了城市交通综合治理的“杭州模式”，主要包括：政府主导全民参与治理；规划引领系统综合治理；板块联动多元协同治理；数智赋能精准长效治理。

6.1.1 政府主导全民参与治理

6.1.1.1 交通治理体制机制重塑

（1）建立议事协调机制

2013年初成立“杭州市治理城市交通拥堵工作领导小组”，下设治堵办公室，重塑治理体制机制，联动市、区两级，协同多个部门，定期召开例会，全力攻克拥堵难题，并将重点县（市）治堵工作纳入。同时建立“赛马”机制，各项任务线上管理，形成比学赶超氛围。

每年开展“民选民评”重大堵点治理，市治堵办在充分征求意见、专家评估的基础上，通过市区联动、部门合力、综合施策等对年度“民评民选”重大堵点开展堵点治理，争取达到“治理一个点、畅通一大片”的效果，以点带面地解决城市交通拥堵问题。

（2）强化城市交通治理考核

突出城市交通治理工作的长期性、综合性、系统性，将“城市交通拥堵治理”调整为“城市交通治理”，并纳入全市综合考评体系进行考核。

（3）整合公共交通企业

以高质量融合发展为目标，整合公交、地铁运营企业。

6.1.1.2　实施交通参与者行为规范行动

（1）严格执法管理

结合杭州市实际，围绕责任落实、源头管控、隐患治理、监管执法、责任追究五个方面，精准制定进一步强化安全生产工作的 20 条措施，推动各方安全生产责任落地落细。坚持“整治、保障、宣传”三管齐下，实施“拼搏”“平安、风暴”“一创一治”“打非治违”“纠违治危”等一系列交通整治行动。对实线变道插队、开车用手机、随意掉头等各类严重影响道路通行秩序和效率的违法行为实施严格执法，树立交通执法公信力，改善交通秩序。

（2）加强信用交通建设

加快推动城市交通信用信息共享和应用，建立文明交通信用记录档案，健全信用采集、报送、研判、公示、推送、共享以及联合惩戒的闭环机制，将交通违法行为、破坏公共交通秩序行为依法纳入市公共信用信息平台。

（3）广泛推动社会共治

首创市交通治堵工作咨询委员会，问需于民、问计于民，让专家、群众参与到治堵工作中来。搭建问计于民专家平台，建立公开的交通拥堵治理公众参与机制；增强主动宣传，提升市民对城市交通的关心度、提高建议投诉反馈率。依托广播电视和网络互动品牌栏目，广泛听取市民建议，凝聚交通综合治理社会共识。

（4）深入宣传绿色交通、文明交通

充分利用教育、媒体、社会力量，传播绿色低碳出行理念，提高交通参与者文明素养，促进绿色出行、文明出行风尚的形成。

6.1.2　规划引领系统综合治理

6.1.2.1　交通治理系统化研究

（1）加强交通综合治理研究

编制综合交通规划、交通治堵规划、轨道交通线网规划、公共停车位布局规划等一系列规划，宏观层面开展国内外城市交通治理经验、杭州市城市交通治理动态演变规律及发展趋势、新时期杭州市城市交通治理目标策略与指标体系等综合研究。具体开展轨道站点周边业态及接驳交通体系综合提升、系统化交通需求引导政策研究。

（2）发布新时期杭州市城市交通治理白皮书

以治堵工作开展 10 周年为契机，深入评估杭州市城市交通发展状况，形成新时期杭州市城市交通治理目标、策略和行动纲要，并以白皮书形式发布。

（3）开展交通运行常态化评估分析研究

充分发挥高校、智库、研究机构等单位的基础研究作用，对城市交通运行、发展情况进行动态研究，及时研判交通运行态势和发展趋势，提出系统性、持续性改善措施和建议。

6.1.2.2 城市规划建设与交通协同治理

（1）试点实施职住平衡购房优先政策

对在城西科创大走廊就业的群体，试点实施差异化购房政策，促进职住平衡，减少长距离通勤交通需求。

（2）打造职住平衡城市空间

坚持“多中心、网络化、组团式、生态型”发展战略，外围组团坚持产城融合和职住平衡发展要求，推动人口、城市、产业、交通协调发展，从源头上减少长距离交通需求。

（3）加强轨道交通和周边用地融合

开展轨道交通社会效益评估，优化后续轨道线网规划建设方案。推进低客流轨道周边土地高质量、高强度开发，引导新增人口岗位沿已建轨道站点集聚。提升 TOD 综合开发效能，建设一批以公共交通出行为主体的复合化功能公交社区，将公交专项规划确定的 100 个轨道接驳公交首末站穿透落实至控规，形成以公共交通引领城市发展的新格局。

（4）结合城市发展完善城市路网体系

评估优化综合交通专项规划，着力推进城西科创大走廊、钱江新城二期、大城北等重点区域的主次干路及联网路建设。加强立体过街设施建设，完善绿道网系统，构建人车分流网络。开展人行道、非机动车道和背街小巷通行空间治理，实施人行道净化行动，年内打造非机动车示范路 20 千米。

（5）推进停车设施规划建设

立足交通需求和城市空间资源，加强各类公共停车场规划建设，优化停车设施供给结构，城区年内新增停车位 42000 个，其中公共停车位 5000 个。

6.1.3 板块联动多元协同治理

（1）实施“双限”政策调整落地行动

①深化研究取消“双限”方案。加快研究论证取消“限行”“限购”具

体实施方案，稳妥推进实施。

推动小汽车由购买管理向使用管理转变，研究适当提高小汽车在拥堵区域的使用成本，深化研究以经济杠杆和碳减排控制为主要手段的交通需求管理政策，对于拟控制的某种车辆，采取增收税费等措施调控其总量的增长，增加小客车指标投放，适时取消小客车总量调控政策。

优化快速路限行政策，实施快速路车种净化管理，探索实施工作日禁止未载客出租车/网约车、实习期驾驶员驾驶小客车、厢式面包货车进入快速路措施；针对早晚高峰地面道路通勤情况，通过数字化手段分析出行需求，从时间、空间、出行方式、交通管理四个维度，加快论证取消地面“错峰限行”政策的具体实施方案，并切实加强相关方案的社会稳定评价。

②研究出台停车收费优化政策。将停车收费作为个体机动交通需求管理手段之一，研究出台分区域、分类型、分时段、分时长差异化停车收费政策，调节个体机动交通出行需求。

综合考虑停车设施等级、服务条件、供求关系及社会承受能力等因素，研究制定新一轮差异化停车收费政策，以数据化评价为导向，不再简单区分区域、路段、时段、车型，根据周边区域道路拥堵情况、泊位功能情况、区域公共交通情况等综合因素，引导建立公共停车泊位停车收费标准动态浮动机制，兼顾满足民生需求、控制区域交通拥堵以及提高泊位利用效率。

保持居住区停车收费相对稳定，优化调整地下、地面泊位收费价格协同度。提高拥堵区域非保障居民第一停车位功能的公共停车场收费标准；优化路内停车收费管理政策，提高拥堵区域路内停车费用动态浮动机制，引导加强道路临时停靠功能保障。

③研究快速路主要拥堵路段、节点管理举措。结合“双限”政策调整优化，对部分结构性供需矛盾突出的快速路拥堵路段、节点，基于个体机动车行驶数据，建立积分制，实施与轻微违章免罚等挂钩的正向激励措施。

（2）实施公共交通分担率提升行动

①研究出台公共交通出行鼓励政策。重点针对通勤和旅游客流，坚持“多乘多优惠”原则，在保留公交月票的基础上，推出涵盖公交、地铁的月票及一日票、三日票、五日票、七日票，鼓励、引导市民选择公共交通出行。

推动市属机关、企事业单位将交通补贴发放与单位停车挂钩，并鼓励向公共交通出行费用转移，推行公交出行补助，鼓励和引导市民多乘坐公共交通，降低机动车通勤使用强度。

②拓展优惠政策载体。推行公共交通出行票款“一码支付”，将现有公

交、地铁90分钟优惠换乘及月票、日票等优惠政策载体，从实体乘车卡拓展至虚拟乘车码，扩大政策覆盖人群。搭建绿色出行积分平台，实施积分兑换优惠权益政策。

整合优化、规范统一各类公共交通票价优惠政策，根据线路类别、运输距离等因素制定多层次、差别化的票价体系，建立与物价水平、城镇居民收入等因素变动相适应的票价调整机制。

运用“一卡（码）通”技术，扩大公共交通全方式的换乘优惠线路和范围，推行日票、周票、月票、季票等多元化、多样化的票制。继续实行老人、学生等特殊人群优惠乘车，实行电子乘车码与实体交通卡共同适用的票价优惠政策。

③持续改善轨道站点接驳环境。开展轨道站点周边交通衔接配套服务评估，专项完善轨道站点周边公交接驳站点、非机动车停放区、立体连廊、风雨连廊、慢行路网等，提升轨道站点接驳品质。制定实施轨道站点与周边地下公共设施互联互通三年行动计划，有条件的站点实现“应通尽通”。

④持续提升公共汽（电）车服务质量。推进公共汽（电）车线网优化，年内新辟优化公交线路90条以上，新建或改建城市公交停靠站50个，其中港湾式停靠站38个。以丁桥等区域为试点，以轨道站点周边3000~5000米服务范围为基本单元，系统优化区域公交线网及轨道站点周边配套衔接服务。推进公交路权和信号优先保障，年内新增10千米、恢复20千米公交专用道，新增公交信号优先路口30个，中心城区干线公交高峰期平均时速提升1千米/小时以上。

⑤持续优化交通强吸引点公共交通服务。针对大型企业园区、学校、医院、综合体、景区等人流集聚区域，加强公共交通多元品质服务供给，推行预约、定制公交等服务，更好满足通勤、通学、就医、购物、旅游等出行需求。

（3）实施交通运行管理增效行动

①优化交通信号系统。开展交通信号灯系统智慧化行动，实现数据赋能“消红变绿”。年内实施地面交叉口右转箭头灯调整为圆饼灯不少于200处。不断优化平峰、夜间信号灯配时方案，在夜间降信号周期的基础上，研究平峰、高峰降信号周期，提升路口通行效率。

②强化绿波带建设。年内建设干路信号灯绿波带不少于300千米，探索研发可视化、简便化的绿波带信号调配操作平台。

③优化拥堵道路交通管理。通过优化交通组织、信号配时、交通设施等

手段，对全市38条最拥堵道路实施“一路一方案”精准治理，提升道路高峰车速。严管违规占道，保障占道施工通行空间，将占道施工影响降到最低。持续清理提升道路交通设施。

④优化区域交通组织。对陆续投用的亚运基础设施周边交通路网，开展区域交通组织研究和优化，精细交通管理工作。

⑤补强区域立体化交通体系。以轨道交通场站TOD城市设计为抓手，以杭钢地区为试点，探索打造地下空间互联互通的区域路网及停车系统，剥离区域内部交通与过境交通的交织，提高干线道路连通性。

⑥提高停车泊位周转效率。动态评价各类公共泊位使用情况，研究提升周转效率专项方案，加强临停泊位、出租车停靠点布局和建设，减少车辆临停对道路运行效率的影响。推进机关、企事业单位停车位在夜间和非工作日向社会开放政策，主城区范围内机关、企事业单位停车位“应开尽开”。

（4）实施交通堵点持续治理行动

杭州市紧盯堵点，形成重大堵点综合治、常发堵点滚动治、施工堵点动态治、景区堵点专项治、预判堵点提前治的“五治方针”，有效破解了堵点、乱点治理难题。2018年以来，每年开展不少于50个堵点治理。学校治堵形成“多点错时放学、地下接送系统、周边序化管理、开通公交专线”的治理模式。2018年9月以来，结合需求开通636条求知专线，每天为296所学校的2.92万名学生提供“从住到学”的定制公交服务。医院治堵则形成“区域停车泊位共享、优化临停车位布局、提升公共交通服务”的治理模式。景区治堵突出其作为景区的主要功能，弱化过境车辆的通行功能。

①推进常发堵点滚动治理。进一步完善市、区两级联动治理机制，持续开展堵点动态评估，分年度滚动推进堵点治理，年内推进45处常发堵点治理，实施50所学校、20家医院或综合体综合治理。推广学校地下接送系统，年内各区新建地下接送系统不少于1处，重要商业建筑、医院推行地下落客方式。

②开展“民选民评”重大堵点治理。每年开展“民选民评”重大堵点治理不少于5处，城市重要廊道拥堵治理不少于5条，年内完成西溪湿地北门、杭浦高速临平东收费站、高新科技产业园、大学城北片区、留下互通周边等综合治理，完成临丁路、留和路、江南大道、五常大道、江东大道等道路提升改造工程。

③深化西湖、西溪景区交通拥堵治理。逐步推行景区小客车预约出行，提升景区“轨道+公交”服务，着力打造高品质绿色交通出行示范区。

（5）实施快速路系统综合优化行动

①提升快速路网交通承载力。系统开展快速路网提升改造，研究快速路分流道路建设、未建匝道续建、非全向互通立交功能完善方案及需扩容的瓶颈路段、匝道出入口与地面衔接优化设计。

②加强快速路交通运行管理。依据实际流量大小，优化道路资源配置，系统制定实施上匝道精准管控方案，加强精细管理。

③实施快速路车种净化管理。借鉴上海经验，探索实施工作日禁止未载客出租车/网约车、实习期驾驶员驾驶小客车、厢式面包货车进入快速路措施，改善快速路系统运行秩序。

④加强快速路事故快撤快处。改进快速路抛锚车、事故车清障方式，着力减少和缓解因故障车辆造成的拥堵时长和拥堵局面。

加强对主通道接线交通的优化改善，对部分重点廊道、隧道以及快速路的下匝道下游实施疏解提升，系统提升通道容量；推进一批拥堵瓶颈城市道路、高速公路路段的改扩建，加强绿波带建设，形成连续、少间断的机动车流，减少交通拥堵蔓延，提升骨架网络通行效能。实施主城区干路出入口优化工程。对快速路出入匝道的间距、位置进行优化，缓解出入节点对主线交通流的影响；对主干路的开口进行优化调整，减少干路系统内的短距离机动交通。

6.1.4 数智赋能精准长效治理

建设“交通治理在线”平台。构建交通治理驾驶舱，集成交通管理、公共交通、交通设施、城市停车、出行服务等各领域治理专题板块。

构建交通治理数据底座。加强人、车、路、场、站、城等所有与交通要素相关的动静态数据的全面汇聚和融合共享，在对大数据充分清洗和挖掘的基础上，围绕交通治理，通过出行 OD 溯源等手段，实现出行需求精准掌握、出行规律科学研判、交通运行全面监测。治理前数据“问诊”，找准“病因”。依托多源大数据、调研问卷及现场调研，用数据为交通情况画像，通过出行结构、区域 OD、拥堵时空等多维度信息，精准分析示范区的人流和车流等交通需求特征，为治理方案提供方向和数据支撑。治理中数据控制，形成规范。以整体智治理念，通过大数据分析、交通仿真等技术手段，深度分析了解堵点的 OD 特征、出行结构、交通运行态势、拥堵成因，做到治理措施有的放矢和治理资源的精准配置。治理后数据评价，巩固“疗效”。建立健全交通治理评价指标，综合应用区域、路段、路口拥堵延误指数，停车场饱和度，周转率，警情数，公交运行情况等指标量化评价治理成效，并根据热点区域居民实时反馈动态调整实施方案，进而提升整体服务效能。

健全智慧公交体系。着眼于推进公共交通体系深度融合，推动公共交通服务优化和客流提升，实施融合型线网管理平台、智能型运营组织平台、响应式出行服务平台建设，全面提升公共交通管理、运营、服务智慧化水平。

健全智慧交管体系。深化建设应用交通管理智控系统，提升管理智慧化水平。深化视频巡查应用，提升路面交通事件发现和快处快撤能力。实时监测交通数据，科学配置道路时空资源，实施信号灯智慧管控工程，提升交通管控能力。

健全智慧停车体系。持续做好向社会提供停车服务的收费停车场（点）信息接入，推广智慧停车服务；开展停车数据分析，为城市停车场规划、建设、管理等决策提供科学支撑。

建立交通治理任务在线管理系统。把握交通治理十大行动各个环节的关键时间节点，实现卡片式任务在线管理、工作驾驶舱一屏统揽、任务一图总览，创新交通治理任务管理模式。

6.2　杭州市城市交通治理的机遇与挑战

6.2.1　杭州市城市交通治理的机遇

（1）根据杭州市建设目标要求，交通治理迎来窗口期

2021 年 5 月 20 日，中共中央、国务院印发《关于支持浙江高质量发展建设共同富裕示范区的意见》，杭州市作为浙江省省会，将按照市第十三次党代会确定的目标，率先探索具有普遍意义的共同富裕和现代化路径。在创新方面，争创综合性国家科学中心，努力建设具有全球影响力的科创高地和人才高地。在改革方面，纵深推进数字化改革，办好亚运会，推进城市规划建设治理现代化等。在公共服务供给方面，努力推动全域文化繁荣全民精神富有，拓展优质公共服务全省共享等。按照省第十五次党代会和市第十三次党代会做出的部署，奋进新时代、建设新天堂，高水平推进共同富裕幸福杭州建设，加快打造世界一流的社会主义现代化国际大都市。

在国家推进生态文明建设和国土空间规划体系改革的新时期，资源和环境对城市发展的约束越来越紧。杭州市人民政府编制了《杭州市国土空间总体规划（2021—2035 年）》，更加突出“坚持底线思维、践行绿色发展”，优

先划定生态保护红线，严格保护永久基本农田，合理划定城镇开发边界，土地保护及集约化使用，对交通基础设施建设提出了新的要求。杭州市成立了碳达峰碳中和工作领导小组，并通过了碳达峰碳中和“1+1+N+X”政策支撑体系，明确了到2060年前该市碳达峰碳中和的目标、任务、路径和举措，并提出实现碳达峰碳中和十大重点任务，其中包括绿色交通发展计划，将有力推动我国交通运输转型升级。碳达峰行动将在“十四五”“十五五”甚至“十六五”三个五年规划里持续实施。

（2）依托智慧交通技术，交通治理条件成熟

数字化转型是城市交通与信息化的应有之义，是城市交通治理体系和治理能力现代化的必然要求。杭州市城市交通已进入出行服务体系构建阶段，需要形成以“价值—信任—合作”为基本范式的新型交通治理模式，叠加信息作用的干预，形成“物理—信息—社会”的三元系统作用机制，为新时期城市交通高质量发展提供保障。为依托数字化赋能实现政府精准化交通管控、企业智慧化交通运营、公众高效化交通出行，当前应加快城市智能出行平台建设、关键技术研发和典型场景应用。

杭州市人民政府印发了《杭州市建设交通强国示范城市行动计划（2020—2025年）》，明确了将杭州市建成“交通强国示范城市”的工作任务：聚焦数字交通、综合交通，加快打造辐射全球的航空网、建设融合互补的轨道网、广域辐射的道路网、通江达海的水运网、支撑有力的管道网、层级分明的枢纽网，为全面建成“交通强省领军城市”“交通强国示范城市”奠定决定性基础。近年来，杭州市公路、铁路、航空、水路等综合交通网络不断完善，枢纽地位得到进一步巩固和提升，基本建成全国性的区域综合交通枢纽。大力发展智慧交通，是交通强国建设的内在要求，也是建设新型智慧城市的重要一环。杭州市第十三次党代会提出，“推进政务服务‘一网通办’、城市运行‘一网统管’建设，打造一批实战管用、群众爱用、基层受用的特色应用”“健全智慧交通体系”。杭州市运用大数据、云计算、区块链、人工智能等前沿技术推动城市管理手段、管理模式、管理理念创新，从数字化到智能化再到智慧化，让城市更聪明一些、更智慧一些，是推动城市治理体系和治理能力现代化的必由之路，前景广阔。

（3）推进管理体制改革，提供交通治理体制机制保障

2019年，杭州市调整治堵工作领导小组，构建专兼职结合的“1+5”治堵工作机构（综合协调组常设办公室，公交优先组、基础设施组、交通组织管理组、技术组、智能交通组分别由相应主管单位牵头，兼职办公）。在健全机

制方面，杭州市探索形成五大核心机制：道路资源利用最大化机制，通过“线上数据支撑，线下综合治理”，进一步盘活道路资源；交通管理精细化机制，加速常态化应急响应，保障交通运行有序；动静态交通协同机制，提高停车周转率，有效解决群众刚需；交通事件快处快撤机制，要求 5 分钟到警、5 分钟快撤，大大减少事件性拥堵；道路快速抢修联动机制，将道路通行影响降到最低。

6.2.2　杭州市城市交通治理的挑战

（1）现代化治理转型迫在眉睫

传统交通管理粗放型、单一化、简单化的方法与模式已经很难满足当前杭州市交通出行的现实要求。杭州作为互联网城市，互联网和交通的融合始终走在前列，网约出租车、互联网租赁自行车的发展速度、规模均位于全国前列。“互联网+交通”新业态对城市交通出行虽有提升，但也存在管理问题，即网约车虽方便了乘客打车，但也造成影响道路通行等问题，互联网租赁自行车虽方便了市民出行，但也出现了秩序混乱等新的问题。“十四五”时期，随着新技术与交通的融合日益紧密，新的出行工具、出行模式有可能会不断出现。智能化是杭州市目前交通问题的主要解决方案之一，但还存在对交通智能化重视不够，数据分散、新型数据源的采集、处理、应用不足，数据的公开、发布缺乏规定，信息化管理水平有待提升等问题。同时，交通智能化的发展思路不明确，对智能交通的民间市场整合不够。交通信息数据资源整合挖掘不够，辅助决策程度低，诱导作用尚未发挥。

杭州市的交通基础设施正在持续建设中，公共交通发展迅速，道路网已基本成型，停车泊位逐年增加，慢行通道已成网，总体发展呈积极趋势。但与此同时，存在部分交通问题。公共交通客流量有待提升，公交分担率在全国大城市中处于较低的水平。快速路高峰时间拥堵较为严重。景区周边道路节假日拥堵较为显著。“双限”政策的效果正在减弱，新能源车的快速增长也加剧了道路拥堵。取消“限行”之后交通压力陡增，停车泊位供需矛盾依然存在。未来城市交通发展政策是摆在杭州市政府面前的重大课题。亟须研究出台相应替代政策。近年来，杭州市交通违法行为在浙江省各市中仍然偏高，影响交通秩序和运行效率，市民文明出行素质仍有待进一步提高。

（2）人口不断增加、交通出行需求不断提升

杭州作为长三角城市群中心城市之一，在人口及其他资源要素上呈现不断集聚和增长的态势，城市规模的扩张、城市能力的提升势必会增加交通出行需求，交通供需关系将更加复杂，城市治堵工作的难度将进一步加大。

在杭州市城市用地向外快速拓展的同时，人口不断增长，人均 GDP 也持续增加（见图 6-1 至图 6-4），机动化出行需求不断提高。都市区和城市外围的新城、副城、郊区化居住组团与城市中心的联系交通将成为城市长距离出行主力，联系通道将成为未来城市交通拥堵的重点地区，着力提高通道的公共交通分担率，将成为城市交通拥堵治理的重点。

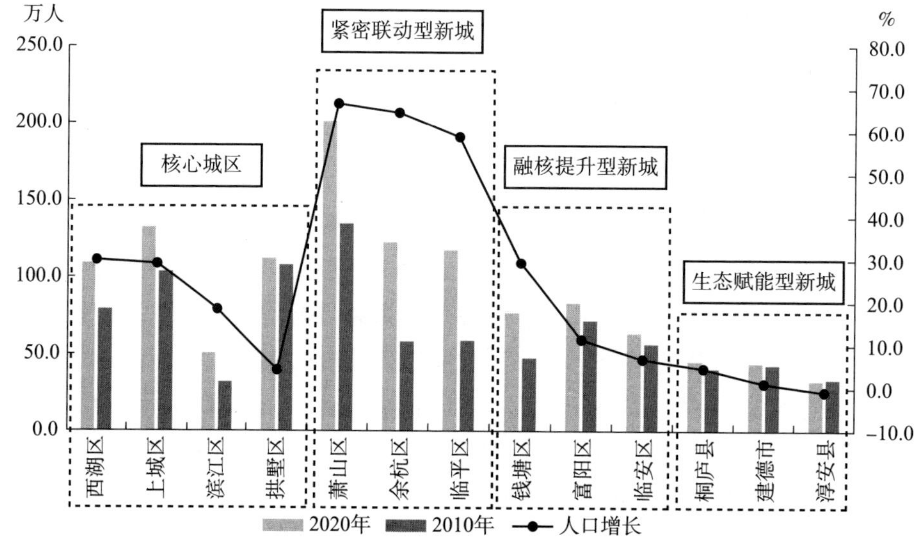

图 6-1　2010 年、2020 年杭州市各功能区人口增长情况

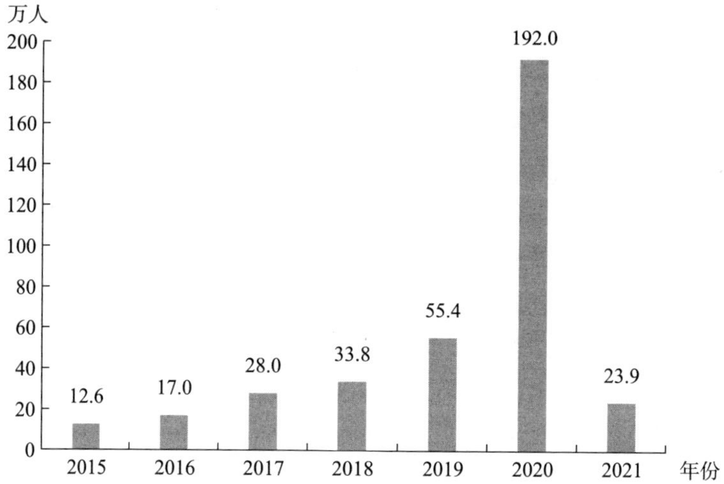

图 6-2　2015—2021 年杭州市人口增量变化

资料来源：浙江政务服务网。

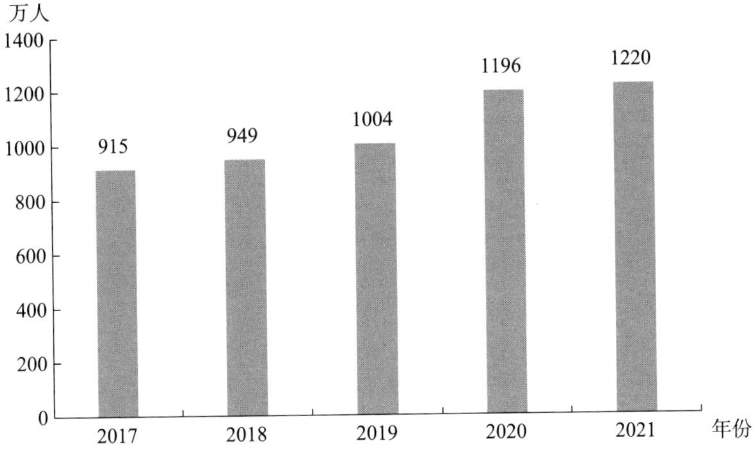

图 6-3　2017—2021 年杭州市人口变化

资料来源：浙江政务服务网。

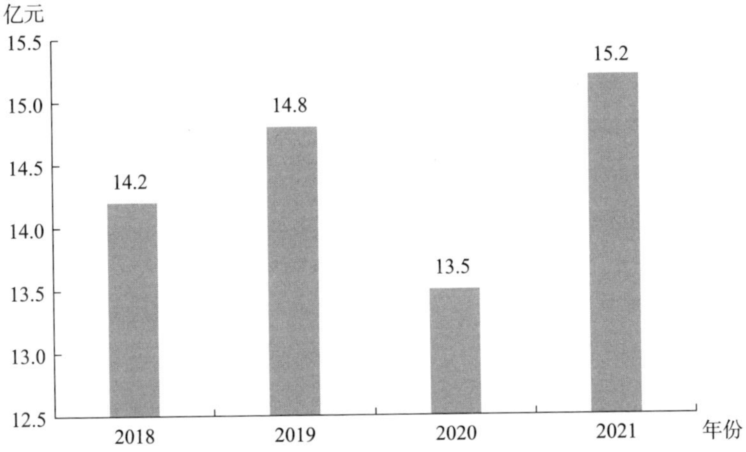

图 6-4　2018—2021 年杭州市人均 GDP 变化

资料来源：浙江政务服务网。

（3）区域重要交通枢纽城市竞争日益激烈

当前城市发展与交通运输网络密切相关，对城市的布局形态有着直接的影响。进入新时代以来，国家综合交通运输网络也发生了巨大变化。对于杭州来讲，随着网络化的构建，虽然在一定程度上，宁杭通道的建设提升了杭州市的枢纽地位，但是杭州尚未形成多式联运物流园区，无法与铁路货运外迁一起来吸引货物在杭州集散，空港与高铁的联动效应还需增强。

（4）亚运会重大赛事短期内对交通需求的影响

大型体育赛事会给城市交通建设带来巨大机遇，有助于加快城市建设、提升社会经济发展水平，同时也给城市的日常交通带来短时的大规模冲击。“十四五”时期，杭州面临国际级体育赛事组织的考验，需协调赛事组织与城市交通的关系，保障赛事交通和城市居民交通有序运行。赛事期间，不同人群、不同目的的出行需求在交通服务舒适性、安全性、时间可靠性等方面各不相同，满足比赛交通与市民交通的矛盾使得城市交通拥堵治理工作面临严峻的考验。

（5）城市空间结构、用地布局与交通系统协同不足

杭州城市组团式框架虽已拉开，但主城中心区功能依然高度集聚，造成中心区交通拥堵。土地利用规划和交通规划存在脱节现象。外围新城和组团在促进中心区人口、就业和部分职能向外围疏解、缓解中心区交通压力方面发挥了一定的作用，但尚未建立与交通政策相协调的城市土地开发政策，公共交通引导下的土地开发（TOD）仍有很大的提升空间。

主副城及副城之间缺乏路网联通。副城内部骨架路网尚未成熟，主副城之间以及副城之间还缺乏多通道联系。尚未实现高效、快速、换乘方便的都市区交通系统。地铁线路客流强度不均衡，总体客流强度与利用效率不高，未能发挥地铁出行优势；市域西部地区网络化水平较低，高速公路服务较为薄弱；绕城高速公路内外交通压力叠加，部分路段超饱和运行，阻碍主副城一体化发展。都市区交通协调管理体制滞后。城市内部投资、计划、管理、执法等统筹力度不足；由于体制改革滞后，缺乏统一的管理政策，都市区协调发展及市域甚至萧山、余杭的一些项目难以达成共识。

城市结构与功能布局不尽合理，增加了交通出行需求。城市功能过于集中于中心城区、副城区及外围组团，产城融合不充分，公共服务设施不足，职住不平衡，增加了出行需求，造成大量潮汐客流。尚未建立与交通政策相协调的城市土地开发政策。外围新城和组团在促进中心区人口、就业和部分职能向外围疏解、缓解中心区交通压力方面发挥的作用有限，但公共交通引导下的土地开发（TOD）仍有很大的提升空间。

轨道站点周边接驳设施未能与站点、轨道线路、周边用地、市政道路及绿化同步规划、同步设计、同步实施。站点周边接驳设施、非机动车停车等仅在站点、线路开通时补充配套建设。公共交通尤其轨道站点周边慢行网络密度不高。老旧小区周边等局部地区人车空间矛盾突出，部分道路人行过街设施的设置有待优化提升。

（6）“三网融合”有待进一步提升

当前市民对接驳的满意度不高，“三网融合”过程中存在接驳不方便、不快捷，以及接驳时效不高、接驳空间设置不够好、惠民价格体系不够优等需要进一步改进的问题。

①接驳时效不够高。接驳时效是体现“三网融合”公共交通体系竞争力的检验指标。基于IC卡的地铁公交接驳大数据研究，大多数选择“三网”方式出行的市民总出行耗时为45分钟，其中有超1/3的时间耗费在接驳上（用于公交候车、步行、公交乘车的接驳耗时为16分钟），而市民非乘车接驳耗时已接近耐受力上限（通常能接受15分钟以内）。“公交班次少、等候时间较长”“公交、地铁两头时间不匹配，地铁末班无公交乘坐”等是市民对于接驳时效不满的直观感受。时效不高，促使市民选择其他出行方式（私家车或网约车等）。

②接驳空间设置不够好。关于接驳空间设置，接驳距离远不远、接驳通道顺不顺、接驳停车空间够不够是关键。目前来看，存在以下三点不足。一是步行换乘“到不了、下雨愁、晴天晒”。据调查，市民步行到达地铁站的比例（44.4%）高于其他两种方式，但“规划地铁口不开通，步行不方便”“地铁口附近设置围栏过多，步行距离远”“缺少避雨设施、与周边地块没有地下连廊”是主要问题，步行换乘的舒适性、体验感和获得感不尽如人意，影响了轨道交通的吸引力、竞争力。二是非机动车换乘“租还困难，无处停放”。调查显示，“私人自行车、电动自行车停车区域空间不足（占比为34%）”“经常找不到共享单车（占比为28%）”“租还小红车困难（占比为26%）”是非机动车和轨道交通换乘的三大问题，高峰期非机动车停车需求大（超过1000辆的站点有31个）、100米范围内设置公共自行车租赁点的站点少（仅占比30%）是目前的实际状况。非机动车停车空间不足导致乱停乱放，进而挤占了非机动车道、人行道、机动车道、绿带等空间，产生了新的交通问题，而租还车困难又进一步降低了市民换乘轨道交通的意愿。三是公交地铁换乘“看上去近，走起来远”。受人行道、过街天桥、地下通道等过街设施的影响，公交站至地铁口的实际换乘距离较远，公交地铁50米“零距离”换乘比例亟待提升。

③惠民价格体系不够优。调查显示，近六成受访居民没有享受过地铁票价优惠政策和公交换乘优惠政策，近2/3的市民建议“支付宝等平台实现地铁与公交、共享单车、小红车换乘优惠”，而“地铁月票制”“实现地铁与出租车、网约车换乘优惠”“地铁平峰时段票价优惠”也备受市民关注，分别占

33.3%、27.3%和27.3%。

6.3 新时期杭州市城市交通治理趋势

6.3.1 供需为主工程为辅

通过四期轨道线网规划，杭州市的轨道交通已建设成网。伴随着城市道路、地铁、快速路、高架等的大规模建设完成，杭州市城市交通治理的方向发生了变化，从原来的只增加设施向供需调控转变。

6.3.2 公平兼顾品质提升

伴随着机动车的增多，“车本位”理念在杭州市交通规划中长期以来扮演着重要角色。为了让城市运转更快，一切以满足小汽车出行便利为主，大量拓宽道路和增加机动车道数量，以保证机动车的路权。但是由于城市受到能源和土地资源的约束，不可能无限量地发展小汽车，必须走优先发展公共交通之路。并非所有人都选择小汽车出行，而公共交通、步行等的出行方式对环境友好、节约成本，能解决城市近80%的出行问题，更公平。

随着“以人为本”设计理念的实施贯彻，越来越多无障碍化设计出现在大众视野里，当一个城市充满“无障碍设计”则意味着方便所有人的生活，将提升整个城市的生活品质。

6.3.3 多种交通方式衔接

坚持公共交通优先发展，构建以轨道交通为主体、公共汽电车为基础、水上巴士和公共自行车等辅助公交为补充的城市公共交通系统，形成以绿色出行为主体的城市出行服务体系。主城区公共交通分担率（不含步行）不断增长，由2015年的38.3%提升到2020年的42.0%（数据来源于《杭州市“十四五”治理城市交通拥堵规划》），公共交通方式出行客流不断增长。“十三五”时期，杭州市公共交通客流结构发生明显变化，伴随地铁快速成网发展新形势，主城区范围内，地铁客流已经实现常态化反超地面公交，主体地位逐渐显现（见图6-5）。预计2035年，市区公共交通出行比例达到35%；核心城区绿色交通出行比例达到85%以上，小客车出行比例控制在15%以内（见表6-1）。

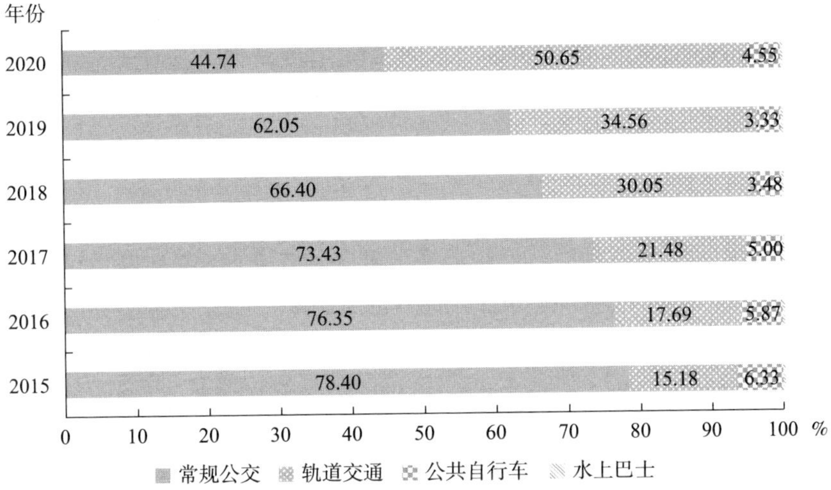

图 6-5　2015—2020 年主城区公共交通各方式日均客运量变化

表 6-1　2035 年交通方式引导目标

单位:%

交通方式	慢行交通	公共交通	小客车及其他	合计
市区	45	35	20	100
核心城区	47	38	15	100

随着城市与交通规划的不断发展，越来越多的城市区域或社区难以被公共交通有效覆盖，居民居住点或活动区域远离公交、地铁等公共交通站点，由此产生了一种乘客“最后一公里”的公共交通解决方案。同时，在部分旅游景区也需要在景点之间建立公交系统。

此外，应加强区域多层次轨道交通体系、多模式公共汽电车系统的协同发展，建立一体化范围内个性化、差别化的空间支撑体系，支持“一核九星”城市新型空间格局形成。区域层面推进干线铁路、城际铁路、市域（郊）铁路、城市轨道“四网融合”，城市层面精准化推进轨道、公交、慢行“三网融合”。

（1）加快推动干线铁路、城际铁路、市域（郊）铁路、城市轨道交通“四网融合”

打造轨道上的都市圈，将都市圈中心城市轨道交通适当向周边城市（镇）延伸。到 2025 年，基本建成轨道上的长三角，形成干线铁路、城际铁路、市域（郊）铁路、城市轨道交通多层次、优衔接、高品质的轨道交通系统，有效支撑基础设施互联互通和区域一体化发展。

加强市域（郊）铁路和干线铁路、城际铁路之间的连通主要通过和国铁客运站并站分场，或新建与干线铁路、城际铁路的联络线；尽快实现市域（郊）铁路和城市轨道等主要通过同站台换乘方式和修建区间联络线等方式的跨线运行。

（2）促进干线公路网与城市道路网的融合

在推进“大杭州、高质量、共富裕”的发展新局背景下，核心城区与九大星城之间、九大星城湘湖之间的通勤交通将逐步增加，因此联系“星—核”“星—星”的公路应加强与城市道路的融合，尤其是干线公路与城市干线道路之间应加强衔接。干线公路与城市之间的关系按照公路与城市道路网的衔接模式，一般可分为分离式、接入式、绕越式、穿越式四种（见表6-2）。

表6-2　公路与城市道路衔接关系模表

衔接模式		模式图
分离式	从城区一定距离处通过，设置连接线实现与城市道路的融合	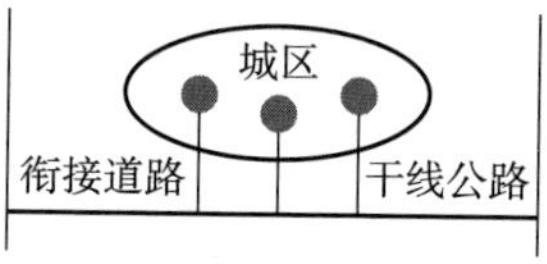
接入式	公路进入城区，其起点和终点在城区内	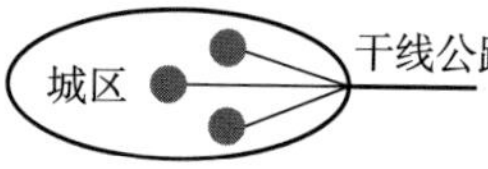
绕越式	从城市外围呈弧形或半环形、环形绕过	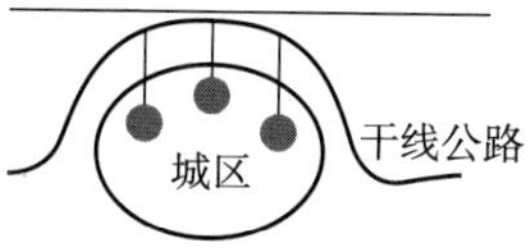
穿越式	公路从城区之中穿过	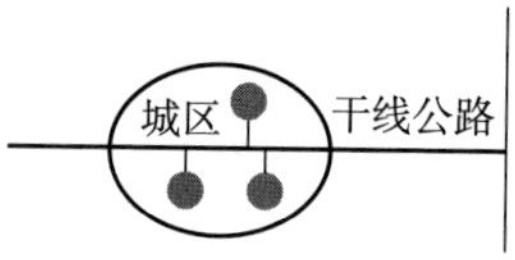

（3）加强多方式交通系统协同融合

以客运枢纽、物流枢纽为核心，逐渐加强多方式交通系统的功能协同、设施衔接、服务一体、深度融合。

6.3.4　交通体系协同联动

2010年，杭州市成立市解决“两难”问题协调小组办公室，并在缓解交通“两难”问题专题汇报会上作关于2010年解决交通“两难”问题工作思路的汇报。2013年，杭州市成立治理城市交通拥堵工作领导小组办公室，对治理杭州的交通拥堵统筹规划、统一安排。2019 年，杭州市调整治堵工作领导小组，构建了专兼职结合的“1+5”治堵工作机构（综合协调组常设办公室，公交优先组、基础设施组、交通组织管理组、技术组、智能交通组分别由相应主管单位牵头，兼职办公）（见图 6-6）。

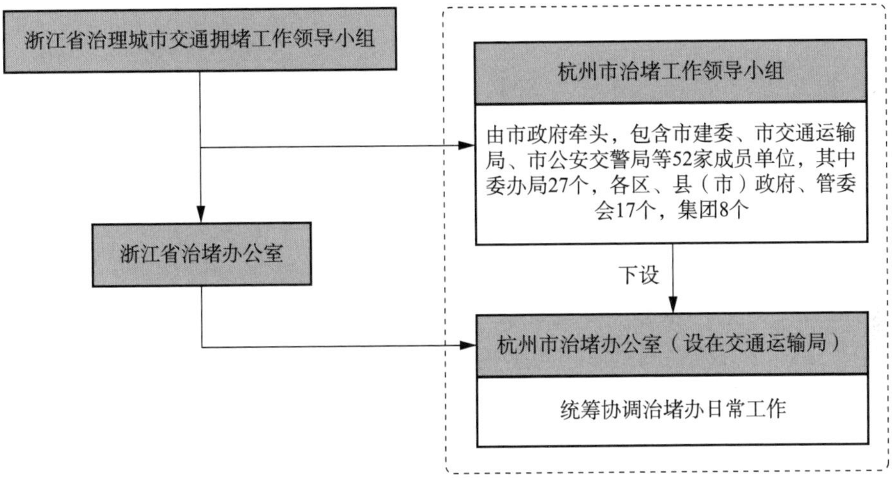

图 6-6　治理城市交通拥堵工作领导小组分工

交通是个复杂的系统，需要各行业、各部门、社会各界共同参与、形成合力。在科学界定各职能部门职责的基础上，健全完善综合交通体系推进协调工作机制，提高跨部门的资源共享和业务协调程度。结合杭州城市性质、交通发展特点，杭州市的交通体系由多个部门进行协同配合。如图 6-7 所示，道路规划由市规划和自然资源局负责，建设由市城乡建设委员会负责，运营由市出租车集团、公交集团、地铁集团分别负责，管理由市交通运输局、市

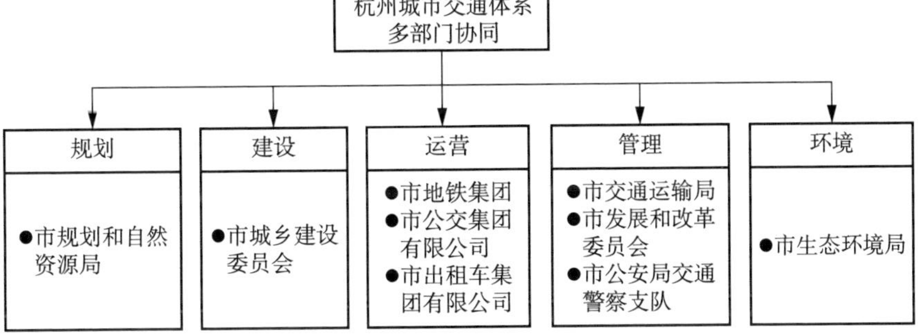

图 6-7　多个协调部门的交通建设和管理组织架构

发展和改革委员会、市公安局交通警察支队等多方合作，道路的环境由市生态环境局负责。这样，划清职能、多部门协同联动，可以更有效地进行建设和管理。

6.3.5 创新引领智慧协同

2017年，成立杭州市数据资源局，组织协调全市政务数据和公共数据资源整合、归集、应用、开放、共享，指导全市经济社会各领域的数据开发利用工作，推进“互联网+政务”深度融合、政府数字化转型，推动数据资源在政府管理和社会治理领域的应用等。出台了《杭州市政务数据资源共享管理暂行办法》，建立完善的数据整合和共享体制机制，向社会无偿开放数据。通过开放共享，充分发挥杭州作为“互联网之都”的数据资源优势，实现数据资源最大化的整合利用，实现交通大数据的互通互连，打破部门之间的信息壁垒，加强交通系统与外部互联网数据的对接和数据共享，实现数据驱动交通管理模式和服务模式的改变，营造安全有序的交通环境。

新时期智慧交通手段是推进交通治理高质量发展的核心抓手。近年来，杭州市全力打造交通综合信息服务平台，运用不断迭代的城市大脑提升交通系统治理能力，不仅为解决城市交通资源配置和使用问题提供了方案和路径，还为深入推进“智慧治理”提供了样本。

为顺应大数据发展浪潮，依托手机信令大数据深入研究居民出行特征和规律，制定最符合人性化出行特征和需求的多元化交通系统服务，推广新技术、新装备，利用数字化赋能，提高交通设施利用效率，提升交通运输服务品质，推动交通绿色低碳转型，形成“交通全要素一张网，交通管理一平台，交通服务广创新”的格局，实现交通治理体系和治理能力现代化。

（1）利用新技术赋能提高设施利用效率

全方位布局交通感知系统，利用BIM、5G、物联网等新技术赋能交通基础设施发展，实现规划、设计、建设、运维“四同步”，形成覆盖全市域的高精度数字化要素“一张图”，实现车路、船航协同，提高设施利用效率和服务水平。

（2）健全交通基础数据相关标准规范

制定综合交通运输信息资源分类分级、脱敏、溯源、标识等标准规范，公布数据资源目录、采集、传输、交换、共享等标准规范，推动交通大数据采集、传输、共享，并建立数据质量管控机制，实时监测和全面评价数据质量及运维情况。

（3）建设交通运输审管联动数字化平台

建立健全审批与监管既相互分离又相互协调的运行机制，建设交通运输审管联动数字化平台，加快审批与监管的数字化转型，同时推动政府数据与社会数据的双向流动、相互共享，逐步实现交通数字化应用全业务覆盖、全流程贯通。

（4）探索研究智能化出行服务新应用

积极探索“互联网+交通”的新业态发展模式，积极探索交通运输新模式，打造现代化交通服务。全方位推进城市交通智能管控，深化智能信号控制、停车管理、交通执法以及公共安全响应等工作，整合公共交通出行 App，全面树立“出行即服务”（MaaS）理念鼓励出行服务企业探索交通资源、交通工具、运输服务的共享形态，深化动静态交通智慧出行引导，打造“行有所畅”杭州市落地场景，为市民提供多种交通方式的一体化、全流程的综合出行服务平台。

同时，构建需求导向智慧公交出行系统，积极推进“心享巴士”“求知专线”等定制化公交出行服务，拓展“杭州公交”App 的功能，完善公交运行管理、安全、信息服务、绩效管理、优先控制等功能。推行无感安检、无感支付、智能引导等智慧交通服务全覆盖，实现交通出行“一掌通、一码行”。大力发展共享交通，探索将公共自行车点位信息接入“杭州公交”App 的路线导航端口，优化共享单车、汽车租赁、共享停车结构。

加强智慧物流营运模式创新，探索供应链数字化协同发展“服务区+”、“互通+”、无人配送等模式。推进综合交通与信息、旅游、金融、商贸等相关产业的跨界联动，提供“行、游、住、付”一体化交通解决方案。

6.3.6　多元主体全面参与

6.3.6.1　政府主导，多元主体全面参与的长效协同机制

健全完善综合交通体系推进协调工作机制，强化部门协同和上下联动，统筹综合交通发展的信息数据资源，推动全市域各类交通基础设施统筹规划、协同建设，提高跨部门的资源共享和业务协调水平，共同积极推动交通运输技术装备技术升级，加强韧性交通基础设施建设，为科学决策提供良好的基础。

此外，为妥善解决往年挂职人员不稳定、工作衔接不顺畅等难点问题，市交通运输局应把握机构改革的契机，落实考核机制常态化，建立市区联动

机制、信息报送机制、宣传报道机制、工作考核机制、工作指导机制，每年自上而下、自下而上制定年度工作任务与考核指标，年末各部门进行年度治堵工作总结，并形成年度治堵自查报告。

6.3.6.2 企业把握机遇，创新数字交通应用服务

出行服务企业应积极探索交通资源、交通工具、运输服务的共享形态，促进交通行业和互联网企业深度融合，完善动静态交通智慧出行引导系统，打造“行有所畅”杭州市落地场景，为市民提供多种交通方式的一体化、全流程的综合出行服务平台。

6.3.6.3 发挥居民主体作用

推进社区交通治理，形成政府主导、利益相关者积极参与的合作治理模式。进一步加强基层群众性自治组织规范化建设，合理确定其管辖范围和规模。增强群众在针对社区内部道路建设、公交候车空间优化、停车供给矛盾整治、机非混行改善等方面的参与感与话语权。提高居民在涉及公共利益的重大交通基建与决策事项上的议事协商能力。探索政府、企业、居民之间的联动协商机制，通过搭建多方参与的协作平台和对话机制，夯实社区治理基础，畅通公众参与交通治理的渠道，健全交通治理公众评价机制。

进一步提升市民举报信息核查处理能力，不断完善相关政策，提升市民参与积极性。加大媒体对典型案例、不文明交通行为的曝光力度，做好广播和网络互动品牌栏目。深入开展文明交通示范路口创建工作，优化交通出行环境。

第7章 杭州市城市交通治理多元化指标评价体系

7.1 杭州市城市交通政策

为充分保障交通治理工作的科学性和系统性，杭州市先后发布《杭州市城市交通拥堵治理工作白皮书》《杭州市治理城市交通拥堵工作五年行动计划（2018—2022年）》等多项综合性规划，出台《关于深入推进公共交通优先发展的实施意见》《关于推进轨道交通可持续高质量发展的实施意见》《杭州市公共交通融合发展实施导则》《杭州市城市道路交通设施设置指导意见》《杭州市机动车停车场（库）建设和管理办法》《杭州市城市交通系统化综合治理十大行动实施方案》等多项市级实施性政策文件。

杭州市也制定了系列规划，从相关规划的发展变化也可以看出，杭州城市交通建设正在走向国际化，从区域中心提升到国际枢纽、世界一流，交通治理也向绿色和数字治理转型，更加注重品质与可持续发展（见表7-1）。

表7-1 杭州市城市交通政策

规划名称	城市定位
《杭州市国土空间总体规划（2021—2035年）》	国际性综合交通枢纽、智慧绿行品质天堂 建设目标：精彩公交都市、高效通达路网、绿色慢行天堂和现代化交通治理体系
《杭州市综合交通发展“十四五”规划》	亚太地区国际门户、交通强国示范城市、智慧绿行品质天堂
《杭州市综合交通专项规划（2021—2035）》	建设世界一流的现代综合交通体系、“轨道上的杭州”、“智慧绿行品质天堂城市”
《杭州市交通拥堵治理工作白皮书（2016—2020）》	构建国际水准的综合交通体系，打造“平安交通、绿色交通、智慧交通”，将杭州建设成为国家综合交通枢纽、国家绿色交通发展示范城市和公交都市
《浙江省治理城市交通拥堵工作五年行动计划（2023—2027年）》	推进城市交通治理体系和治理能力现代化

续表

规划名称	城市定位
《杭州市“十四五”治理城市交通拥堵规划》	全力构建“畅通有序、便捷安全、环境友好、城乡一体”的综合交通系统，实现城市运行、市民体验、资源环境、共同富裕四个维度全面提升

7.2 杭州市城市交通治理目标定位

7.2.1 杭州市城市交通治理总体定位

统筹发展与安全，以践行“八八战略”、奋力打造“重要窗口”、争当浙江高质量发展建设共同富裕示范区城市范例为主线，紧紧围绕“数智杭州·宜居天堂”的发展导向，建设“轨道上的杭州”，构建市域高效连通的交通网络体系。建设“智慧—绿行—品质—天堂城市”，促进交通发展向绿色和数字治理转型，全力打造人民满意交通杭州样板，提出交通治理目标愿景：国际门户枢纽、精彩公交都市、智慧绿行天堂。

7.2.2 杭州市城市交通治理目标

杭州市城市交通治理从聚焦新型城镇化国家战略、解决公交优先现实困境、创新共享交通服务模式三重界面出发，着力处理供给端、需求端、管理端三大界面关系。

(1) 供给端

从“以车为本”转向“以人为本”，强化地铁主导的大公交体系主体地位，提升绿色交通供给能力。

①调整地铁、公交、慢行等绿色出行方式的内部关系，完善接驳体系，发挥公交辅助地铁、公交进小区等接驳作用，提升接驳效率。

②提高轨道交通分担率。加强土地利用与交通的联动，提高轨道交通分担率。

③推进用地交通一体化，加强地铁口的交通治理，增加 TOD 街区及步行街区。

④重视“通勤+通学”的出行问题，通过设置学校接送场地空间、上学无忧路等，为便利“两通”创造条件。

（2）需求端

从“顺应需求”迈向“管理需求”，创新管理方式，引导交通需求，提高交通资源利用率，提升群众对绿色出行理念的认知。

①继续控制小汽车出行模式发展，对新能源车的增长需重点考虑。

②强化网约车管理，引导网约车科学发展。建立网约车运力动态规模调整机制，开展网约车出行特征分析，根据网约车能够承担的客运量、里程利用率、订单响应时间、乘客等候时间等多重因素，对网约车的运力和利用效率进行评估与分析，在坚持网约车市场化发展的总体原则下，适度发挥政府调节作用，引导网约车市场供需动态平衡。推动网约车与出租车融合发展，形成相互补充、协调发展的格局，为乘客提供多层次、差异化的个性交通服务。建立完善出租车、网约车定价与公共交通、顺风车等价格的协同机制，引导合理适度使用。

③完善慢行道系统建设，形成连续、优质、高效的慢行网络，尤其是提升绿道系统利用率，打开绿道与各地块的衔接口，吸引行人和非机动车使用绿道。

④试行碳排放个人数据库，发放个人碳排放计量卡，超过核定的人均碳排放量，需要向人均碳放量低的市民购买，从而鼓励低碳出行，低碳有利，实现市民参与的目标。

（3）管理端

从“交通管理”走向“交通治理”，创新交通治理杭州模式，提升交通服务共建共治能力。

①重点治理交通堵点地区（景区），确保交通状况有明显改善。整治交通秩序，整合停车资源，开展景区交通整治。

②合理运用政策工具，调节交通供需。加强部门协同、政企协同、智慧协同，推动大公交体系联网联营，实现共建共治共享。

③交通管理精细化、智慧化，包括实施可变潮汐车道、全面实施智慧红绿灯、交叉口非机动车与机动车调控、车路协同等方式。

④建设交通资源共享平台，数智赋能交通治理，如车位 App 共享车位、共享公交车等。

7.3 杭州市城市交通治理多元化指标评价体系构建

7.3.1 构建思路和总体框架

7.3.1.1 构建思路

（1）明确发展目标，确定 1 个一级指标

为深入贯彻落实杭州市委、市政府建设交通强国示范城市的决策部署，2020 年 5 月，杭州市人民政府办公厅印发《杭州市建设交通强国示范城市行动计划（2020—2025 年）》，明确提出经过“两个三年”，着力推进高水平设施建设，促进高精尖技术发展，树立高品质服务标杆，提升高标准治理能力，加快构建安全、便捷、高效、绿色、经济的现代综合交通运输体系，为打造人民满意交通杭州样板、建成交通强国示范城市奠定基本格局。

加快建设交通强国示范城市，奋力打造人民满意交通杭州样板，是城市交通系统化综合治理的总体目标。因此，指标体系构建一级评价指标——“人民满意交通指数”，应贯穿城市交通系统化综合治理的建设、管理、使用全过程。

（2）围绕系统构成，确定 3 个二级指标

针对既有城市交通评价体系的问题短板，围绕设施供给、需求响应、出行感知三大方面，构建系统多元化指标、群体差异化指标、服务品质化指标 3 个二级评价指标，见图 7-1。

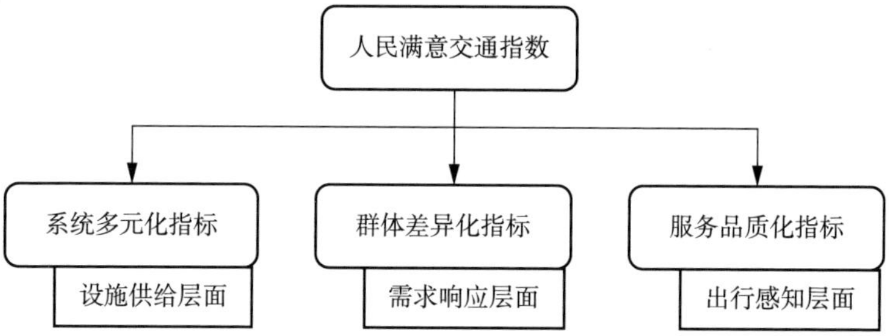

图 7-1　指标体系构建目标及系统构成

（3）梳理优化路径，确定 9 个三级指标

系统多元化：针对既有的交通评价指标体系存在系统缺项、系统之间缺乏融合等问题，三级指标更加关注系统全面性和系统融合性。

群体差异化：围绕全龄友好型城市建设目标，三级指标关注老年人、中青年和少年儿童的出行需求响应，实现老、中、青、少人群全覆盖。

服务品质化：为切实提升出行体验，更加关注出行感知类指标，分别形成交通安全保障性、出行信息获取度、设施使用舒适度、出行时间可靠性 4 个三级指标，力求为出行者提供高品质服务。

7.3.1.2 总体框架

基于上述构建思路，形成杭州市城市交通多元化指标评价体系总体框架，包含一级指标 1 个、二级指标 3 个、三级指标 9 个，详见图 7-2。

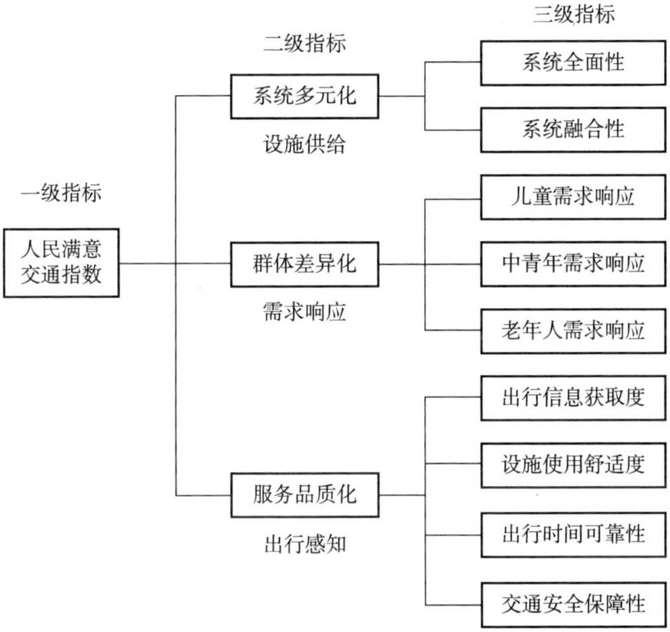

图 7-2　杭州市城市交通多元化指标评价体系总体框架

7.3.2 指标选取原则

（1）系统性原则

保证指标体系的各个方面具有内在联系，且具有层次结构，使各指标共同构成多元化评价体系的有机整体。

（2）代表性原则

具有一定的代表性，降低因指标烦琐而造成的重复性和不科学性，紧紧围绕城市交通系统化综合治理的目标，保证指标体系的真实性和可靠性。

（3）可比性原则

考虑多元指标的测量方法和计算标准，为保证利于横向、纵向对比分析，遴选便于比较的指标。

（4）获取性原则

在既有统计方法数据的基础上，尽量采用可获取、易获得、计算简单的数据，充分利用新技术、新方法、新手段获取数据。

（5）动态性原则

交通系统治理是长期持续的过程，其发展成效的显现需要一定时间，指标选择应具有特定的时间尺度，适用于未来交通发展的动态过程。

7.3.3 具体指标选取

结合各类交通设施供给、不同出行人群需求以及出行感知，最终形成1个一级指标、3个二级指标、9个三级指标、32个四级指标，详见图7-3。

设施供给（系统多元化）：涵盖对外交通、道路交通、公共交通、静态交通、慢行交通五大系统，同时以轨道交通为核心考虑系统之间的融合衔接。

需求响应（群体差异化）：实现全龄覆盖，儿童重点关注就学、中青年关注通勤、老年关注无障碍使用。

出行感知（服务品质化）：从出行信息获取度、设施使用舒适度、出行时间可靠性以及交通安全保障性等方面，整体反映对出行者的服务效果。

7.3.4 指标说明及评价标准

7.3.4.1 系统多元化：系统全面性

评价各类交通方式基础设施的供给和服务水平。评价内容涵盖了对外交通、道路交通、慢行交通、公共交通、静态交通等交通方式的基础设施高供给情况。

指标1-1：对外交通枢纽可达性

作用：反映城市对外交通枢纽的公交出行服务水平。

定义：城市对外交通枢纽通过公共交通方式45分钟覆盖的面积比例，单位:%。

评价标准：根据国标要求，规划人口规模100万及以上城市的重要功能区、主要交通集散点，应能15分钟到达高、快速路网，30分钟到达邻近铁路、公路枢纽，并至少有一种交通方式可在 60 分钟内到达邻近机场。

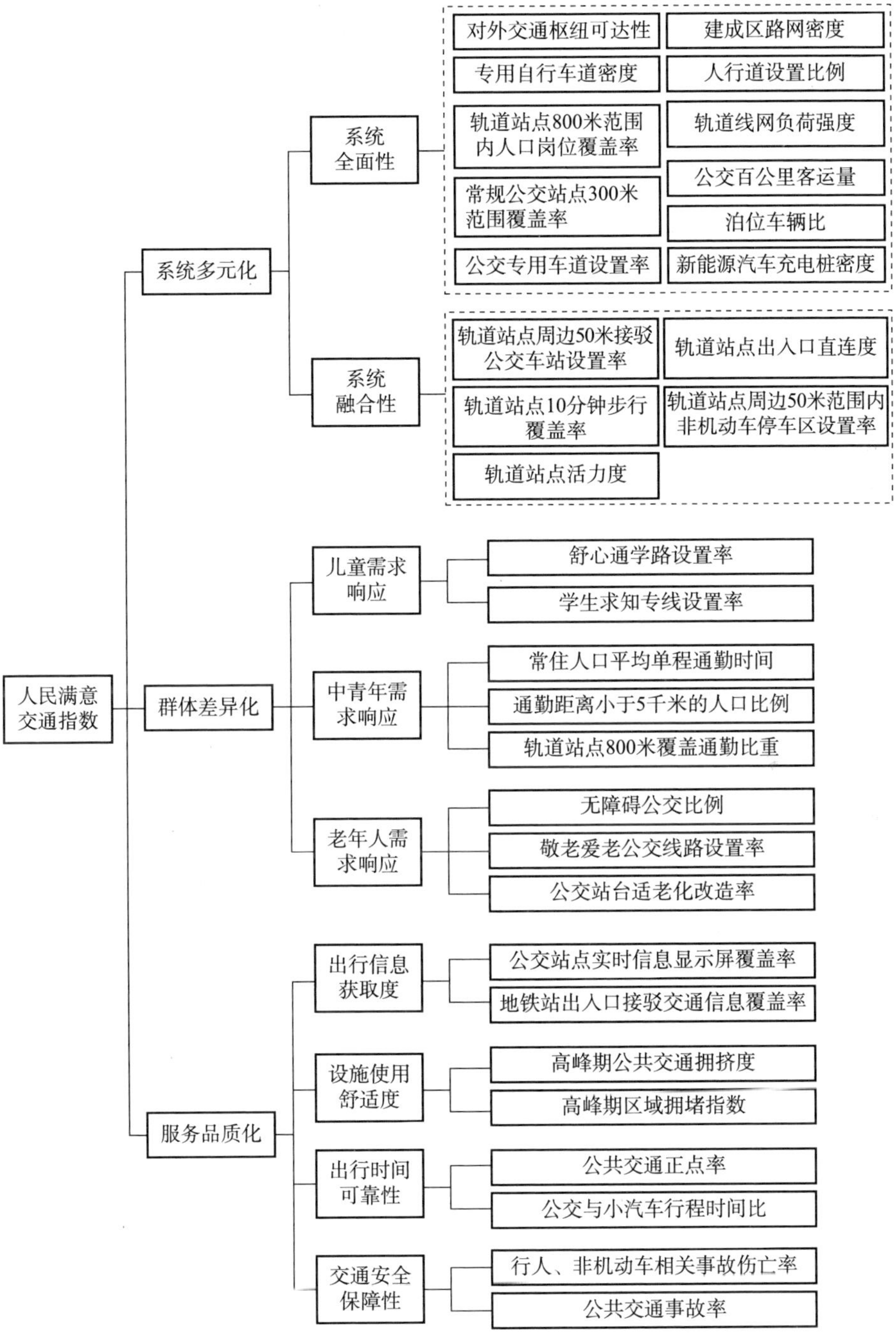

图 7-3　指标体系框架

指标 1-2：建成区路网密度

作用：反映“窄马路、密路网”理念落实情况的重要指标，主要表征道路设施供给水平。

定义：市辖区建成区内城市道路总长度与建成区面积的比值，单位：千米/平方千米。

评价标准：根据国标要求，中心城区道路系统的密度不宜小于 8 千米/平方千米；根据城市体检要求，新建城区≥8 千米/平方千米，主城区≥7 千米/平方千米。

指标 1-3：专用自行车道密度

作用：反映慢行友好出行环境建设情况的重要指标，主要表征非机动车交通设施供给水平。

定义：市辖区建成区内具有物理隔离的专用自行车道长度与建成区面积的比值，单位：千米/平方千米。

评价标准：根据城市体检要求，专用自行车道密度应≥4 千米/平方千米。

指标 1-4：人行道设置比例

作用：反映步行友好出行环境建设情况的重要指标，是绿色出行创建行动方案中的考核指标，主要表征步行设施的供给水平。

定义：人行道面积与城市道路（除城市快速路）面积之比，单位:%。

评价标准：根据绿色出行创建行动考核评价标准，人行道设置比例≥20%。

指标 1-5：轨道站点 800 米范围内人口岗位覆盖率

作用：评价轨道交通的供给服务水平，是《城市综合交通体系规划标准》（GB/T 51328—2018）中的一个重要考核指标，主要表征轨道交通站点与用地布局的匹配性。

定义：轨道交通站点 800 米范围内覆盖的人口与就业岗位数量/规划总人口与就业岗位数量，单位:%。

评价标准：根据国标要求，规划人口规模≥1000 万的城市，中心城区轨道交通站点 800 米范围内人口岗位覆盖率应≥65%。

指标 1-6：轨道线网负荷强度

作用：评价轨道交通运行状态，主要表征轨道交通线网的客流效益。

定义：轨道交通日均客运量/轨道交通网络运营长度，单位：万乘次/千米。

评价标准：轨道交通运营初期（开通运营第三年）线路负荷强度大于 0.7 万人次/千米。

指标 1-7：常规公交站点 300 米范围覆盖率

作用：反映常规公交建设情况的重要指标，主要表征常规公交设施服务水平。

定义：常规公交站点 300 米半径覆盖面积/中心城区的建成区面积，单位：%。

评价标准：根据城市综合交通体系标准，公共交通站点 300 米范围内覆盖率不应小于规划城市建设用地面积的 50%。

指标 1-8：公交百公里客运量

作用：反映常规公交运行水平情况的重要指标，主要表征常规公交线路客流效益情况。

定义：常规公交总客运量/总运营里程×100 千米，单位：人次。

评价标准：暂无。

指标 1-9：公交专用车道设置率

作用：评估城市公共交通系统发展水平的重要指标之一，较高的设置率通常意味着公交车辆拥有更多的优先通行权，能够在交通拥堵中更高效地运行，提高公交出行的速度和准时性。同时也有助于鼓励更多市民选择公共交通，减少单车通行和私家车使用率，从而缓解城市交通拥堵和空气污染问题。

定义：中心城区设置城市公交专用车道的道路长度占城市公共汽（电）车线路网总长度的比例，单位：%。

评价标准：暂无。

指标 1-10：泊位车辆比

作用：反映城市停车设施的供给水平。

定义：机动车停车位数量/机动车保有量，单位：%。

评价标准：根据《城市停车设施规划导则》《城市停车规划规范（GB/T 51149—2016)》的要求，规划人口规模大于 50 万的城市，机动车停车位供给总量宜控制在机动车保有量的 1.1~1.3 倍。

指标 1-11：新能源汽车充电桩密度

作用：支撑城市绿色低碳发展，主要反映新能源汽车充电设施的供给水平。

定义：主城区新能源汽车充电桩数量/主城区面积，单位：个/平方千米。

评价标准：暂无。

7.3.4.2　系统多元化：系统融合性

评价以轨道交通为核心的交通衔接换乘水平。杭州市十分重视“三网”融合发展。2020 年，杭州市委、市政府发布《关于深入推进公共交通优先发展的实施意见》，提出以多层次轨道交通为主体、公共汽（电）车为基础、水上巴士和公共自行车为补充的“四位一体”公共交通体系，更加强调协同发展、融合发展；2021 年，杭州市先后批复发布《杭州市综合交通专项规划（2021—2035 年）》《杭州市公共交通融合发展实施导则》，均强调了促进轨道交通、公共（汽）电车、慢行交通“三网融合”协调发展。评价内容涵盖了轨道交通与常规公交之间换乘便捷性、轨道交通与慢行交通之间接驳舒适性、轨道交通与城市用地之间规划协调性三个方面。

指标 2-1：轨道站点周边 50 米接驳公交车站设置率

作用：落实“三网”融合理念，主要反映轨道交通与常规公交系统的换乘便捷度。

定义：轨道站点周边 50 米范围内设有公交站的轨道站点数量/总轨道站点数量，单位:%。

评价标准：≥85。

《杭州市公共交通专项规划（修编）》提出有条件的轨道交通站点实现公共汽电车 50 米内换乘，150 米内换乘比例达到 100%；《杭州市公共交通融合发展实施导则》提出宜在轨道站点出入口周边 50 米内设置公交停靠站，最远公交停靠站设置不应超过 150 米。

指标 2-2：轨道站点出入口直连度

作用：提高站域空间利用效率，保证轨道站点以及周边公共空间的服务品质，主要反映轨道站点与周边建成环境的融合和一体化程度。

定义：轨道交通站点与周边地块直连的出入口数量/总出入口数量，单位:%。

评价标准：暂无。

指标 2-3：轨道站点 10 分钟步行覆盖率

作用：落实“三网”融合理念，提升慢行接驳网络服务水平，激发轨道站点活力，主要反映轨道站点的慢行可达性。

定义：轨道站点 10 分钟步行覆盖面积/轨道站点 800 米范围面积，单位:%。

评价标准：暂无。

指标 2-4：轨道站点周边 50 米非机动车停车区设置率

作用：评价轨道站点周边非机动车接驳设施供给水平，反映轨道站点出入口周边的非机动车接驳便利性。

定义：轨道站点周边 50 米设有非机动车停车区的轨道站点数量/总轨道站点数量，单位:%。

评价标准：暂无。

《杭州市公共交通融合发展实施导则》提出宜在轨道站点出入口周边 50 米范围内设置非机动车停车区。

指标 2-5：轨道站点活力度

作用：反映轨道站点的节点与场所双重属性。节点活力为站点日均进出站量，反映了站点地区的交通功能；场所活力为站点周边人口岗位，反映了站点地区的空间与开发功能。

定义：（轨道站点日均进出站量+站点周边 800 米范围内人口岗位）归一化值。

评价标准：暂无。

7.3.4.3　群体差异化：儿童需求响应

评价儿童就学友好型交通设施的服务水平。从儿童就学出行的安全性、可达性、社交环境等角度制定评价指标，构建体现儿童友好型城市建设的交通体系。

重点关注儿童就学出行过程，从步行道路、中途环境、设施友好等角度进行指标设计，指标选取源于《2023 年杭州儿童友好 10 条》。

指标 3-1：舒心通学路设置率

作用：反映保障儿童上、下学步行安全基础设施的建设落实情况。

定义：已完成创建的舒心通学路项目数量/学校总数量，单位:%。

评价标准：暂无。

指标 3-2：学生求知专线设置率

作用：反映在解决家长接送难问题以及为学生群体提供安全、便捷的出行保障等方面起到重要作用的定制公交服务“求知专线”的落实情况。

定义：已开通的求知专线线路数量/学生人口数量，单位：条/万人。可结合学区划分范围进一步优化指标计算。

评价标准：暂无。

7.3.4.4　群体差异化：中青年需求响应

评价中青年群体的通勤出行效率。考虑到通勤出行是中青年群体最主要的出行需求，从通勤时间、空间、方式等方面选取评价指标。

指标 4-1：常住人口平均单程通勤时间

作用：衡量城市交通效率和交通拥堵程度的重要指标之一，较长的通勤时间通常意味着交通拥堵或职住分离严重，交通效率低下，可能导致居民生活质量下降，时间浪费增加，对环境也可能造成负面影响。

定义：城市常住人口单程总通勤时间/城市常住人口数量，单位：分钟。

评价标准：≤45 分钟。

通过研究，建议中心城区平均单程通勤时间不宜超过 45 分钟。《2023 年度中国主要城市通勤监测报告》指出，对于超大、特大城市，80%的中心城区通勤人口 45 分钟可达是城市运行效率和居民生活品质的衡量标准。

指标 4-2：通勤距离小于 5 千米的人口比例

作用：衡量城市职住平衡和通勤幸福的指标。反映就近职住、可以慢行通勤的人口占比，又称“幸福通勤”，是城市宜居性的重要测度。5 千米以内通勤比重越高，说明城市能够就近职住、绿色出行，拥有幸福通勤体验的人口比重越高。

定义：中心城区通勤人口中单程距离小于 5 千米的通勤人口/总通勤人口，单位:%。

评价标准：暂无。

指标 4-3：轨道站点 800 米覆盖通勤比重

作用：轨道覆盖通勤比重强调线路走向与通勤需求相契合，体现了轨道交通线网与职住空间组织的匹配度，覆盖通勤比重越高，说明轨道对职住空间支撑作用越好。

定义：轨道站点 800 米覆盖的通勤人口数量/总通勤人口数量，单位:%。

评价标准：暂无。

7.3.4.5 群体差异化：老年人需求响应

评价无障碍交通基础设施的发展水平。从老年人群体日常出行活动的便利性角度，构建符合老年人弱势群体的出行评价体系，重点关注老年人日常出行的安全便利性和无障碍体验，从老年人友好型设施、出行难易度等角度进行指标设计。指标选取源于《2023 年持续提升适老化无障碍交通出行服务工作方案》：全国将新打造敬老爱老城市公共汽（电）车线路 1000 条，推动城市客运无障碍设施设备更新改造，加快低地板及低入口城市公共汽（电）车推广应用。

指标 5-1：无障碍公交比例

作用：反映无障碍公交设施的供给情况。

定义：无障碍公交车数量/公交车总数，单位:%。

评价标准：根据杭州市绿色出行创建行动考核要求，新增和更新低地板及低入口城市公交车比例应≥70%。

指标 5-2：敬老爱老公交线路设置率

作用：反映老年人出行友好型公交线路的开通情况。

定义：已开通的敬老爱老公交线路数量/老年人口数量，单位：条/万人。

评价标准：暂无。

指标 5-3：公交站台适老化改造率

作用：反映老年人出行友好型公交站台基础设施的供给情况。

定义：已实施适老化改造的公交站台数量/公交站台总量，单位:%。

评价标准：暂无。

7.3.4.6　服务品质化：出行信息获取度

评价出行者获取出行信息的便捷程度，尤其对老年人的出行信息供给服务。

指标 6-1：公交站点实时信息显示屏覆盖率

作用：评估城市公共交通服务水平的重要指标之一，较高的公交实时信息显示屏覆盖率意味着更多的公交车站或候车点提供实时公交信息，有助于乘客及时、准确地了解公交车辆的到达情况，减轻候车时的心理焦虑感，提升公交出行的体验感，鼓励更多市民选择公共交通出行，对于不擅长使用智能手机查询信息的群体尤为重要。

定义：设置实时公交到达信息显示屏的公交车站或候车点数量/总公交车站或候车点数量，单位:%。

评价标准：暂无。

指标 6-2：地铁站出入口接驳交通信息覆盖率

作用：地铁接驳信息板的配置，有利于地铁乘客及时掌握各出入口交通接驳信息，缩短乘客换乘时间，对于不擅长使用智能手机查询信息的群体尤为重要。

定义：设置接驳信息板的地铁站数量/轨道站点总数量，单位:%。

评价标准：暂无。

7.3.4.7　服务品质化：设施使用舒适度

评价出行者在出行过程中的舒适度，直观反映出行者的出行体验感。

指标 7-1：高峰期公共交通拥挤度

作用：评估城市公共交通服务质量的重要指标之一，拥挤度越高，说明载具上乘客越拥挤，乘坐公共交通的舒适性则越低，能够直观反映公交乘客的出行体验感。

定义：高峰时段公共交通工具最大断面乘客数/高峰时段公共交通工具最大客流断面班次的额定载客量×100%，单位:%。

评价标准：根据杭州市绿色出行创建行动考核要求，早晚高峰时段公共交通平均拥挤度应小于80%。

指标7-2：高峰期区域拥堵指数

作用：评估城市道路交通拥堵状况的重要指标，高指数意味着高峰时段交通流量增加，行车时间延长，交通拥堵严重，影响市民的出行效率和生活质量。该指标可以帮助交通管理部门和城市规划者了解交通状况，采取相应措施来改善交通拥堵问题。

定义：高峰时段的行车时间/自由流的行车时间。

评价标准：根据《城市交通运行状况评价规范》（GB/T 33171—2016）的要求，低于1.6为畅通/基本畅通，1.6~1.9为轻度拥堵，高于1.9为中度拥堵/严重拥堵。

7.3.4.8 服务品质化：出行时间可靠性

评价出行者对于出行时间的可靠性，客观反映交通出行服务水平。

指标8-1：公共交通正点率

作用：评估城市公共交通服务质量的重要指标之一，较高的准点率意味着公交车辆按时到达，乘客可以更放心地选择公共交通出行，提高了出行的便利性和舒适度。同时，高准点率还可以缩短等待时间，提高公共交通的吸引力。

定义：记录一段时间内（如一天或一周）所有公共交通车辆的发车时间和到达时间，确定规定时间范围内按时到达目的地的车辆数量。准点车辆数量/总车辆数量，单位:%。

评价标准：根据杭州市绿色出行创建行动考核要求，公共交通正点率应大于97.5%。

指标8-2：公交与小汽车行程时间比

作用：评估城市公共交通服务质量和交通效率的重要指标，更小的时耗比意味着乘坐公共交通工具更为快捷、高效，鼓励市民选择公共交通出行，减少私人小汽车的使用，从而缓解交通拥堵，改善空气质量，提高城市可持续发展水平。

定义：针对特定路段或距离，乘坐公共交通所需的时间/乘坐私人小客车所需的时间。

评价标准：根据同类城市目标，高峰期城市公共交通全程出行时间宜控制在小客车出行时间的1.5倍以内。

7.3.4.9　服务品质化：交通安全保障性

评价交通出行的安全性。党的二十大报告指出：以新安全格局保障新发展格局。安全和韧性是城市交通发展的永恒主题，是经济社会稳定发展的重要前提。本方面指标反映贯彻统筹发展和安全要求情况，以及城市交通运输系统的稳定性、可靠性、遭遇重大事件、突发事件的响应能力、恢复能力等。

指标 9-1：行人、非机动车相关事故伤亡率

作用：评估道路慢行交通运行的安全情况。

定义：按事故伤亡率计算标准，单位：%。

评价标准：暂无。

指标 9-2：公共交通事故率

作用：评估公共交通运行的安全情况。

定义：按事故率计算标准，单位%。

评价标准：暂无。

所有评价指标的汇总见表 7-2。

表 7-2　杭州市城市交通多元化指标评价体系具体评价指标

分类	序号	指标	单位	评价标准建议值
系统多元化：系统全面性	1-1	对外交通枢纽可达性（对外交通枢纽 45 分钟公共交通可达范围比例）	%	—
	1-2	建成区路网密度	千米/平方千米	新建成区≥8 千米/平方千米，主城区≥7 千米/平方千米
	1-3	专用自行车道密度	千米/平方千米	≥4 千米/平方千米
	1-4	人行道设置比例	%	≥20%
	1-5	轨道站点 800 米范围内人口岗位覆盖率	%	≥65%
	1-6	轨道线网负荷强度	万乘次/千米	线路运营初期大于 0.7 万人次/千米
	1-7	常规公交站点 300 米范围覆盖率	%	≥50%
	1-8	公交百公里客运量	人次	—
	1-9	公交专用车道设置率	%	—
	1-10	泊位车辆比	%	1.1~1.3
	1-11	新能源汽车充电桩密度	个/平方千米	—

续表

分类	序号	指标	单位	评价标准建议值
系统多元化：系统融合性	2-1	轨道站点周边50米接驳公交车站设置率	%	≥85%
	2-2	轨道站点出入口直连度	%	—
	2-3	轨道站点10分钟步行覆盖率	%	—
	2-4	轨道站点周边50米非机动车停车区设置率	%	—
	2-5	轨道站点活力度	—	—
群体差异化：儿童需求响应	3-1	舒心通学路设置率	%	—
	3-2	学生求知专线设置率	条/万人	—
群体差异化：中青年需求响应	4-1	常住人口平均单程通勤时间	分钟	≤45分钟
	4-2	通勤距离小于5千米的人口比例	%	—
	4-3	轨道站点800米覆盖通勤比重	%	—
群体差异化：老年人需求响应	5-1	无障碍公交比例	%	≥70%
	5-2	敬老爱老公交线路设置率	条/万人	—
	5-3	公交站台适老化改造率	%	—
服务品质化：出行信息获取度	6-1	公交站点实时信息显示屏覆盖率	%	—
	6-2	地铁站出入口接驳交通信息覆盖率	%	—
服务品质化：设施使用舒适度	7-1	高峰期公共交通拥挤度	%	<80%
	7-2	高峰期区域拥堵指数	—	<1.8
服务品质化：出行时间可靠性	8-1	公共交通正点率	%	>97.5%
	8-2	公交与小汽车行程时间比	—	<1.5
服务品质化：交通安全保障	9-1	行人、非机动车相关事故伤亡率	%	—
	9-2	公共交通事故率	%	—

7.3.5 指标体系实例评估

7.3.5.1 评价对象与内容

基于上述评价指标体系和当前的数据基础，选取部分指标进行详细分析，并对综合指标进行试算。

评价对象：杭州市区10个行政区（上城区、拱墅区、西湖区、滨江区、萧山区、余杭区、临平区、钱塘区、富阳区、临安区）城市交通发展现状。

评价内容：选取目前已掌握数据的评价指标，验证指标体系实施的可行性。实例评估选取具体指标14个，分为四类，如表7-3所示。

表 7-3　实例评估选取的评价指标

指标分类	具体指标	指标含义
系统全面性	对外交通枢纽可达性	对外交通枢纽通过公共交通方式 45 分钟可达覆盖面积/总面积
	建成区路网密度	道路里程/建成区面积
	轨道站点 800 米范围内人口岗位覆盖率	轨道站点 800 米范围内人口岗位覆盖比例
	常规公交站点 300 米范围覆盖率	公交站 300 米覆盖范围面积/建成区面积
	泊位车辆比	停车泊位数/机动车保有量
	新能源汽车充电桩密度	充电桩数/建成区面积
系统融合性	轨道站点周边 50 米接驳公交车站设置率	周边 50 米内有公交站的地铁站比例
	轨道站点出入口直连度	有与建筑直连接口的地铁站比例
	轨道站点活力度	综合考虑站点周边用地成熟度、混合度、开发强度等因素
群体差异化	敬老爱老公交线路设置率	敬老爱老公交数量/老年人口数量
	学生求知专线设置率	学生求知专线数量/学生人口数量
服务品质化	高峰期区域拥堵指数	实际行程时间/自由流行程时间
	公交站点实时信息显示屏覆盖率	设置实时公交到达信息显示屏的公交车站或候车点数量/总公交车站或候车点数量
	公交与小汽车行程时间比	到达市民中心的公交出行时间/小汽车出行时间

7.3.5.2　评价方法

采用 AHP-TOPSIS 方法对杭州市城市交通情况进行评价。首先采用层次分析法（AHP 法）对评价指标体系中各个二级指标和三级指标的权重进行确定，然后利用优劣解距离法（TOPSIS 法）对杭州市各行政区城市交通情况进行评价。

（1）AHP 法简介

AHP 法是将与决策有关的元素分解成目标、准则、方案等层次，在此基础上进行定性和定量分析的决策方法。

AHP 法的优点：

①系统性的分析方法。AHP 法把研究对象作为一个系统，按照分解、比较判断、综合的思维方式进行决策，成为继机理分析、统计分析之后发展起来的系统分析重要工具。

②简洁实用的决策方法。AHP 法既不追求高深数学，又不片面地注重行为、逻辑、推理，而是把定性方法与定量方法有机结合，操作简单，应用广泛。

③所需的定量数据信息较少。AHP 法主要是从评价者对评价问题的本质、要素的理解出发，比一般的定量方法更讲究定性的分析和判断。

AHP 法的缺点：

①无法为决策提供新方案，只能从原有方案中进行选取。

②定性成分较多，不易令人信服。

③指标过多时，数据统计量大，且权重确定难度大。

④特征值和特征向量的精确求法比较复杂。

AHP 法的实施流程：

①构建层次分析结构模型，包括目标层、准则层、方案层。

②对指标的重要性进行两两比较，构造判断矩阵。

其中，判断矩阵中每个元素 a_{ij} 的含义是，第 i 个指标相对于第 j 个指标的重要程度（见表 7-4）。

表 7-4　判断矩阵重要性标度

重要性标度	含义
1	两个指标相比，具有同等的重要性
3	两个指标相比，前者比后者稍微重要
5	两个指标相比，前者比后者明显重要
7	两个指标相比，前者比后者强烈重要
9	两个指标相比，前者比后者极端重要
2、4、6、8	上述判断的折中值

③对判断矩阵进行一致性检验。

计算一致性比例（CR）：

$$CR=\frac{CI}{RI} \tag{7-1}$$

其中：

$$CI=\frac{\lambda_{\max}-n}{n-1} \tag{7-2}$$

$\lambda_{\max}$ 为判断矩阵的最大特征值；

n 为指标数（判断矩阵的行数或列数）；

RI 为平均随机一致性指标。

通过查表 7-5 可得不同的 n 所对应的 RI 值。

表 7-5　平均随机一致性指标

n	1	2	3	4	5	6	7	8	…
RI	0	0	0.52	0.89	1.12	1.26	1.36	1.41	…

如果一致性比例 $CR<0.1$，则通过一致性检验；如果一致性比例 $CR\geqslant 0.1$，则需要修改判断矩阵，直到满足 $CR<0.1$。

④算术平均法求权重。

将已通过一致性检验的判断矩阵按列归一化。每行分别求和，求和结果除以 n，得到的列向量就是权重向量。

（2）TOPSIS 法简介

TOPSIS 法（优劣解距离法）是根据有限个评价对象与理想化目标的接近程度进行排序的方法，是对现有的评价对象进行相对优劣的评价。

TOPSIS 法的优点：

①可以避免数据的主观性，不需要目标函数，不需要通过检验，且能够刻画多个影响指标的综合影响力度。

②对于数据分布及样本量、指标数目无严格限制，既适于小样本资料，也适于多评价单元、多评价指标的大系统，较为灵活、方便。

TOPSIS 法的缺点：

①需要所有指标的数据支撑，对应的量化指标选取会有一定难度。

②不确定指标的选取个数为多少才能够很好地刻画指标的影响力度。

③必须有两个以上的评价对象才可以使用。

TOPSIS 法的实施流程：

①将原始矩阵正向化。在所选取的评价指标中，有的指标是数值越大越好，称为极大型指标（效益型指标），比如路网密度、轨道站点覆盖率等；有的指标是数值越小越好，称为极小型指标（成本型指标），比如拥堵指数、公交与小汽车行程时间比等。为便于后续计算，需要将所有指标转化为极大型指标，这一过程称为指标正向化。

采用取倒数的方法进行正向化处理：

$$x'=\frac{1}{x} \tag{7-3}$$

②将正向矩阵标准化。

为了消除量纲的影响，需要进行标准化处理。

假设有 n 个评价对象、m 个评价指标，构成的正向化矩阵如下：

$$X=\begin{pmatrix} x_{11} & x_{12} & \cdots & x_{1m} \\ x_{21} & x_{22} & \cdots & x_{2m} \\ \vdots & \vdots & \ddots & \vdots \\ x_{n1} & x_{n2} & \cdots & x_{nm} \end{pmatrix} \tag{7-4}$$

将其标准化的矩阵记为 Z，Z 中的每一个元素：

$$z_{ij} = \frac{x_{ij}}{\sqrt{\sum_{i=1}^{n} x_{ij}^2}} \tag{7-5}$$

③计算最大值和最小值。

假设有 n 个评价对象、m 个评价指标的标准化矩阵：

$$Z=\begin{pmatrix} z_{11} & z_{12} & \cdots & z_{1m} \\ z_{21} & z_{22} & \cdots & z_{2m} \\ \vdots & \vdots & \ddots & \vdots \\ z_{n1} & z_{n2} & \cdots & z_{nm} \end{pmatrix} \tag{7-6}$$

定义最大值：

$$Z^{+}=(Z_1^{+},\ Z_2^{+},\ \cdots,\ Z_m^{+})=$$
$$(\max\{z_{11},\ z_{21},\ \cdots,\ z_{n1}\},\ \max\{z_{12},\ z_{22},\ \cdots,\ z_{n2}\},\ \cdots,\ \max\{z_{1m},\ z_{2m},\ \cdots,\ z_{nm}\}) \tag{7-7}$$

定义最小值：

$$Z^{-}=(Z_1^{-},\ Z_2^{-},\ \cdots,\ Z_m^{-})=$$
$$(\min\{z_{11},\ z_{21},\ \cdots,\ z_{n1}\},\ \min\{z_{12},\ z_{22},\ \cdots,\ z_{n2}\},\ \cdots,\ \min\{z_{1m},\ z_{2m},\ \cdots,\ z_{nm}\}) \tag{7-8}$$

④计算各评价对象与最大值和最小值的距离。

定义第 $i(i=1,\ 2,\ \cdots,\ n)$ 个评价对象与最大值的距离：

$$D_i^{+} = \sqrt{\sum_{j=1}^{m} (Z_j^{+} - z_{ij})^2} \tag{7-9}$$

定义第 i（$i=1,\ 2,\ \cdots,\ n$）个评价对象与最小值的距离：

$$D_i^{-} = \sqrt{\sum_{j=1}^{m} (Z_j^{-} - z_{ij})^2} \tag{7-10}$$

⑤计算各评价对象的得分。

计算得出第 i（$i=1,\ 2,\ \cdots,\ n$）个评价对象的得分：

$$S_i=\frac{D_i^{-}}{D_i^{+}+D_i^{-}} \tag{7-11}$$

可以看出 $0 \leqslant S_i \leqslant 1$，且 S_i 越大，D_i^+ 越小，即越接近最大值，评价对象越优。

采用的评价方法流程见图 7-4。

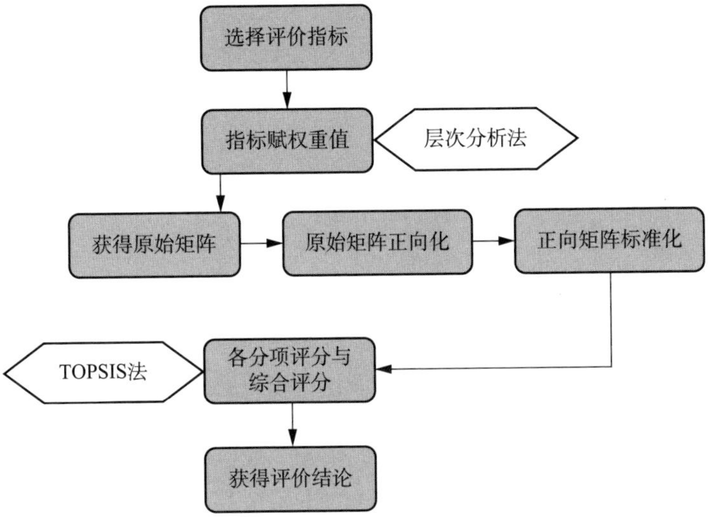

图 7-4　采用的评价方法流程

7.3.5.3　指标计算

（1）系统全面性：对外交通枢纽可达性

数据来源：百度、高德等互联网数据。

指标计算：城市重要对外交通枢纽通过公共交通方式 45 分钟可达覆盖面积/总面积，选取的城市对外交通枢纽包括萧山机场、火车东站、火车西站、城站、火车南站五大枢纽，单位：%。

指标分析：主城区对外枢纽可达性较高，外围区域相对较低；上城区最高，达到 87.4%；重要对外交通枢纽对于临安、富阳等地的服务覆盖相对不足，有待提升。该指标反映了城市对外交通枢纽的布局情况和对全市各区域的覆盖情况（见图 7-5）。

（2）系统全面性：建成区路网密度

指标计算：城市快速路、主干路、次干路长度/建成区范围面积，单位：千米/平方千米。

指标分析：杭州市城市建成区的路网密度约为 6.9 千米/平方千米。分单元来看，建成区所在的 124 个控规单元，路网密度呈现东高西低的分布特征。其中，低于 8 千米/平方千米的有 75 个（占比约 60%）；达到 8 千米/平方千

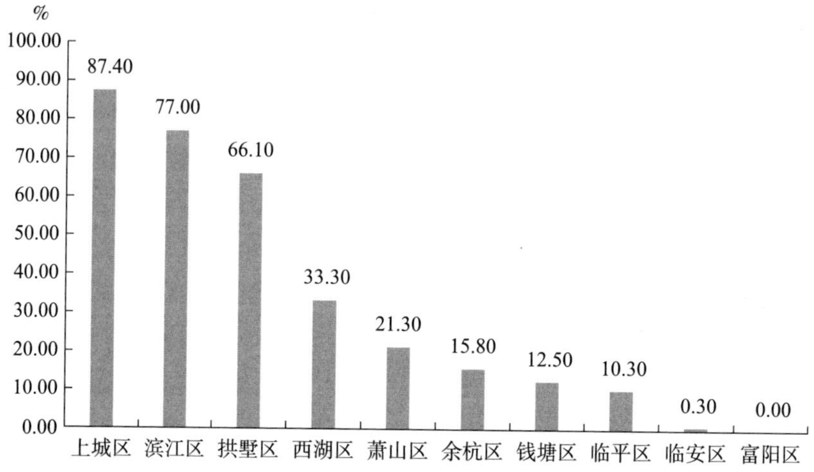

图 7-5　各区对交通外枢纽可达性比例

米但低于 12 千米/平方千米的有 46 个（占比约 37%），达到 12 千米/平方千米的有 3 个（占比约 3%），主要位于湖滨地区、萧山和临安主城区（见图 7-6）。

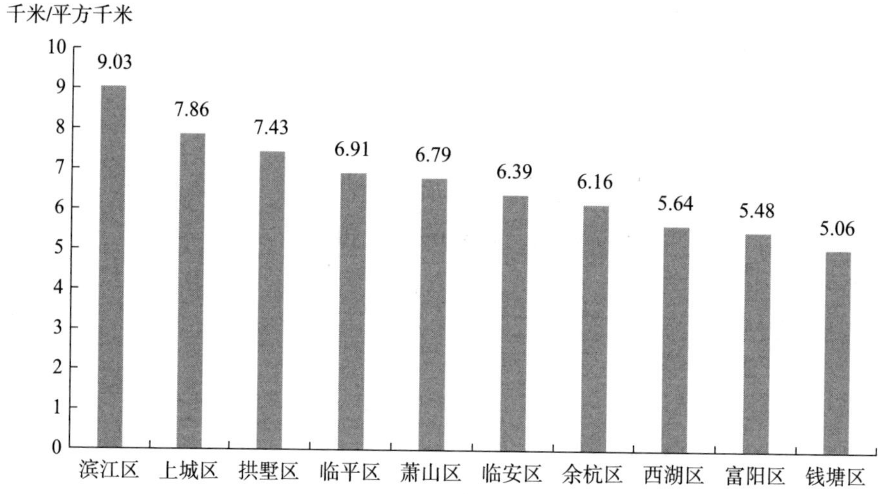

图 7-6　各区路网密度统计

（3）系统全面性：轨道站点 800 米范围内人口岗位覆盖率

数据来源：手机信令数据。

指标计算：轨道站点 800 米范围内覆盖的人口岗位数量/该行政区总人口岗位数量，单位:%。

指标分析：现状轨道站点周边 800 米范围内的人口岗位（职住人口）约

为 756 万人，覆盖率约为 42%。站点 800 米范围内平均职住人口数量约 3 万，其中 2 号线、1 号线、5 号线、10 号线沿线职住人口较多，站均职住人口都在平均值以上；杭临线、杭富线沿线职住人口较低，站均常住人口仅 1 万人左右（见图 7-7、图 7-8）。

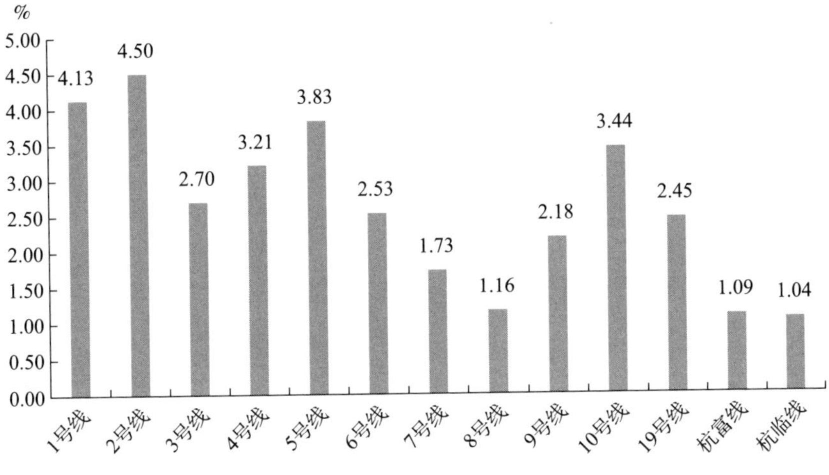

图 7-7　分线路 800 米范围内人口岗位覆盖率

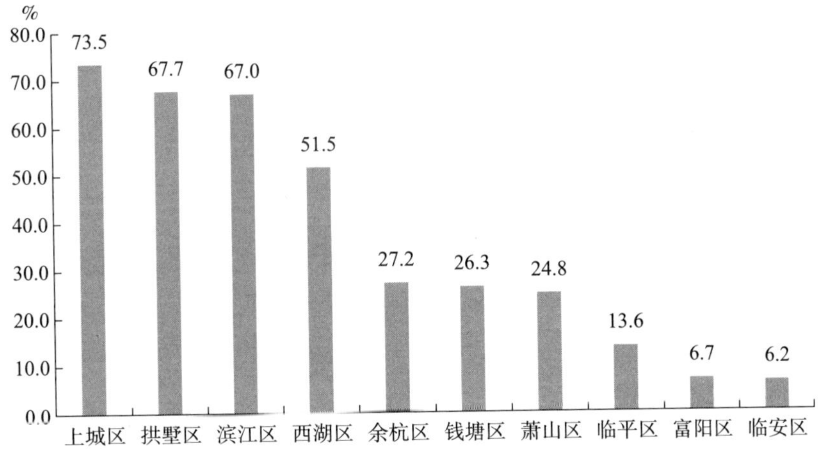

图 7-8　各区轨道站 800 米范围内人口岗位覆盖率

（4）系统全面性：常规公交站点 300 米范围覆盖率

数据来源：公交站点 POI 数据。

指标计算：公交站点 300 米覆盖范围面积/建成区范围面积，单位:%。

指标分析：总体来看，随着近年来公交都市建设，主城区公交站点300 米范围覆盖率较高（见图 7-9）。

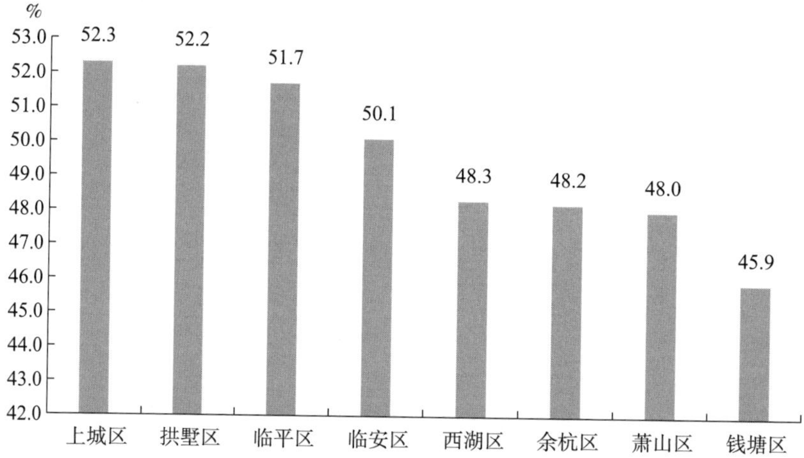

图 7-9　各区公交站 300 米范围覆盖率

（5）系统全面性：泊位车辆比

数据来源：《杭州市停车设施专项规划（征求意见稿）》现状调查数据。

指标计算：该区的停车泊位数量/该区的机动车保有量。

指标分析：从停车设施供给来看，钱塘区的停车供给水平相对较高，泊位车辆比达到 2. 11，其他区域基本在 1. 0 左右，富阳区的停车设施供给水平有待进一步提升（见图 7-10）。

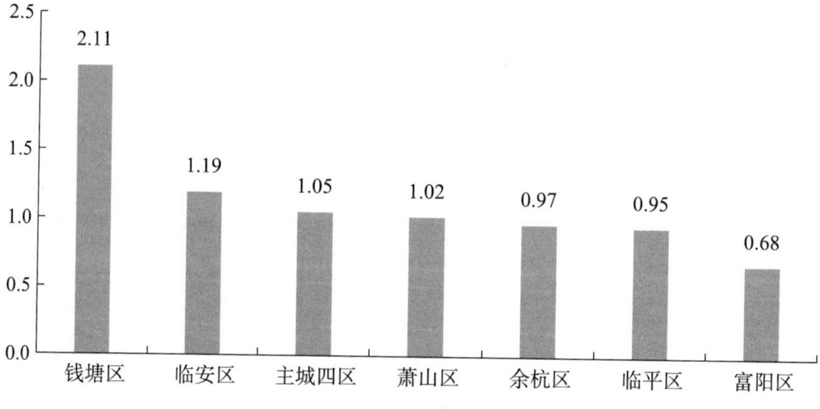

图 7-10　各区泊位车辆比

（6）系统全面性：新能源汽车充电桩密度

数据来源：省、市新能源数据平台。

指标计算：该区的充电桩数量/建成区范围面积，单位：个/平方千米。

指标分析：滨江、钱塘、富阳等区较高，滨江区最高达到 33.6 个/平方千米，临平区和临安区新能源汽车充电桩建设相对滞后（见图 7-11）。

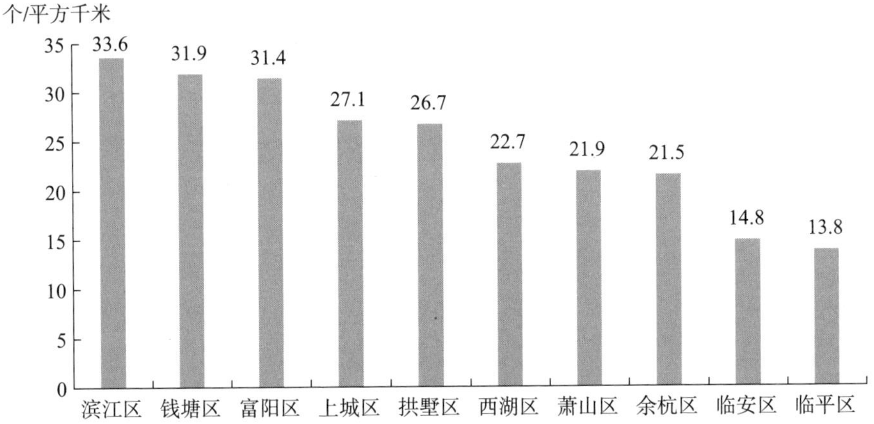

图 7-11　各区新能源汽车充电桩密度

（7）系统融合性：轨道站点周边 50 米接驳公交车站设置率

数据来源：轨道交通站点、公交站点 POI 数据。

指标计算：轨道站点周边 50 米范围内设有公交站的轨道站点数量/总轨道站点数量，单位：%。

指标分析：总体来看，上城区与西湖区的公交与轨道接驳设施服务相对较好（见图 7-12）。

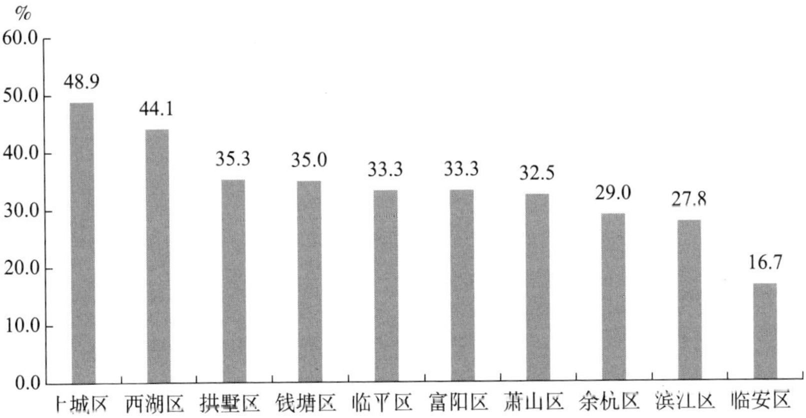

图 7-12　各区轨道站点周边 50 米接驳公交车站设置率

（8）系统融合性：轨道站点出入口直连度

数据来源：地铁集团数据、百度地图等互联网数据。

指标计算：具备与建筑直连出入口的轨道站数量/轨道站总数量，单位:%。

统计现有站点已开通 1138 个出入口，与周边地块直连的出入口 177 个，直连度约 16%。按站点统计，已开通 251 个站点中，78 个站点有直连出入口，直连度约 31%，主要位于 1 号线、2 号线、6 号线（见图 7-13）。

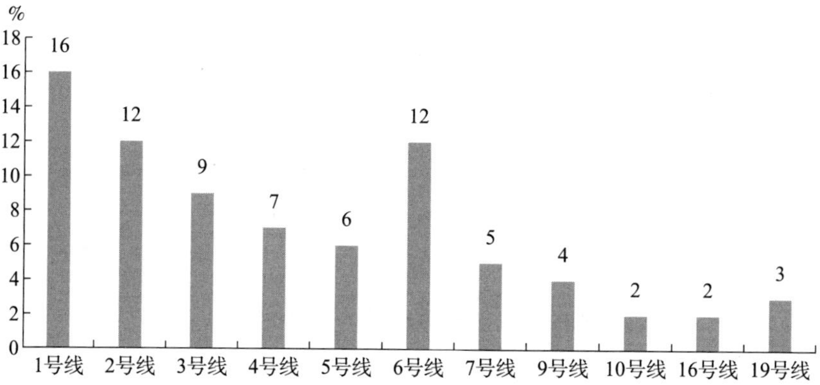

图 7-13　分线路出入口直连度

指标分析：分区来看，上城区、临平区、西湖区轨道站点与周边地块直连度做得较好（见图 7-14）。

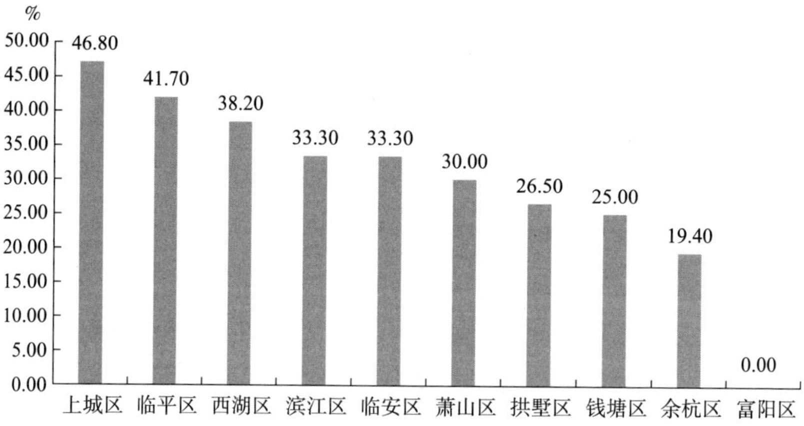

图 7-14　各区轨道站点直连度

（9）系统融合性：轨道站点活力度

数据来源：市地铁集团提供客流数据、手机信令数据。

指标计算：结合地铁站客流数据计算节点的活力数值，单位:%。

指标分析：从分区指标来看，主城区轨道站点活力度相对较高，其中滨江区最高，达到 23.4%（见图 7-15）。

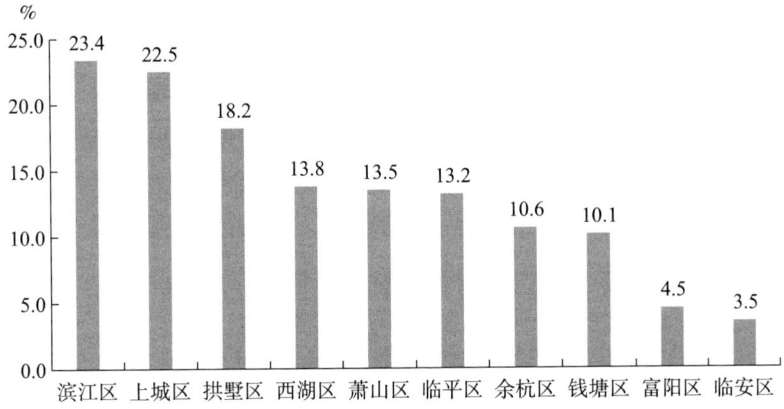

图 7-15　各区轨道站点活力度

（10）群体差异化：敬老爱老公交线路设置率

数据来源：市公交集团、第七次全国人口普查。

指标计算：敬老爱老公交线路数量/60 岁以上人口数量，单位：条/万人。

指标分析：西湖区、上城区敬老爱老公交线路设置较高，其中西湖区最高达到 0.33 条/万人（见图 7-16）。

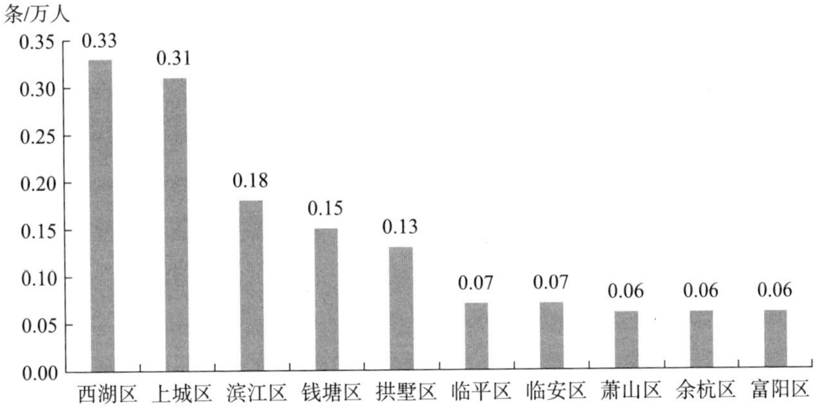

图 7-16　敬老爱老公交线路设置率

（11）群体差异化：学生求知专线设置率

数据来源：市公交集团、第七次全国人口普查。

指标计算：求知专线公交线路数量/14 岁以下人口数量。(条/万人)

指标分析：临安区和富阳区的学生求知专线设置比例较高，其中临安区最高达到 27.36 条/万人（见图 7-17）。

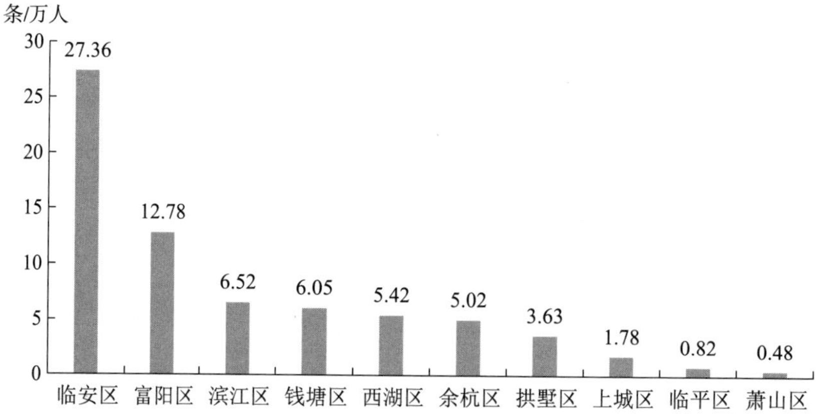

图 7-17　求知专线公交设置率

(12) 服务品质化：高峰期区域拥堵指数

数据来源：百度地图平台。

指标计算：高峰期实际行程时间/畅通行程时间。

指标分析：高峰期区域拥堵指数外围区较低，主城区相对较高，道路交通总体运行在可接受范围内（见图 7-18）。

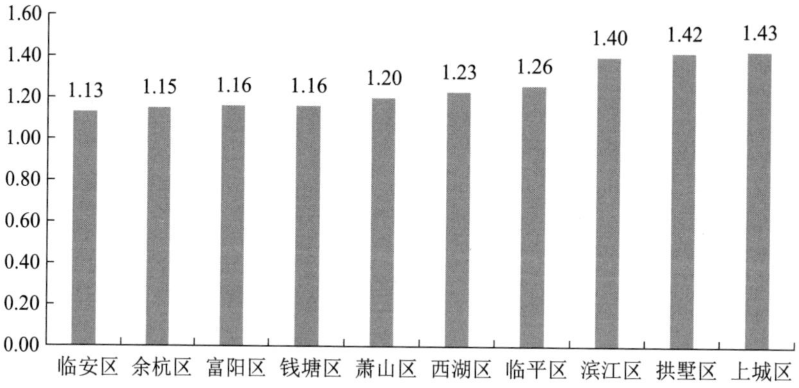

图 7-18　各区拥堵指数

(13) 服务品质化：公交站点实时信息显示屏覆盖率

数据来源：市公交集团。

指标计算：设置实时到达信息显示屏的公交站点数量/公交站点总数量，单位：%。

指标分析：公交站点实时信息显示屏覆盖率水平总体较低，优化该指标能够在一定程度上提升常规公交的信息化服务水平以及公交出行者的出行体验（见图 7-19）。

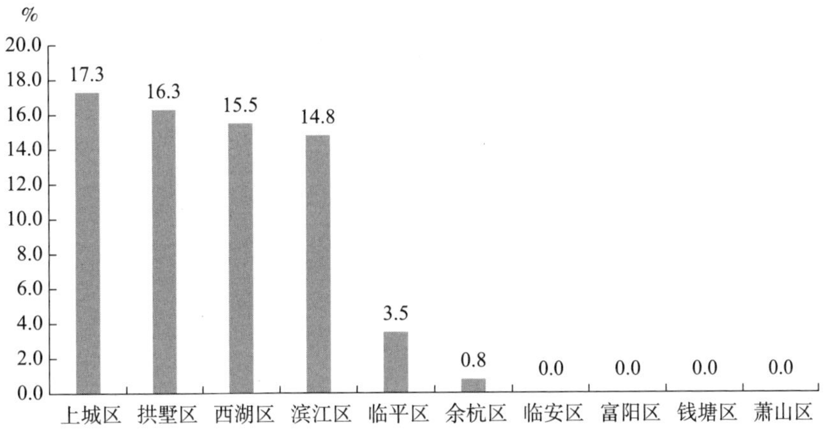

图 7-19　公交站点实时信息显示屏覆盖率

（14）服务品质化：公交与小汽车行程时间比

数据来源：百度地图平台。

指标计算：该区到达市民中心的公共交通出行平均时长/该区到达市民中心的小汽车出行平均时长。

计算过程中划分 500 米×500 米网格，以市民中心为起点，公共交通与小汽车出行的平均时耗比约为 1.6（宜控制在 1.5 倍以内）。近一半区域的时耗比在 1.5 倍以内，约 23%的区域时耗比在 2 倍以上。其中，轨道交通在 20~30 千米的中长距离出行中更有优势（见图 7-20）。

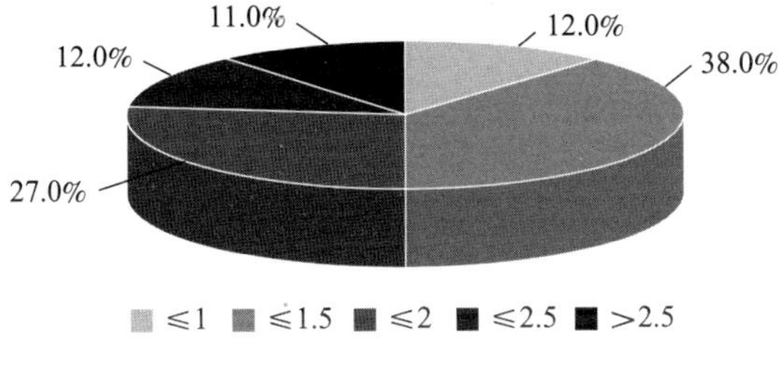

图 7-20　划分网格公交与小汽车行程时间比

指标分析：公交与小汽车行程比临安区最低，仅为 1.23，上城区最高达到 2.26。该指标反映了公共交通出行的时效性、相对于私人机动化交通的竞争力以及服务品质，数值越低代表公交服务水平越优（见图 7-21）。

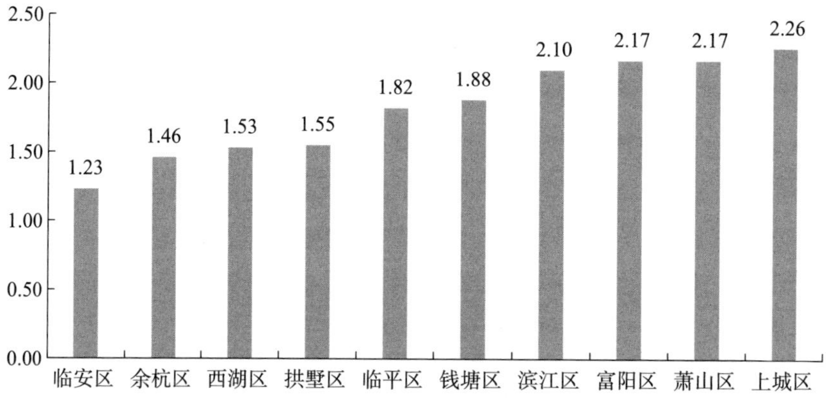

图 7-21　公交与小汽车行程时间比

7.3.5.4　评价过程

（1）赋指标权重值，本实例评估采用专家问询法确定 4 个指标类别的权重。每个分项下的具体指标按照出行体验>运行效果>设施建设进行权重赋值，详见表 7-6。

表 7-6　实例评估的权重赋值结果

指标分类	权重值（%）
系统全面性	40
系统融合性	25
群体差异化	15
服务品质化	20

（2）获取指标数值，得到原始矩阵，详见表 7-7。

（3）将原始矩阵正向化。高峰期拥堵指数、公交和小汽车行程时间比这两个指标越小越好，采用取倒数的方法进行正向化处理，详见表 7-8。

（4）设定指标的“理论最大值”与“理论最小值”。

表 7-7 实例评估——原始矩阵

行政区	系统全面性						系统融合性			群体差异化		服务品质化		
	对外交通枢纽可达性（%）	建成区路网密度（千米/平方千米）	轨道站点800米范围内人口岗位覆盖率（%）	常规公交站点300米范围覆盖率（%）	泊位车辆比	新能源汽车充电桩密度（个/平方千米）	轨道站点周边50米接驳公交车站设置率（%）	轨道站点出入口直连度（%）	轨道站点活力度	敬老爱老公交线路设置率（条/万人）	学生求知专线设置率（条/万人）	高峰期区域拥堵指数	公交站点实时信息显示屏覆盖率（%）	公交与小汽车行程时间比
上城区	87.4	7.9	73.5	52.3	1.05	27.1	48.9	46.8	0.23	0.31	1.78	1.43	17.3	2.26
拱墅区	66.1	7.4	67.7	52.2	1.05	26.7	35.3	26.5	0.18	0.13	3.63	1.42	16.3	1.55
西湖区	33.3	5.6	51.5	48.3	1.05	22.7	44.1	38.2	0.14	0.33	5.42	1.23	15.5	1.53
滨江区	77.0	9.0	67.0	52.6	1.05	35.6	27.8	33.3	0.23	0.18	6.52	1.40	14.8	2.10
萧山区	21.3	6.8	24.8	48.0	1.02	21.9	32.5	30.0	0.13	0.06	0.48	1.20	0	2.17
余杭区	15.8	6.2	27.2	48.2	0.97	21.5	29.0	19.4	0.11	0.06	5.02	1.15	0.8	1.46
临平区	10.3	6.9	13.6	51.7	0.95	13.8	33.3	41.7	0.13	0.07	0.82	1.26	3.5	1.82
钱塘区	12.5	5.1	26.3	45.9	2.11	31.9	35.0	25.0	0.10	0.15	6.05	1.16	0	1.88
富阳区	0	5.5	6.7	53.7	0.68	31.4	33.3	0	0.04	0.06	12.78	1.16	0	2.17
临安区	0.3	6.4	6.2	50.1	1.19	14.8	16.7	33.3	0.04	0.07	27.36	1.13	0	1.23

表 7-8 实例评估——正向化矩阵

行政区	系统全面性						系统融合性			群体差异化		服务品质化		
	对外交通枢纽可达性（%）	建成区路网密度（千米/平方千米）	轨道站点800米范围内人口岗位覆盖率（%）	常规公交站点300米范围覆盖率（%）	泊位车辆比	新能源汽车充电桩密度（个/平方千米）	轨道站点周边50米接驳公交车站设置率（%）	轨道站点出入口直连度（%）	轨道站点活力度	敬老爱老公交线路设置率（条/万人）	学生求知专线设置率（条/万人）	高峰期区域拥堵指数（正向化）	公交站点实时信息显示屏覆盖率（%）	公交与小汽车行程时间比（正向化）
上城区	87.4	7.9	73.5	52.3	1.05	27.1	48.9	46.8	0.23	0.31	1.78	0.70	17.3	0.44
拱墅区	66.1	7.4	67.7	52.2	1.05	26.7	35.3	26.5	0.18	0.13	3.63	0.70	16.3	0.64
西湖区	33.3	5.6	51.5	48.3	1.05	22.7	44.1	38.2	0.14	0.33	5.42	0.81	15.5	0.65
滨江区	77.0	9.0	67.0	52.6	1.05	35.6	27.8	33.3	0.23	0.18	6.52	0.71	14.8	0.48
萧山区	21.3	6.8	24.8	48.0	1.02	21.9	32.5	30.0	0.13	0.06	0.48	0.84	0	0.46
余杭区	15.8	6.2	27.2	48.2	0.97	21.5	29.0	19.4	0.11	0.06	5.02	0.87	0.8	0.69
临平区	10.3	6.9	13.6	51.7	0.95	13.8	33.3	41.7	0.13	0.07	0.82	0.79	3.5	0.55
钱塘区	12.5	5.1	26.3	45.9	2.11	31.9	35.0	25.0	0.10	0.15	6.05	0.86	0	0.53
富阳区	0	5.5	6.7	53.7	0.68	31.4	33.3	0	0.04	0.06	12.78	0.86	0	0.46
临安区	0.3	6.4	6.2	50.1	1.19	14.8	16.7	33.3	0.04	0.07	27.36	0.89	0	0.81

在使用 TOPSIS 法的过程中，一般情况下，评价对象和评价指标的数目都很多，且很多指标并不存在理论上的最大值或最小值，因此在计算过程中采用实际数据中的最大值和最小值来作为“最优解”和“最劣解”，故得到的评价结果仅表示评价对象之间的相对优劣。

如果能够人为设定指标的“理论最大值”（满分取值）和“理论最小值”（零分取值），并参与到 TOPSIS 法的计算过程之中，便可以得到一个绝对评分，且也能比较评价对象之间的相对优劣。

设定 10 个评价指标的“理论最大值”与“理论最小值”，见表 7-9。

表 7-9　设定的评价指标理论最优解和最劣解

指标分类	具体指标	理论最大值（满分取值）	理论最小值（零分取值）
系统全面性	对外交通枢纽可达性	100%	0
	建成区路网密度	8，≥8 即为满分	0
	轨道站点 800 米范围内人口岗位覆盖率	65%，≥65%即为满分	0
	常规公交站点 300 米范围覆盖率	90%，≥90%即为满分	0
	泊位车辆比	1.3，≥1.3 即为满分	0
	新能源汽车充电桩密度	取实际数据最大值	0
系统融合性	轨道站点周边 50 米接驳公交车站设置率	100%	0
	轨道站点出入口直连度	100%	0
	轨道站点活力度	100%	0
群体差异化	敬老爱老公交线路设置率	取实际数据最大值	0
	学生求知专线设置率	取实际数据最大值	0
服务品质化	高峰期区域拥堵指数（取倒数）	1	0
	公交站点实时信息显示屏覆盖率	100%	0
	公交与小汽车行程时间比（取倒数）	1	0

设定理论最值后的正向化矩阵，详见表 7-10；将正向矩阵标准化，见表 7-11。

表 7-10 实例评估——包含理论最值的正向化矩阵

行政区	系统全面性						系统融合性			群体差异化		服务品质化		
	对外交通枢纽可达性（%）	建成区路网密度（千米/平方千米）	轨道站点800米范围内人口岗位覆盖率（%）	常规公交站点300米范围覆盖率（%）	泊位车辆比	新能源汽车充电桩密度（个/平方千米）	轨道站点周边50米接驳公交车站设置率（%）	轨道站点出入口直连度（%）	轨道站点活力度	敬老爱老公交线路设置率（条/万人）	学生求知专线设置率（条/万人）	高峰期区域拥堵指数（正向化）	公交站点实时信息显示屏覆盖率（%）	公交与小汽车行程时间比（正向化）
上城区	87.4	7.9	65	52.3	1.05	27.1	48.9	46.8	0.23	0.31	1.78	0.70	17.3	0.44
拱墅区	66.1	7.4	65	52.2	1.05	26.7	35.3	26.5	0.18	0.13	3.63	0.70	16.3	0.64
西湖区	33.3	5.6	51.5	48.3	1.05	22.7	44.1	38.2	0.14	0.33	5.42	0.81	15.5	0.65
滨江区	77.0	8	65	52.6	1.05	35.6	27.8	33.3	0.23	0.18	6.52	0.71	14.8	0.48
萧山区	21.3	6.8	24.8	48.0	1.02	21.9	32.5	30.0	0.13	0.06	0.48	0.84	0	0.46
余杭区	15.8	6.2	27.2	48.2	0.97	21.5	29.0	19.4	0.11	0.06	5.02	0.87	0.8	0.69
临平区	10.3	6.9	13.6	51.7	0.95	13.8	33.3	41.7	0.13	0.07	0.82	0.79	3.5	0.55
钱塘区	12.5	5.1	26.3	45.9	1.3	31.9	35.0	25.0	0.10	0.15	6.05	0.86	0	0.53
富阳区	0	5.5	6.7	53.7	0.68	31.4	33.3	0	0.04	0.06	12.78	0.86	0	0.46
临安区	0.3	6.4	6.2	50.1	1.19	14.8	16.7	33.3	0.04	0.07	27.36	0.89	0	0.81
max	100	8	65	53.7	1.3	35.6	100	100	1	0.33	27.36	1	100	1
min	0	0	0	0	0	0	0	0	0	0	0	0	0	0

表 7-11 实例评估——标准化矩阵

行政区	系统全面性						系统融合性			群体差异化		服务品质化		
	对外交通枢纽可达性（%）	建成区路网密度（千米/平方千米）	轨道站点800米范围内人口岗位覆盖率（%）	常规公交站点300米范围覆盖率（%）	泊位车辆比	新能源汽车充电桩密度（个/平方千米）	轨道站点周边50米接驳公交车站设置率（%）	轨道站点出入口直连度	轨道站点活力度	敬老爱老公交线路设置率（条/万人）	学生求知专线设置率（条/万人）	高峰期区域拥堵指数（正向化）	公交站点实时信息显示屏覆盖率（%）	公交与小汽车行程时间比（正向化）
上城区	0.50	0.35	0.44	0.31	0.30	0.31	0.34	0.33	0.20	0.48	0.04	0.25	0.16	0.21
拱墅区	0.38	0.33	0.44	0.31	0.30	0.30	0.24	0.19	0.16	0.21	0.09	0.26	0.16	0.31
西湖区	0.19	0.25	0.35	0.30	0.30	0.26	0.31	0.27	0.12	0.51	0.13	0.30	0.15	0.31
滨江区	0.44	0.36	0.44	0.31	0.30	0.40	0.19	0.23	0.21	0.29	0.15	0.26	0.14	0.23
萧山区	0.12	0.30	0.17	0.29	0.29	0.25	0.22	0.21	0.12	0.10	0.01	0.30	0	0.22
余杭区	0.09	0.27	0.18	0.29	0.27	0.24	0.20	0.14	0.10	0.10	0.12	0.32	0.01	0.33
临平区	0.06	0.31	0.09	0.31	0.27	0.16	0.23	0.29	0.12	0.12	0.02	0.29	0.03	0.26
钱塘区	0.07	0.23	0.18	0.28	0.37	0.36	0.24	0.18	0.09	0.24	0.14	0.32	0	0.25
富阳区	0	0.24	0.05	0.31	0.19	0.35	0.23	0.00	0.04	0.09	0.30	0.32	0	0.22
临安区	0	0.28	0.04	0.31	0.34	0.17	0.12	0.23	0.03	0.11	0.64	0.32	0	0.39
max	0.58	0.36	0.44	0.31	0.37	0.40	0.69	0.70	0.91	0.51	0.64	0.36	0.95	0.48
min	0.00	0.00	0.00	0.00	0.00	0.00	0.12	0.00	0.00	0.00	0.00	0.00	0.00	0.00

（5）计算各评价对象与最大值、最小值的欧氏距离，并计算得分（百分制），详见表 7-12。

表 7-12 实例评估——各评价对象与最值的欧氏距离以及各分项得分

行政区	系统全面性			系统融合性			群体差异化			服务品质化		
	D_i^+	D_i^-	得分	D_i^+	D_i^-	得分	D_i^+	D_i^-	得分	D_i^+	D_i^-	得分
上城区	0. 14	0. 92	86. 8	0. 87	0. 51	37. 2	0. 60	0. 48	44. 6	0. 84	0. 37	30. 6
拱墅区	0. 23	0. 85	78. 5	1. 01	0. 35	25. 7	0. 64	0. 22	26. 0	0. 82	0. 43	34. 3
西湖区	0. 44	0. 68	60. 7	0. 97	0. 43	30. 4	0. 52	0. 53	50. 7	0. 82	0. 45	35. 6
滨江区	0. 15	0. 93	86. 1	0. 98	0. 37	27. 5	0. 54	0. 33	37. 9	0. 85	0. 37	30. 4
萧山区	0. 56	0. 60	51. 9	1. 04	0. 33	24. 2	0. 76	0. 10	11. 3	0. 99	0. 38	27. 5
余杭区	0. 59	0. 58	49. 8	1. 10	0. 26	19. 1	0. 67	0. 15	18. 4	0. 96	0. 46	32. 2
临平区	0. 68	0. 55	44. 6	1. 00	0. 39	28. 1	0. 74	0. 12	13. 6	0. 95	0. 39	29. 3
钱塘区	0. 59	0. 66	52. 8	1. 07	0. 31	22. 6	0. 57	0. 28	32. 7	0. 98	0. 40	29. 2
富阳区	0. 73	0. 56	43. 6	1. 31	0. 04	3. 0	0. 54	0. 31	36. 8	0. 99	0. 38	28. 0
临安区	0. 74	0. 56	43. 2	1. 15	0. 26	18. 7	0. 40	0. 65	61. 8	0. 96	0. 50	34. 5

（6）根据各分项的权重，加权求和计算综合得分，见表 7-13。

表 7-13 各区得分汇总

行政区	系统全面性得分	系统融合性得分	群体差异化得分	服务品质化得分	加权计算综合得分
上城区	86. 8	37. 2	44. 6	30. 6	56. 8
拱墅区	78. 5	25. 7	26. 0	34. 3	48. 6
西湖区	60. 7	30. 4	50. 7	35. 6	46. 6
滨江区	86. 1	27. 5	37. 9	30. 4	53. 1
萧山区	51. 9	24. 2	11. 3	27. 5	34. 0
余杭区	49. 8	19. 1	18. 4	32. 2	33. 9
临平区	44. 6	28. 1	13. 6	29. 3	32. 8
钱塘区	52. 8	22. 6	32. 7	29. 2	37. 5
富阳区	43. 6	3. 0	36. 8	28. 0	29. 3
临安区	43. 2	18. 7	61. 8	34. 5	38. 1

注：权重分别为：系统全面性 40%，系统融合性 25%，群体差异化 15%，服务品质化 20%。

最后各区综合排名结果见表 7-14。

表 7-14　各区综合排名结果

排名	行政区	综合得分
1	上城区	56.8
2	滨江区	53.1
3	拱墅区	48.6
4	西湖区	46.6
5	临安区	38.1
6	钱塘区	37.5
7	萧山区	34.0
8	余杭区	33.9
9	临平区	32.8
10	富阳区	29.3

7.3.5.5　评价结论及应用价值

（1）单项指标指导设施完善

杭州市目前已形成 516 千米的轨道交通网络，慢行交通是轨道交通接驳方式的重要组成部分，前期对站点接驳方式的调查显示，站点慢行交通接驳比例普遍在 40%~60%（末端站及交通接驳站除外），因此解决轨道交通出行“最后一公里”是提升轨道出行的重要手段，见图 7-22。

“轨道交通站点 10 分钟步行可达性”指标，可以指导下一阶段轨道站点周边路网的完善。研究基于 OSM 路网，以地铁站为中心，画出 10 分钟步行实际可达范围，计算得到 10 分钟步行可达范围占 800 米理想服务半径覆盖圈的比例。

现状覆盖比例低于 50%以下的站点比例占 67%，以外围地区站点为主，部分站点受水系阻隔，轨道交通站点实际可达性受限。

案例 1：桃源街站，受上塘河阻隔，东侧居住区的可达性较差，绕行距离为 1.9 千米，大大降低了轨道站点的便捷服务。按规划实施北秀街跨上塘河通道，可以有效提升北景园小区的轨道服务，充分发挥地铁站点效能。

案例 2：新风站，受麦庙港阻隔，轨道站点 10 分钟覆盖率仅为理想值的 22%，慢行接驳可达性较差，西侧居民绕行距离为 1.5 千米。按规划实施天运路过麦庙港慢行通道，打通麦庙港节点，则大大改善西侧万家花园、天运花园等居民轨道出行便利性。

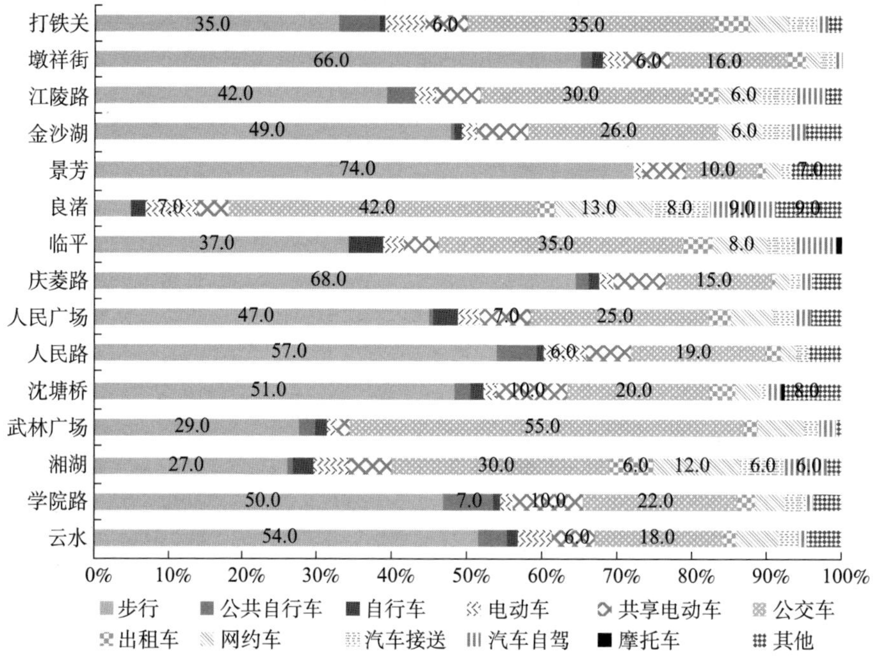

图 7-22 现状轨道站点交通接驳方式占比

（2）综合指标反映治理成效

鉴于本书部分指标计算的数据采集来源于互联网，并非官方提供，因此计算结果可能会存在一定的偏差。指标试算主要目的是验证评价方法和指标体系框架的可操作性，为交通系统化治理评价提供参考。

①从系统全面性来看，上城区和滨江区的交通设施供给较好，外围临安区、富阳区和临平区交通供给相对不足。临安区需重点加强对外枢纽可达性、提升轨道站点的人口岗位覆盖率、加快新能源汽车充电桩规划建设等；富阳区需提升建成区的路网密度，提高轨道站点的人口岗位覆盖率，结合需求提高静态交通设施的供给。临平区需重点提高轨道站点的人口岗位覆盖率、加快新能源汽车充电桩规划建设等。

②从系统融合性来看，上城区、滨江区、西湖区和临平区轨道交通“三网融合”实施较好，富阳区轨道融合方面相对不足，需要加强轨道与公交的融合发展、轨道站点出入口与用地联通方面的研究。

③从群体差异化来看，评估实例主要针对一老一少指标，临安区学生求知专线设置较为广泛，排名第一；西湖区由于敬老爱老公交专线设置较多，紧随其后；临平、余杭、萧山等区敬老爱老公交专线设置率和学生求知专线

设置率相对不高，建议结合学生和老年人出行需求，开展儿童友好和老年人友好的交通设施规划建设研究。

④从服务品质化来看，评估主要选择公交站点实时信息显示屏覆盖率、公交与小汽车行程时间比、高峰期区域拥堵指数 3 个指标，由于中心城区道路交通较为拥堵，高峰期拥堵指数和公交与小汽车行程时间比表现不如外围区，但中心城区公交站点实时信息显示屏覆盖率优于外围区。从总体评价来看，拱墅区、西湖区和临安区的服务品质相对较好。

基于系统全面性、系统融合性、群体差异化和服务品质化四大类指标分析，上城区和滨江区的综合表现较优。

第8章 杭州市城市交通治理策略

8.1 交通与用地一体化策略

8.1.1 框架思路

从表面上看，杭州市城市交通供需不平衡是形成交通拥堵问题的直接原因，但从深层次来看，根本原因是城市土地利用与交通系统的不协调。城市空间从双中心向多中心演变，外围辅城吸引中心城区的人口与产业向外扩散，造成交通拥堵。从城市规划的角度来看，只有协调土地利用和交通系统的关系，减少非必须的交通量，同时不断优化交通需求的空间分布，才能从根本上缓解城市面临的交通问题。2022 年 9 月 15 日，杭州市治理城市交通拥堵工作领导小组发布了《杭州市城市交通系统化综合治理十大行动实施方案》，强调“加强轨道交通和周边用地融合”为实施城市规划建设与交通协同行动之一，以加快构建支撑“一主六辅三城”空间结构的城乡一体化交通网络，策略思路见图 8-1。

8.1.2 交通与用地一体化策略

8.1.2.1 宏观层面：优化空间布局，促进职住平衡

（1）推动土地利用规划与交通政策一体化

土地利用规划与交通政策引领至关重要。要打破以往解决交通问题与空间规划脱节的做法，在体制上需做到两者并轨，使交通政策与市域城镇体系格局相结合，切实推进新城的建设，疏解中心城人口，以此缓解中心城的交通拥挤。

除已发布的各项实施性政策之外，新编制的土地规划需注重交通结构与用地空间结构之间的相互关系，用地与交通同步规划，动态化加强“多中心、

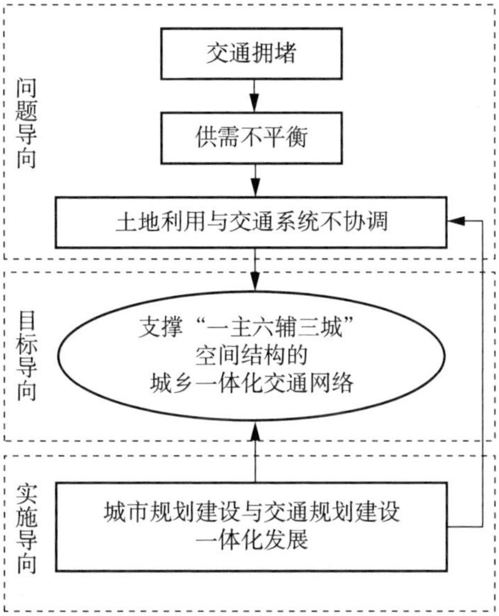

图 8-1　杭州市一体化交通网络框架思路

组团式、生态型、网络化”格局，完善用地功能安排，促进轨道交通成网。在轨道交通已经形成主导的格局下，新增用地供应如何投放关系到巨额投资发挥效益的问题，需要用地规划与交通规划联动协同。

（2）推进人口与功能同步疏解

推动人口、城市、产业、交通协调发展，需要从源头上减少长距离交通需求。通过加快副城和组团的医疗、文化、教育等优质公共服务设施建设，引导人口向副城和组团集聚，促进产城融合发展，进一步疏解核心区压力。加强核心区用地布局调整，行政中心、公共服务、商业服务、居住职能向外疏解，对主城的依赖逐渐减弱，从源头降低出行总量。加快大型综合医院在外围组团和区域建设，鼓励重点三甲医院在外围地区设立分院；严格控制主城核心区重点学校的招生规模，推进新校区规划选址，加快教育资源均等化布局等。

8.1.2.2　中观层面：加强 TOD 应用，推动交通与用地协调发展

（1）建设功能锚固枢纽

功能锚固枢纽的实现最重要的是理念上的转变，轨道交通建设不是以建成通车为终点，其最终目的是更好地支撑城市发展，这一理念需要贯穿规划建设的全过程。完善客运枢纽布局，需充分发挥杭州东站、杭州西站、杭州

南站等大型综合交通枢纽功能，补强杭州城站，建成钱塘枢纽，完善集散枢纽体系。在既有的高密度就业中心和大型居住区周边通过加密轨道交通线路和站点、大容量公交枢纽、通勤快线等方式，加强对区域功能的支撑能力。在外围新建的功能区和就业中心，从规划阶段就开始强调功能区与城际铁路、区域铁路、地铁快线枢纽站点的近接性和可达性。

（2）以轨道站点为核心进行土地开发

伴随交通与用地一体化发展走向深入，公共服务中心体系逐渐与轨道交通等级体系耦合在一起，等级越高的中心越需要多条地铁交会连接。因此，需在不同等级站点地区建立不同的用地储备和开发策略（见表 8-1），推进用地—交通一体化布局。

表 8-1　规划控制引导一览表

	特级		Ⅰ级		Ⅱ级	
内容	核心区	辐射区	核心区	辐射区	核心区	辐射区
范围	1000 米	1500 米	800 米	1000 米	500~800 米	800~1000 米
混合程度	高	高	高	一般	一般	低
布局特征	各类用地圈层布局特征均不显著		各类用地圈层布局特征较为显著		商业、居住、道路用地圈层布局特征明显	
开发策略	整体规划、渐进式开发		渐进式开发，留足后续发展用地		渐进式改造提升，适度保留发展用地	
开发强度	高	高	中—高	中	高	中
地下空间	深层开发，一体化设计，鼓励地下功能混合开发与一体化建设		中层开发，一体化设计，鼓励设置地下商业等经营性功能		中、浅层开发，鼓励适度设置地下商业等经营性功能	
接驳交通	设置大型公交换乘站、综合停车楼交通一体化设计/无缝换乘		立体化布置公交接驳设施，实现轨道与公交换乘的无缝接驳		以地面公交及公共自行车接驳为主，配套出租车和私人汽车接驳设施，可设置“P+R”换乘系统	

资料来源：《杭州市轨道交通 TOD 综合利用专项规划》。

在站点地区用地规划中应注重协调经济与社会效益的关系：靠近站点的内圈层，可重点安排商业、办公等营利性功能，以提升土地经济效益为主要目标；而外圈层应结合居住用地配置完善的基础教育、医疗等公共设施与公园绿地，同时考虑多种住宅形式，特别是保障性住房的供给与混合，以利于在对优势区位资源的市场竞争中确保社会的公平和谐。

对于杭州市来说，当前 TOD 开发模式的关键是需要扫清体制、机制方面的障碍，创新土地招标、投融资、规划管理等方面的政策机制。一是调整土地招标政策。二是创新投融资体制。探索“轨道+物业”综合开发模式，利用物业开发回收增值，补贴基础设施建造成本，令项目可达合理回报。三是完善规划管理措施。完善开发权转移容积率奖励等一系列规划管理措施，建立相应长效制度机制，推动 TOD 模式落地。

8.1.2.3　微观层面：完善配套服务设施，实现“三同步”

杭州市规划自然资源部门应积极编制《杭州市轨道交通场站与周边用地一体化规划建设实施细则》（以下简称《实施细则》），进一步规范化、制度化、程序化推动本市轨道交通场站一体化工作，针对实际轨道一体化工作实践中遇到的难点、堵点问题提出政策措施。坚持轨道交通与其他公共交通设施同步配套建设的模式，即加强公交、公共自行车、停车场（库）等配套接驳，做到与城市轨道交通同步规划、同步建设、同步竣工、同步验收、同步使用。

①针对轨道建设与沿线用地规划编制时序不同步情况，轨道交通投资建设主体应会同区政府共同编制线路一体化规划方案，同步进行用地梳理、方案研究，并形成任务清单，与街区指引、乡镇国土空间规划、街区控规做好衔接。

②针对与轨道交通项目密不可分、需同步实施的交通接驳设施、公共服务设施等，可由轨道交通投资建设主体随轨道交通项目申报用地预审与选址意见书，纳入轨道交通项目可研或初步设计，同步实施。支持轨道交通项目通过一体化规划建设提供便民服务，并将相应收益反哺轨道交通。将站点周边接驳设施、场地、非机动停车设施、连廊等站点、线路周边用地纳入控规，保证同步规划、同步设计、同步实施的“三同步”。

③针对车站毗邻用地建设项目与轨道站点一体化衔接，需与轨道项目同期实施的道路、公交场站、交通接驳等交通市政设施，应优先纳入市、区重大项目储备库，由市相关部门、区政府统筹做好资金保障，加快组织建设，确保与轨道交通同步投入使用。

8.2　系统化交通需求引导策略

8.2.1　杭州市交通需求引导目标及策略

8.2.1.1　杭州市交通需求引导目标

“十四五”时期，杭州面临世界一流社会主义现代化国际大都市建设及国际级体育赛事组织的考验，需协调赛事组织与城市交通的关系，保障赛事交通和城市居民交通有序运行。同时，受城市快速扩张、人口迅猛增长、新能源汽车不限购引起的小汽车保有量快速增长、网约车的高强度使用、公共汽（电）车吸引力下降等多重因素影响，交通需求特别是小汽车的出行需求仍在不断增加，交通运行压力持续增大。实践证明，增加供给的手段反而会激发出更多的潜在需求，同时新增的道路空间在平峰时段使用效率不高，长期来看不利于交通可持续发展。因而通过构建杭州市交通需求引导目标——高效、生态、便捷、智慧，使交通系统规划、管理、控制、服务一体化，通过多方合作机制促进城市交通治理现代化转型。

（1）设施更高效

杭州市基础设施网络已基本成型，包括516千米轨道网、480千米快速路网、“四位一体”公交网、“三网融合”地铁接驳体系，为城市交通治理奠定了坚实基础，如何提高基础设施使用效率是需求引导的主要方向。

（2）模式更生态

追求城市交通新模式，构建绿色交通出行主体地位，坚持公共交通优先发展，构建以多层次轨道交通为主体、公共汽（电）车为基础、水上巴士和公共自行车等辅助公交为补充的城市公共交通系统，深入推进新能源汽车等绿色出行方式发展。

（3）体验更便捷

构建便捷的交通接驳体系，满足多样化、多层次的出行需求。

（4）出行更智慧

借助互联网、云计算、大数据、物联网等先进技术和理念，将传统交通与互联网进行有效渗透和融合，实现交通出行智慧化，并普遍应用于交通出行。

8.2.1.2 杭州市交通需求引导策略

（1）从“齐头并进”向“有保有压”转变

在取消“双限”政策大背景下，通过政策调控实现交通协调发展，确立轨道交通、公共交通在交通出行中的主体地位，适当抑制机动车出行。

（2）由“设施建设”向“体系优化”转变

在用地“紧约束”背景下，设施建设的大环境已出现重大转变，需要更加注重交通体系的建设和管理，包括“窄马路、密路网”规划和建设、智慧交通体系、交通“微循环”组织、地铁站点“三网融合”建设、地铁和公交企业整合等。

（3）由“末端治理”向“前后兼顾”转变

从杭州市交通治理十大任务来看，主要侧重末端的交通管理，而新建或规划的城市交通枢纽、体育场馆、大型商场、医院、博物馆、展览馆、中小学等重大公共服务设施往往在规划源头即存在先天不足，造成后期管理阶段难以补足。

（4）由“以车为本”向“以人为本”转变

现在全国推行杭州样板“斑马线车让人”，以充分体现杭州“以人为本”的交通发展理念，杭州市需要在该样板基础上，进一步提升慢行交通体验，切实推行“窄马路、密路网”，包括宜行宜骑的慢行网，营造全龄友好的慢行环境，破除主干路和支小路设置的围栏，方便出行。

8.2.1.3　杭州市交通需求引导政策制定原则

（1）坚持问题导向原则

深入分析杭州市交通出行主要问题，针对中心城区快速路、过江交通、景区交通、学校、商场、医院等周边拥堵、停车难、轨道交通客流强度不高、轨道站点接驳不便、地面公交承载率低等问题，制定交通需求引导政策。

（2）坚持目标导向原则

在用地“紧约束”背景下，在大的交通基础设施建设持续性不足的条件下，在城市综合交通发展目标的框架下，制定交通需求引导政策。

（3）坚持综合施策原则

交通需求引导政策的制定需要进行系统协调，做到“有主有次、有推有拉”。

8.2.1.4　城市交通与空间协同发展

（1）公交引导空间开发策略

强化轨道枢纽在空间构造上的重要作用。新开发地区，围绕轨道站点进行高密度开发；存量地区，围绕轨道站点进行城市更新。

加快轨交网络建设，外围新城、副中心开发应完善轨道线网的覆盖，依托轨道枢纽构造片区中心，同时利用轨道线网重塑空间结构，提高跨区通勤出行的轨道分担比例。

（2）城区交通分区发展策略

杭州城区快速性交通系统应结合城区空间分区，利用轨道构建城市功能中心。各分区围绕轨道枢纽、轨道站点开发，利用轨道承担长距离通勤出行，同时多层次公交线网衔接功能中心，利用地面公交承担片区内出行。

①城市副中心——多向轨道支撑功能。如城北中心、大江东副中心、临平副中心以及江南副中心依托多向的轨道系统支持其区域功能发展，强调机动性。

②片区中心——轨道串联衔接。次级片区中心依托轨道网络串联功能、组织空间、联系中心区域，轨道廊道串联重要片区，组织空间结构，依托轨道走廊高密度开发。

③片区节点——轨道站点覆盖。对于人口出行集中的居住、教育、商业、商务节点，利用轨道站点进行覆盖支撑，强调可达性。同时，公交线网衔接轨道站点，提升出行效率。

合理控制老城区开发强度，疏解城市功能，统筹安排新城建设时序，突出轨道交通引导城市轴向拓展，强调走廊内职住平衡，优化城市用地布局，强调土地混合使用，从源头上减少出行需求。

8.2.1.5 干线交通提效发展

(1) 快速路系统提升网络容量

快速路系统的建设对于缓解城市道路拥堵有较为直观的作用，但同时也会诱导更多的机动车出行需求，必须与轨道线网建设时序合理设置，才能对交通出行产生良性诱导。“十四五”时期，全面建成文一西路、天目山路、彩虹快速路、时代大道、通城大道、艮山东路、留祥西路、东西大道等城市快速路；谋划实施留祥路西延至临安工程，系统研究钱塘江过江通道。

(2) 提升道路运载效率

在大力建设道路设施的同时，要相应提高其运载能力。杭州市主城区集聚大量的区域性公共服务设施和就业岗位，而人口增量却逐渐向郊区转移，在主城区的公共服务职能短期内向外疏解难度较高的情况下，未来杭州市主城区与外围组团之间将保持潮汐交通特征，联系组团与主城区之间的快速路双向流量的严重不均衡导致快速路道路空间的利用率较低。

结合潮汐交通特征明显的干线交通走廊，设置隔离式快速路高承载率潮汐车道（HOV），如主城区至主城西部及大西部交通走廊、主城区至江南城走廊、主城区至下沙走廊。在潮汐车道出入口处设置电子信息牌。交警部门通过对快速路流量的实时监控，发布潮汐车道通行信息，允许大、中型客车，公交车使用。

（3）干线道路保障长距离运送速度

快速路在城市道路系统中的定位是为城市中有较高车速、长距离交通提供服务。而杭州市城市核心区快速路网由于进出口匝道设置间距较小，在城市道路行驶不畅的条件下，大量短距离交通涌入快速路系统，快速路长距离的交通服务能力低下，形成了沿出入口蔓延的拥堵状况。将长短距离、快慢速度交通分离出来，能够提高干线交通通行效率，降低出行时耗，整体上提高城市交通可达性。

对快速路进出口匝道间距进行分区差异化调整，城市核心区范围内新建快速路需控制快速路出入口间距。已建快速路匝道间距不满足要求的，进行匝道信号控制，优化、关闭、调整快速道路的匝道。

逐步清退主要拥堵路段、施工路段周围路内停车位，提高次支路对短距离机动车交通的服务能力，缓解干线道路交通拥堵。结合支路区位条件及周边用地情况，实施差别化的路边停车管理政策，减少对动静态交通的影响。

8.2.1.6　交通转型发展

（1）保障公交专用路权策略

常规公交路权优先主要体现在路段以及交叉口两部分。路段的公交专用道、交叉口信号优先、进出口的连续性都是实施公交车路权优先的关键措施。目前，随着杭州市创建公交都市的一系列措施的实施，已经形成了较为良好的发展基础，但在公交专用道的实施过程中尚存包括执法不严、管理不清晰、利用效率低等问题。因此，针对以上问题，从公交专用道规划及设置的完善与提效，充分保障公交车路段优先等方面出发，提出以下发展建议：

①注重公交专用道的连续性设置，尤其注重公交专用道在公交走廊沿线的连续性设计，提高公交车在公交专用道上行驶的连续性与效率；

②重视公交专用道在道路交叉口处的优先处理，结合实际条件及需求，采取信号优先的技术，考虑给予公交专用道缩短公交车在交叉口的等候时间，从而减轻交叉口拥堵对公交专用道连续性的影响，提升公交车全程运行效率。

（2）强化公交换乘策略

杭州市现已形成并逐步完善包括“轨道、地面公交、公共自行车、水上巴士”在内的“四位一体”的大公交系统。考虑到目前“四位一体”大公交系统之间的发展仍处于缺乏协调整合的局面，因此，妥善处理地面公交场站同轨道站点、公共自行车租赁点、水上巴士停靠码头之间的协调布局关系，是提升“四位一体”大公交系统整体服务能力与水平的关键。因此，从大公交系统之间换乘优先的角度，提出以下发展建议：

①建议按照“系统形式”“出行距离”等分层、分级构筑主城区多方式综合换乘枢纽，一级换乘枢纽包括区域铁路站、长途客运站、轨道枢纽站、地面公交站，二级换乘枢纽包括轨道站、地面公交站、公共自行车租赁点，三级换乘枢纽包括社区公交、微循环公交、公共自行车租赁点。

②各级枢纽构建的过程中，不仅要关注各个系统场站空间距离上的整合，还应注重各系统之间的协调性，包括各个系统之间不出站换乘通道、一票制、换乘优惠价等价格调节措施。

（3）交通精细化管理策略

1）信号控制管理

在信号控制策略方面，杭州市需要全面优化城市主要道路交叉口信号灯设置与配时，提高通行能力、降低延误时间、减少交通事故，提升城市道路网总体通行水平。主要采取的措施如下：

①加强路口、路段信号灯设置的必要性研究，统筹考虑通行效率、交通安全，提高信号灯设置的科学性、合理性；

②加强信号配时研究，建立信号配时优化的长效工作机制；

③路段移动式信号灯通过无线方式实现与相邻交叉口的信号控制联动。

2）HOV 车道组织

高承载率车（High Occupancy Vehicle，HOV），是指载客数多的车辆。不少发达国家（如美国、加拿大等国）为实现更高效、更经济的客流运输，降低道路交通拥挤程度，保护环境质量，节约资源，往往为 HOV 车辆规划专门的车道供其行驶。

HOV 车道合法行驶车辆的车载人数标准的设置主要是针对小汽车。目前，主要包括 HOV2+（2 人以上，简称 2+）和 HOV3+（3 人以上，简称为 3+）两种类型，HOV 车道上行驶车辆乘载人数标准的设置对 HOV 车道运行效果有较大的影响。

3）交叉口渠化组织

城市道路交叉口是路网通行能力的主要瓶颈。交叉口渠化组织就是扩展路口空间，对交通流进行有序分离，减少交叉口的交通冲突，用空间资源来弥补时间资源的不足，其对于提高道路网络的通行能力、行车速度、缓解交通阻塞、降低事故等具有重要的现实意义。交叉口的优化组织应当有利于交通安全、提高通行能力和行车速度，减少延误和方便行车行人。

①每年梳理一定数量的主要拥堵节点进行重点交通改造和渠化改善；

②严格控制新建建筑车行出入口开设，梳理沿干路开设的现状地块车行出入口，加强管理与疏导；

③对受条件限制、渠化不足的交叉口，结合区域路网设置提前右转、禁止左转等限行措施；

④对主干路与主干路交叉，并具备远引条件的路口、路段，以及主干路交通冲突明显，而路口周边支路完善的区域，实施交叉口远引技术；

⑤对主线直行交通流要求较强的干路（尤其是远期规划为快速路、现状为主干路的道路）适度采用禁左措施，保证主线通行；

⑥挑选部分具有一定交通专业经验的出租车驾驶员等交通参与者，组成交通优化信息员队伍，为城市道路交通组织优化提供信息。

8.2.1.7　交通空间整治与品质提升

（1）慢行道路网加密

一方面，调整社区周边道路网结构与功能，剥离穿越性交通，避免本地化交通资源遭到挤压与侵占，并且达到快慢分离、保障安全的效果；另一方面，重视社区通道的打通，提高慢行网络密度，重点加强轨道站点 1 千米范围内的慢行网络密度的提高。

①干路确保机非隔离；

②打通一些与干路平行的支路，建立支路自行车系统；

③利用道路两侧空地、行道树之间以及支小道路等设置非机动车停车点；

④建设完善公共自行车交通系统，使之在与公共交通之间的换乘上发挥功效，解决公交换乘即“最后一公里”出行问题，促进公交优先发展战略的实施；

⑤在人流、车流繁忙的路口、路段推广设置交通安全岛等平面行人过街设施；

⑥完善人行道、立体过街设施的设置与管理。

（2）街道空间整治与共享

结合本地交通流分布及社区居民出行特征需要，对街道空间进行重点整治与配置优化。

①加强对街道挤占行人道、自行车道的违章行为进行整治，释放慢行空间，并且保障慢行交通出行安全性；

②通过对街道断面的优化设计、标志标线的规范化使用、降低机动车在街道上的行驶速度，来实现街道交通净化，保障慢行交通空间安全性的目的；

③通过机动车道改造，街道景观设计，人文、休憩空间设计打造，实施街道空间共享，提升街道活力与慢行品质。

8.2.1.8 交通管理智能化与精细化

（1）搭建与整合大交通数据平台

整合出行者与服务商，满足市民个性化、多样化出行需求，注重平台的开放性；完善路面交通信息发布平台，增加路面出行诱导设施，注重云计算技术运用与交通大数据信息挖掘；完善交通决策支撑与交通管理等相关管理平台，提升城市交通管理部门应对突发事件能力，搭建交通、建设、城管、交警、规划等各部门沟通平台。

（2）实施道路交通差别化管理

梳理城市各级道路网功能，实施差别化的交通管理，优先保障干线道路通行能力；地方性道路，以提升慢行交通环境与公共交通服务水平为目标。

基于城市空间布局，研究中心区与外围组团、区县，东部地区与西部地区，分区差异化的交通组织方式，并着重优化城市轨道、干线公交、常规公交以及各级城市道路网功能与空间布局。

8.2.2 杭州市城市交通需求引导政策

（1）TOD 发展政策

杭州地铁站点周边 TOD 开发的主要问题：①地铁站点与周边用地协调不充分，中心城区地铁站点周边功能与需求不匹配；外围区站点周边开发滞后。②地铁站点周边人口集聚不充分、生活配套设施不足。③尚未制定地铁站点周边基础设施管控要求及相关政策。④地铁站周边地下空间开发不足，有地下连廊建设的站点不足 30%。

杭州市需加快推进 TOD 建设与国土空间开发时序的匹配，可参考新加坡的做法，设定土地开发附加条件，引导土地开发商按规划合理开发，并制定相关配套基础设施管控要求及相关政策；可参考香港的 TOD 发展政策，在地铁站周边开发廉价公租房，高容积率开发，吸引大量公租房低收入群体乘坐地铁，或同意地铁站点周边现有土地改变用途，增加租赁住房供应量，提高土地使用价值。此外，关于地铁沿线土地开发，可参考上海市明确 TOD 开发建设主体单位的做法，或参考成都在地铁公司旗下设立具备开发资质的房产公司，综合协调 TOD 发展。

（2）公共交通政策

杭州市公共交通面临的主要问题：①公共交通出行的主体地位尚未确立，居民出行意愿调查中，机动车出行意愿仍占据主导地位，公共交通占机动车出行比例不足 50%，而深圳、上海等地占比已超 50%。②以轨道站点为中心的地面公交接驳体系尚未建立。③接驳地铁的地面公交线路长、运营时间长，导致换乘等候时间长。④常规公交载客率普遍较低。⑤轨道交通与地面公交、公共自行车、共享单车等接驳联程优惠不便捷，优惠力度不足。

建议借鉴如下政策：

①推动人口和岗位向地铁站点周边集聚，并制定相应鼓励措施。

②确立地铁接驳线（微循环公交支线）在公共交通体系中的主导功能。

③试行“绿色出行积分”奖励政策。

④研究公共交通票制票价，降低公共交通票价，同时让接驳地铁的各种交通方式都能享受到便捷的优惠措施。

（3）慢行交通政策

杭州市慢行交通面临的主要问题：①非机动车使用量大，非机动车道各车型速度差距过大导致骑行安全风险高。②道路设计以车行为主，人行道及非机动车道较窄，人性化不足；路内停车占用非机动车道。③立体慢行设施不足，尤其是地铁站点周边，导致步行距离远；慢行步道环境有待提升。④地铁站点周边非机动车停车场地不足。

建议借鉴如下政策：

①推行支路小汽车限速 30 千米/小时，视觉强化人行步道，建议优化道路设计，实行“以人为本”的道路设计理念，适当增加慢行空间，并强调支路慢行空间的舒适性。

②地铁站点周边建成区融合利用现有慢行道，新开发地区建设高密度街区，构建连续完整舒适的慢行交通网络。

③着力打造全龄友好的慢行网络，完善慢行空间中的无障碍设施。

④保障自行车行驶和停放空间，建设立体自行车公共停车场，推广电子围栏。

⑤商务区步行至少有城市道路人行道、一层骑楼步行、二层天桥步行、地下隧道步行四套步行系统中的两套。

⑥推广地铁站点周边地下步行街建设并制定相应政策措施。

（4）停车政策

杭州市机动车交通和停车面临的主要问题：①小汽车“门到门”服务过于便捷，地块停车配建标准高（高于北京、上海、深圳、广州等大城市），此外，大规模的临时公共停车场地建设及路内停车“应划尽划”，使得机动车出行得到鼓励。②停车收费标准低，自 2014 年实施停车收费调整政策以来，10 年未调整，导致路内停车需求旺盛，景区节假日停车爆满。③新能源汽车的兴起导致机动车出行压力剧增；地铁站周边开发地块无停车配建打折政策。

建议借鉴如下政策：

①适当降低停车配建标准。

②启动停车收费政策调整（含西湖景区），增加停车收费，减少公共停车和路内停车供应，并加强停车管理。

③启动研究地铁站点周边停车配建折减政策，提高站点周边地块容积率。

（5）交通管理

杭州市交通管理面临的主要问题：①城市交通过于依赖快速路，城市快速路 10%的里程承担了每天 52. 2%的交通量，中心城区匝道及立交节点常态化拥堵。②主次干路路口及地块开口过多，导致通行效率不高，绿波难以设置或效率不高。③新能源车低速行驶导致通行效率不高。④交通管理智慧化水平有待提升。

杭州市应继续进一步加强交通执法管理队伍建设，可参考北京建立网络执法队伍，通过大数据分析，对网约车、旅游车等进行网络监管，减少违法违章乱象。

同时加大交通秩序治理力度，尤其是对电动自行车的管理，可参考东京经验，实行更为严格的交通法规，扩大非机动车抓拍系统的应用区域，减少电动自行车乱停乱放、闯红灯、占用机动车道等现象，提高道路通行效率，为行人创造安全的步行环境。加大停车秩序治理力度，推动破解“停车难”、治理“停车乱”问题。

8. 2. 3 杭州市城市交通需求管理政策

8. 2. 3. 1 建立交通与城市空间协调机制

（1）优化城市空间布局

加快构建“一主六辅三城”的多中心、网络化、组团式、生态型特大城市新型空间格局，完善各大城区板块的医疗、教育等公共服务配套，适度鼓励混合用地的设置，促进交通与空间、产业的协同发展，减少城市出行总量和长距离出行规模，降低核心城区交通需求尤其是小客车交通总量。为有效落实轨道站点周边接驳设施，必须明确用地规划，将设施落实到用地中。

在杭州市核心城区承载功能较多：整体发展较饱和的情况下，杭市州未来城市空间布局的组团，是推进职住平衡的一个关键——要让更多市民，愿意就近在组团内工作。增强组团板块内的综合承载力，与核心城区形成有效联动，提升城市整体功能，“以产兴城”与“依城兴业”相结合，最终打造产城融合、职住平衡、生态宜居、交通便利的综合性节点城市。

①建立职住均衡的空间结构单元——“日常生活单元”。

②构筑以“日常生活单元”为基础的城市空间结构体系。

③整合与“日常生活单元”相适应的城市空间与绿色交通体系。

④完善与“日常生活单元”相关的政策保障机制。

（2）完善 TOD 政策法规和规划落地

①落实“建轨道就是建城市”的发展理念，促进轨道站点周边地上地下空间高强度、一体化、复合式开发。

②TOD 开发时序与土地开发时序相结合。政府招标技术文件中要明确一些主要内容，包括城市规划、城市景观风貌、城市设计等。

③围绕轨道交通线路布置公租房，既方便了低收入人群的出行，也为地铁创造了大量客流，同时还缓解了中心城区的交通压力。

④发展公交上盖物业模式。加强控制性详细的公共交通用地规划，优先保障公交用地，单元控规编制中要考虑商业、文化或体育等用地与公交场站的复合利用，年内编制的每个单元控规至少落实 1 处公交场站与其他功能兼容的用地。推进公交社区的建设。

8.2.3.2　完善交通影响评价机制

继续严格实行城市重大项目交通影响评价（含占道施工项目交通影响评价）机制，继续严格执行《杭州市建设用地选址论证管理办法》中关于交通影响评价的内容；在选址论证、方案审查阶段，加强审查公共交通的相关内容，保障地块人行出入口与周边公共交通站点的高效衔接。对于医院、学校、综合体等重要项目的交通影响评价，在选址论证阶段要由各相关职能部门及专家联合审批，注重源头管理。

8.2.3.3　建立高品质可持续公共交通体系

确立公共交通在综合交通体系中的核心地位，改变以小汽车为主的出行习惯。

①建设多层次轨道交通系统。打造轨道交通快线、普线、局域线，全面提升轨道交通的服务水平，满足人们多样化的出行需求。

②加快推进大公交系统整合。整合地铁与公交，实现公共交通行政体制一体化、基础设施一体化、运输服务一体化和票价体系一体化。

③调整和优化公交运力和线网。核心城区“大车”改“小车”，提升公交密度，打通城市交通“毛细血管”；外围城区“热线”改“冷线”，适当减少与地铁线重复的公交线路；新建城区“干道”改“支道”，强化公交车“短、频、快”的地铁接驳功能，解决“最后一公里”问题。

④加强轨道交通站点周边接驳设施建设。开展地铁、公交、慢行“三网融合”治理，专项开展轨道站点周边交通配套设施优化、立体人行连廊建设、慢行路网完善等工作，提升轨道交通客流吸引力。

8.2.3.4 构建高效公平的道路交通系统

转变交通设施的规模扩张模式，提高交通的系统服务功能、使用效率、管理水平和综合品质。

①优化道路网。专项研究过江通道、穿山通道、穿景区通道，减少景区对城市道路的影响，同时研究未来科技城与之江、滨江、萧山联系的外围通道，减少未来科技城对城西的交通压力；打通“断头路”，完成城市交通微循环；深入研究“窄马路、密路网”，打开现有封闭道路。

②疏解主要通道。系统开展快速路交通治理工作，加强对主通道接线交通的优化改善，对部分重点的廊道、隧道以及快速路的下匝道下游实施疏解提升，系统提升通道容量；同时研究平行快速路方向的提升为一级主干路设置全线绿波带的条件，取消路内停车、减少出入口、减少交叉口，必要时可研究采用全线禁止左转方式提高绿波带效率，以缓解城市快速路交通压力。

③持续开展堵点治理。针对施工对交通运行产生的不利影响，开展施工区域交通专项整治。推进常发存量堵点的滚动治理，做好医院、学校、商业综合体、地铁站及对外交通枢纽等重点区域的堵点治理。

④优化慢行交通网络。调整社区周边道路网络功能结构，剥离穿越性交通，打通社区慢行系统，提高慢行网络密度。加强滨河绿道与周边城市步行道路的无缝衔接。加强重点区域慢行环境整治，提升街道活力。推进交通基础设施适儿化改造，营造全龄友好的慢行交通环境。

8.2.3.5 强化交通需求管理措施

(1) 逐步取消“双限”政策

限购、限行政策未来发挥的作用正在逐步减弱，长远来看，还需坚持以市场化为导向的经济手段，发挥经济手段对交通资源的配置优势，寻找

“双限”的替代政策。杭州市应考虑从行政调控向经济调控转变，参考东京、中国香港、新加坡等城市的做法，通过征收高额车辆购置税、增加停车成本、拥堵收费等手段，控制小汽车使用，缓解城市交通拥堵。取消“双限”政策的另一层意义是，人们可以更自由地选择出行方式。小汽车出行的经济成本虽增加但更便利，公共交通出行成本低，但出行时间较长。政府通过取消“双限”，将选择权交给人民，并通过经济手段引导人们选择公共交通出行。

（2）加强新能源汽车、网约车管理政策

研究适时调整新能源汽车牌照政策。分析新能源汽车出行特征、使用强度、区域分布情况，研究新能源汽车快速增长对道路交通的影响，根据上位政策变化，适时调整新能源汽车牌照政策。加强网约车政策评估和优化调整。开展网约车出行特征分析，根据网约车能够承担的客运量、里程利用率、订单响应时间、乘客等候时间等多重因素，对各网约车的运力和利用效率进行评估与分析，分析对道路交通的影响，测算约车合理规模，研究网约车总量控制措施。

（3）完善绿色出行鼓励机制

研究制定绿色出行奖励政策，积极倡导公共交通或慢行交通出行。建设杭州绿色出行一体化服务平台，研究制定绿色出行“碳积分”体系，交易所得金额全部用于奖励积分用户。完善公交补贴机制。统筹考虑公交补贴与地铁补贴，建议加大接驳公交在补贴中的权重，转变单一依据线路长度发放补贴的机制。

（4）建立灵活的上下班机制

鼓励政府机关、事业单位、企业采取错峰上下班方式，降低高峰车流集聚度。对于有条件的企业，鼓励采取居家办公、远程办公模式，降低通勤出行需求。

（5）动静态结合的交通管理模式

“动”“静”结合的全新管理模式，为市民打造了一个规范、高效、便捷、顺畅的交通环境。动态交通管理，即强化各项管理措施，建设非现场执法抓拍系统，利用全市主要道路上的数百块交通安全提示牌、电子交通诱导屏宣传文明交通出行，打造文明交通氛围。静态交通管理则是打通城市“毛细血管”，新建停车泊位，开启智能收费。开展机动车乱停乱放整治，优化停车结构，实现动态管理与静态交通的有机融合。

（6）加强静态交通调控和引导

①降低停车配建标准。通过控制停车位总体供应，抑制机动车出行，尤其对地铁站点周边区域配建停车泊位进行大幅缩减，引导人们乘地铁出行。

②提高停车收费标准。为确保交通需求管理向公共交通方向发展，建议杭州市停车收费方面参考上海、南京等城市，分区域差别化调整停车收费政策，对老城区、景区及地铁覆盖率高的区域大幅提高停车收费标准。另外，继续完善“P+R”收费机制，通过大数据、智能化等手段，落实现有的“P+R”停车5折优惠措施。同时，结合轨道站点，在外围轨道站点区域增加“P+R”停车场或增加“P+R”停车位。

③差异化公共停车供应政策。对老城区医院、学校、商场等重点区域限制停车供应及周边路内停车，“还路于民”，提升慢行空间优化步行环境，外围区适当增加公共停车供应，规范停车管理。

④智慧停车系统。研究建立智慧停车设施建设标准，完善停车场设备端、中心端及信息服务端的标准规范。利用停车设施信息登记、经营性停车设施备案等机制，全面汇聚标准化停车静态数据。接入经营性停车场动态数据，为智慧停车管理、服务奠定基础。结合MaaS平台提供涵盖停车的一体化出行服务，促进智慧停车服务水平整体提升。向社会公开停车资源数据。

8.2.3.6 加强景区交通疏导治理

①城市交通与景区交通适当分离。结合城市轨道交通与快速道路系统建设，分流景区过境交通；通过加大轨道交通和地面公交对景区的服务力度，提高公共自行车网点密度，进一步降低景区机动交通量。建议规划天目山地下快速路—新建景区西南环路—中河高架形成环西湖和老城区的环线快速路道路系统。将穿越景区的过境交通转入地下，改善城西至市中心、CBD的交通条件，同时降低景区地面道路流量。

②停车规范化管理。实施景区停车位总量控制，限制景区内新建停车位，削减部分现有景点停车位。加强景区周边换乘停车场设置，引导游客通过公共交通进出景区。提高景区高峰时段的停车收费标准。对车辆停放时间进行限制，采用时间阶梯化的停车收费标准，建议时间越长，单小时收费标准越高，以提高景区车位周转率。对重要景区，探索小客车预约机制。

③优化市域旅游集散系统。加强黄龙等集散中心的枢纽功能，完善火车东站、萧山机场等对外枢纽的旅游集散功能。

④城市公交与景区公共交通一体化。建设以地铁、公共汽车、水上巴士、

公共自行车为互补的“四位一体”城市旅游大公交体系，形成与各交通枢纽及主要景区之间便捷、通畅的城市公共交通网络。研究并制定景区干线公交与城市公共交通一体化发展相关策略。干线公交串联主要景点，优化游览公交的服务能力，联系城市主要对外交通枢纽；优化游览公交线网结构，增设直达线，减少长距离绕行西湖线路，提升游览公交服务水平。

8.2.3.7　继续完善智能化交通建设

①创新数字交通应用服务。全方位推进城市交通智能管控，深化智能信号控制、停车管理、交通执法以及公共安全响应等工作，整合多个公共交通出行服务 App，全面推广 MaaS 模式。拓展“杭州公交”App 的功能，完善公交运行管理、安全、信息服务、绩效管理、优先控制等功能。推行无感安检、无感支付、智能引导等智慧交通服务全覆盖，实现交通出行“一掌通、一码行”。大力发展共享交通，探索将公共自行车点位信息接入“杭州公交”App 的路线导航端口，优化共享单车、汽车租赁、共享停车结构。加强智慧物流营运模式创新，探索供应链数字化协同发展“服务区+”、“互通+”、无人配送等模式。推进综合交通与信息、旅游、金融、商贸等相关产业跨界联动，提供“行、游、娱、住、付”一体化交通解决方案。

②创新技术。创新技术包括杭州市多层面、多维度、多场景城市大脑交通智能服务关键技术，交通基础设施数字化与长效服役关键技术，公交系统协同与智能服务关键技术等。

③建立交通信息服务和公众参与平台。建立杭州市综合交通信息服务共享平台，为智库共享和反馈提供工作平台。建设智能动态交通监测评估平台与系统，定期评估，及时发现存在的交通问题和监测关键交通问题解决的成效。制定数据收集、处理等集成技术标准体系，选择典型城市片区开展应用示范，总结经验，逐步推广至全市，构建全市交通系统智能化治理“一盘棋”的集成系统。

8.2.3.8　全面提升交通管理水平

（1）精细化交通组织

对于特定道路、特定方向、特定时间的规律性交通拥堵，采用全线优化的交通组织措施，包括设置潮汐车道、单行线及替代通道构建。

一是潮汐车道。针对通勤交通，结合杭州钟摆式、向心状潮汐交通的特征，在特定道路上进行潮汐车道组织，使得城市交通流按照设定的路径有序高效运行，以达到充分利用既有潮汐车道的交通资源。

二是单行线和微循环。单行线一般应用于支小路，配对设置。杭州市应因地制宜地采用主干道单行、区域单行、时段性单行等各种方式，消除路口冲突点、减少交通事故、提升区域通行效率。

三是构建替代通道。在因大型活动安保、道路施工等原因道路阻断，路网交通流发生重大变化时，需要构建替代通道，主动挖渠吸流，发挥快速走廊作用，以达到充分利用交通资源的目的。

（2）交通法规及行业标准

严格落实国家、部委出台的相关交通法规，严格交通执法管理，依托城市网格化管理平台，完善交通属地化执法管理，健全联动执法工作机制，规范交通秩序，加大对交通领域各类违法行为的防范打击力度。进一步规范行政行为，提高依法行政水平。

（3）交通执法

进一步加强交通执法管理队伍建设，加大智能化违法取证设施的投入，持续开展常态化交通违法整治。加大交通秩序治理力度，重点整治电动自行车、大货车、网约车等车辆违法行为。加快推动全市快递、外卖电动自行车规范化管理，摸清网点、人员、车辆等基础信息，督促企业完成车辆备案、驾驶员考证工作，强化准入退出机制。

（4）交通引导手段

对于重点路段、交叉口、地铁站等车流、人流复杂的区域，增派交警、辅警、地铁工作人员、公交工作人员、社区工作人员、志愿者、考驾照人员等，加大交通疏导力度。采用电子引导牌、手机 App 等手段，整合数据资源，完善数据接口，加大数据公开化力度，以提高交通组织效率，便于出行者及时掌握实时信息，方便安排出行计划。

（5）传播绿色出行理念

充分利用教育力量、媒体力量、社会力量、道德力量，传播绿色低碳出行理念。举办绿色出行公益宣传大赛，发挥中小学、驾校等单位和专业协会等社会组织的宣传教育作用，鼓励有关企业集中宣传，结合“绿色出行宣传月”“全国节能宣传周”“全国低碳日”“无车日”等活动，开展形式多样的绿色循环低碳交通宣传，使绿色循环低碳发展成为社会公众的自觉行动。

8.3 “三网融合”公交接驳体系优化策略

8.3.1 “三网融合”的发展目标与策略

8.3.1.1 发展目标

最新一轮《杭州市国土空间总体规划（2021—2035 年）》，提出了“对标国际一流都市，坚持公共交通优先发展，构建以多层次轨道交通为主体、公共汽（电）车为基础、水上巴士和公共自行车等辅助公交为补充的城市公共交通系统，推进轨道、公交、慢行‘三网融合’，形成以公共交通为主体的城市出行服务体系”发展目标（见表 8-2）。为落实上位规划提出的发展战略，结合接驳体系发展的一般认知规律，构建常规公交、慢行交通与轨道“空间”和“时间”无缝衔接的大公共交通系统，高效整合“三网”资源，互补发展，打造高时效的换乘出行链，提升市民轨道接驳满意度。助力实现“双碳”目标，突出大公共交通对“一主六辅三城”城市新型空间格局的引领、支撑作用。

表 8-2 “三网融合”发展目标

	指标	单位	现状	目标
空间	轨道交通出入口周边步行 50 米范围内有公交线路换乘的比例	%	14	≥50
	地铁出入口 800 米覆盖范围步行 15 分钟可达的站点比例	%	45	≥65
	按规划实施非机动车停车场的地铁站比例	%	—	≥80
	地铁站点 100 米范围内公共自行车租赁点设置比例	%	30	≥70
时间	高峰期班次间隔小于 8 分钟的接驳公交线路比例	%	—	≥80
	接驳公交首末班时间与地铁运营相匹配	%	30	≥80
	非直线系数不高于 1.7 的接驳公交线路比例	%	—	≥70
	周边规划的交通设施与站点同步投入使用的比例	%	—	≥70
满意度	居民对“三网融合”的总体评价	%	75	≥85

8.3.1.2 接驳体系优化策略

（1）优化“三网融合”的物理空间

1）规划层面

①公交与地铁系统应在功能及线网层面做好顶层规划设计，系统评估两

网适应性，启动编制基于轨道交通的公交线网融合发展规划，明确公共交通融合发展目标，立足构建高品质全公交出行链，从网络融合、走廊融合、枢纽融合、运营服务融合等方面制定发展战略，指导后续融合优化系列工作。

②编制杭州市轨道站周边慢行系统规划设计导则，指导既有站点的慢行系统品质提升和未来站点周边的详细规划及引导控制，贯彻低碳发展理念，打造最佳人居环境。

③制定分区域、分功能、差异化的地铁站点机动车位和非机动车停车场配建指标，确立非机动车场地规模，指导规划、设计与建设。

2）设计层面

①在站点设计层面构建无缝衔接的公交接驳设施，让市民出了轨道车站直接就有公交坐。既要保证轨道站出入口处有公交接驳停靠站，又要尽可能压缩二者间的换乘距离，强化“全龄友好交通”理念。

②增设大客流地铁站出入口，完善地铁站周边慢行网络，促使地铁客流在步行系统上的疏散。针对周边土地已建成的站点，打通断头路、搭建人行桥/地下连廊提升慢行网络通达度，灵活调整/增加地块的人行出入口。

③做好地铁站周边建设项目设计方案审查，落实站点设计方案与地铁出入口的衔接。近期重点关注规划建设连接地块、公交等重要目的地和换乘设施的地铁连廊体系，拓展站点周边的步行系统尽可能向外延展，以串联公共设施、商办、住宅等。

3）建设层面

①鼓励地铁站点与站点用地建设同步推进，保障地铁服务在供需时间上一致，降低地铁投运与地铁出行需求时间错位带来的地铁出行不便。

②结合周边用地或建筑，形成地铁出入口及相关设施与建成环境之间良好的融合关系。通过与用地权属方的协调，将地铁出入口直接与用地或建筑进行合建。

③灵活地结合周边既有建筑、广场、建筑后退红线空间、道路绿化等布设地铁出入口及相关设施。

4）更新层面

①梳理轨道各个站点接驳存在的问题，持续推进公交站点移位/增站、慢行道空间/环境改善、过街设施、风雨连廊、非机动车停车设施的建设。

②制定接驳改进的激励机制，鼓励站点周边物业、地铁公司、共享单车运营公司等共同参与。

(2) 提升“三网融合”的接驳时效

①公交接驳运营时间的融合。充分利用大数据技术，探索算法优化，精准识别重要换乘节点的早晚高峰通勤接驳需求，科学制定接驳线路的排班调度方案缩短换乘的候车时间。针对客运交通枢纽、核心商圈、美食街及夜市等重点区域周边轨道站，结合客流需求做好夜间地面公交运力投放，通过适当延长运营时间、设置轨道接驳小巴专线等方式，优化地面公交与轨道运营时间的衔接补充。同时，为弥补地铁夜间停运的服务缺失，设置地铁走廊的常规公交夜间线路，发挥常规公交运营灵活、成本较低的特征，满足市民夜间出行需求。

②慢行设施完成时间的融合。加强轨道站周边慢行网络（重点是微循环支路、沿河绿道等）的配套建设及通行时序的协同性，制定相关保障机制和考核办法，尤其是城区有机更新和外围开发在建区域要重点关注。另外，探索建立更智慧的小红车、共享单车调度监管系统，加强调度管理和考核，通过时间和空间上的动态配合确保高峰期的轨道站换乘需求。

8.3.2 慢行接驳改善建议

8.3.2.1 步行网络改善建议

通过空间 GIS 分析平台，采用指标“出入口 800 米范围内，步行时间超过 10 分钟，且步行路径长度比直线距离不低于 1.8（步行行程非直线系数）的空间比例”，识别出问题最为突出的站点 54 个，包括青西三路站、知行路站、青山湖站、平澜路站、独城生态公园站、工商大学云滨站、全丰站、南湖站、创明路站、六堡站、虎啸杏站、邱山大街站、新汉路站、枫桦西路站、八百里站、亚运村站、下沙西站、汽轮广场站、朝阳站、石马站、姑娘桥站、九州街站、双桥站、兴议站、屏峰站、音乐学院站、之浦路站、红普南路站、吴家角港站、青六中路站、中村站、新港站、金德路站、火车南站、富阳客运中心站、龙舟北路站、复兴路站、黎明站、临平南高铁站、荆长路站、曹家桥站、绿汀路站、杭州大会展中心站、阳陂湖站、桃源街站、良渚站、皋亭坝站、火车西站、香积寺站、建设三路站、耕文路站、野生动物园东站、洪园站、盈中站。

站点周边步行道路网络改造工作重点：

①站点周边用地已建成的路网：打通断头路、搭建人行桥/地下连廊提升慢行网络通达度，调整/增加地块的人行出入口。

②站点周边待建的路网：落实周边用地规划方案与地铁出入口的衔接，做好地铁周边建设项目方案与地铁衔接方案的审查。

步行设施优化建议措施，见表 8-3。

表 8-3　步行设施优化建议措施

站名	站点类型	改善措施
青山湖	公交/慢行主导型	北侧国际商务中心地块尽快建设，地下连通道根据地块适时连通。规范管理非机动车、机动车停靠，拓宽部分人行道宽度，拓宽至 2.5 米以上
工商大学云滨	慢行/公交主导型	规范管理非机动车停靠。在 A 口附近布设 300 平方米的社会非机动车停车区域
全丰	多元方式接驳	拓宽人行横道。周边地块开放，减少围墙设置
南湖	多元方式接驳	高架跨 329 国道布设过街天桥，缩短绕行乘坐公交站距离，结合阿里达摩院建设进度，直接连接至园区内部。规范管理非机动车和机动车停靠，拓宽部分人行道宽度，拓宽至 2.5 米以上
虎啸杏	多元方式接驳	拓宽人行道宽度，拓宽至 2.5 米以上
邱山大街	多元方式接驳	邱山大街上盖物业地块现已开工建设，建设地下通道连接至商场内部（商业）
新汉路	公交/慢行主导型	规划地下连廊连接至计划建设的滨江金帝商业综合体
枫桦西路	公交/慢行主导型	拓宽部分人行道宽度，拓宽至 2.5 米以上
八百里	公交/慢行主导型	规范管理非机动车停靠，拓宽站点 A、B 口附近人行道宽度，拓宽至 2.5 米以上
下沙西	公交/慢行主导型	设置风雨连廊直通南侧邵逸夫医院
汽轮广场	慢行/公交主导型	规划管理非机动车停靠。拓宽部分人行道宽度，拓宽至 2.5 米以上
石马	多元方式接驳	拓宽人行横道
姑娘桥	公交/慢行主导型	建设地下连通道连接至姑娘桥车辆段上盖，姑娘桥上盖物业规划阶段已预留该地下通道连接地铁站
九州街	多元方式接驳	增加与杭临城际铁路锦南新城公交，综合体项目的地下连通道。规范管理非机动车停靠，拓宽站点人行道宽度，拓宽至 2.5 米以上
双桥	公交/慢行主导型	拓宽人行横道
兴议	慢行/公交主导型	完善周边道路建设及人行道铺设，建设专用人行道，拓宽至 2.5 米以上。尽快建成规划的箫邮路，根据开通道路后的人流量再做重新规划
屏峰	多元方式接驳	拓宽人行横道

续表

站名	站点类型	改善措施
音乐学院	公交/慢行主导型	拓宽部分人行道宽度，拓宽至 2.5 米以上
之浦路	公交/慢行主导型	开通之江文化中心（景区）与之浦路地铁站地下连通道。按规划建设 1 处恒大商业中心（商场）与地铁站的地下连通道及 1 处 A 口附近跨之浦路（天桥）
吴家角港	公交/慢行主导型	加快周边道路建设
青六中路	慢行/公交主导型	规范管理非机动车停靠。拓宽部分人行道宽度，拓宽至 2.5 米以上
中村	公交/慢行主导型	拓宽人行道宽度，拓宽至 2.5 米以上
新港	多元方式接驳	连接德信空港城（A3）地下连廊尽快开通，规划连廊连接至德信空港城内部。拓宽周边道路，周边道路增设人行道及非机动车道
金德路	公交/慢行主导型	尽快落实金德路西侧道路建设
复兴路	慢行/公交主导型	拓宽部分人行道宽度，拓宽至 2.5 米以上
黎明	公交/慢行主导型	建设地下连廊，实现杭政储出〔2020〕68 号地块商业商务用房兼容商品住宅（二期）［世茂风颂府璞云东方（住宅）］与黎明地铁站的连接。明石路、笕石路设置人行道、机非隔离带
曹家桥	公交/慢行主导型	规范管理非机动车停靠
绿汀路	慢行主导型	建设华润万象城（商业）与地铁站的地下连通道。规范管理非机动车停靠
杭州大会展中心	多元方式接驳	杭州大会展中心地块尚未建成，建成后尽快连通地下连通道。规范管理非机动车停靠，拓宽部分人行道宽度，拓宽至 2.5 米以上，尽快完善周边道路建设
阳陂湖	公交/慢行主导型	拓宽人行道宽度，拓宽至 2.5 米以上。新桥路尽快设置人行道
桃源街	慢行/公交主导型	建设地下连通道，连接至即将建成的宝龙广场。规范管理非机动车停靠
良渚	多元方式接驳	地铁接驳设施规划增加连廊系统内容，增加与周边和光里城市广场和东侧预留商业地块的连廊，便于行人通行。规划管理非机动车停靠
皋亭坝	慢行/公交主导型	设置树兰（杭州）医院和银泰百货（中大店）与地铁站的地下连通道。规划管理非机动车停靠。交叉口以北的沈半路设置独立人行道
香积寺	慢行/公交主导型	沿红建河设置慢行风雨连廊或地下通道，连接香积寺地铁站与胜利河美食街。规范管理非机动车停靠
建设三路	慢行/公交主导型	拓宽部分人行道宽度，拓宽至 2.5 米以上

续表

站名	站点类型	改善措施
野生动物园东	多元方式接驳	拓宽人行道宽度，拓宽至2.5米以上
洪园	慢行/公交主导型	拓宽人行横道
盈中	公交/慢行主导型	根据北侧盈中站车辆段上盖建设进度布设连通道。完善周边道路建设，建设专用人行道，拓宽至2.5米以上

根据地铁站的类型、客流、服务覆盖面、突出问题等，按照以上原则，突出提升重点和投入力度，提出接驳改善措施实施的近远期计划。

近期实施主要内容：一是慢行主导型地铁站。以加强非机动车停车管理、增设/扩容非机动车停车场、增设公共自行车租赁点，完善站点周边道路，拓宽人行道，增设出租车、网约车临时停车点为主要实施内容。二是慢行/公交主导型地铁站点。以加强非机动车停车管理、增设/扩容非机动车停车场、增设公共自行车租赁点，完成配套接驳公交站点迁建/新建，增设出租车、网约车临时停车点为主要实施内容。三是公交/慢行主导型站点。以改善公交站点接驳距离，优化接驳线路，保障公交接驳首末班时间与地铁相适应，增加接驳班次，加强非机动车停车管理、增设/扩容非机动车停车场、增设公共自行车租赁点，完善站点周边的道路，拓宽人行道，增设出租车、网约车临时停车点为主要实施内容。四是多元方式接驳型站点。以改善接驳引导系统，加强非机动车停车管理、增设/扩容非机动车停车场、增设公共自行车租赁点，完善站点周边道路、拓宽人行道、增设出租车、网约车临时停车点为主要实施内容，见表8-4。

表8-4 改善站点一览表

站点类型	改善内容	改善站点
慢行主导型	加强非机动车停车管理、增设/扩容非机动车停车场、增设公共自行车租赁点，完善站点周边道路，拓宽人行道，增设出租车、网约车临时停车点	彭埠、火车东站、打铁关、西湖文化广场、武林广场、凤起路、龙翔桥、定安路、婺江路、近江、杭发厂、人民广场、钱江路、庆春广场、庆菱路、建国北路、武林门、沈塘桥、下宁桥、古翠路、丰潭路、文一西路、绿汀路、东岳
慢行/公交主导型	加强非机动车停车管理、增设/扩容非机动车停车场、增设公共自行车租赁点，完成配套接驳公交站点迁建/新建，增设出租车、网约车临时停车点	文海南路、客运中心、九堡、九和路、七堡、江陵路、滨和路、西兴、滨康路、湘湖、建设一路、建设三路、钱江世纪城、文新、三坝、虾龙圩、金家渡、洪园、留下、西溪湿地南、潮王路、香积寺、大关

续表

站点类型	改善内容	改善站点
公交/慢行主导型	改善公交站点接驳距离，优化接驳线路，保障公交接驳首末班时间与地铁相适应，增加接驳班次，加强非机动车停车管理、增设/扩容非机动车停车场、增设公共自行车租赁点，完善站点周边的道路，拓宽人行道，增设出租车、网约车临时停车点	公望街、乔司、文泽路、高沙路、金沙湖、下沙西、曹家桥、潘水、人民路、三墩、墩祥街、白洋、杜甫村、同协路、桃花湖公园、丁桥、华鹤街、黄鹤山、明石路、黎明、笕桥老街、吴家角港、平安桥、储运路、好运街
多元方式接驳型	改善接驳引导系统，加强非机动车停车管理、增设/扩容非机动车停车场、增设公共自行车租赁点，完善站点周边的道路、拓宽人行道、增设出租车、网约车临时停车点	南阳、下沙江滨、良渚、全丰、石马、花坞、池华街、桂花西路、受降、虎啸杏、双浦、新港、江东二路、河庄路、五洲路、荷禹路、邱山大街、南峰、南湖、港城大道、杭州大会展中心、高教路、屏峰、高桥、富阳客运中心

8.3.2.2　非机动车设施改善建议

持续建设公共自行车租赁点，有条件的站点根据需求扩容桩位。尽快落实规划的非机动车停车场，鼓励利用建筑退界空间组织非机动车临时停放。根据地铁站设施调查结果，部分地铁站点周边非机动车停车场仍需加强建设，梳理出凤新路、禹航路、中泰、青山湖科技城、农林大学、北大桥、花园岗、渡驾桥、祥园路、金德路等典型站点需扩大非机动车停车场库，以满足非机动车停车需求，见表 8-5。

表 8-5　典型非机动车接驳设施优化措施

序号	站点名称	社会非机动车改善措施
1	凤新路	建议在 A 口附近按照规划布设 200 平方米的社会非机动车停车区域，与周边地块工程进度保持一致。根据未来地块流量适当扩大停车区域面积。加强周边非机动车管理，优化周边共享单车的电子围栏范围
2	禹航路	建议在 A 口附近布设 700 平方米的社会非机动车停车区域，尽快落实周边工地工程进度。在天目山路南侧布设一定面积的停车区域。加强周边非机动车管理，优化周边共享单车的电子围栏范围
3	中泰	尽快在 B 口附近落实规划地面社会非机动车停车区域。建议根据实际情况，重新安排该区域的停靠车辆或在地铁出入口增设停车场地的引导标志。加强周边非机动车管理，优化周边共享单车的电子围栏范围
4	青山湖科技城	在地铁站及商场附近增加共享单车及共享电动自行车的数量。建议在 A 口附近布设 800 平方米的社会非机动车停车区域。建议在 B 口附近布设 600 平方米的社会非机动车停车区域。建议在 C 口附近布设 500 平方米的社会非机动车停车区域

续表

序号	站点名称	社会非机动车改善措施
5	农林大学	建议沿周边人行道或其他空地 A 口布设 150 平方米左右的非机动车停车区域，在 C 口布设 300 平方米左右的非机动车停车区域，建议在 B 口附近划设 600 平方米左右的社会非机动车停车区域，D 口附近划设 200 平方米左右的社会非机动车停车区域。规范地铁站点附近非机动车停车，严格执行停车要求，保障周边人行道宽度和慢行体验
6	北大桥	建议在 B 口附近布设 250 平方米的社会非机动车停车区域。根据实际情况，适当削减 D 口附近非机动车停车区域。加强周边非机动车管理，优化周边共享单车的电子围栏范围，尽快落实周边地块建设
7	花园岗	建议在 B、E 口附近分别布设 150 平方米、75 平方米的停车区域，对非机动车停靠区域的地面进行合理划设。加强周边非机动车管理，优化周边共享单车的电子围栏范围，尽快落实周边地块建设
8	渡驾桥	B 口附近布设 100 平方米的社会非机动车停车区域，A、C 口附近各布设 50 平方米即可。在 B 口直梯附近布设社会非机动车停车区域并规范管理
9	祥园路	妥善管理停车区域及停车秩序；将非机动车停放场地移至地铁出入口较近处，缩短乘客换乘距离
10	金德路	建议根据实际情况，适当削减 D 口附近非机动车停车区域，并根据实际停车需求情况，重新布设社会非机动车停车区域

8.3.3 公交接驳改善建议

8.3.3.1 公交线路改善

通过空间 GIS 分析平台，采用指标“地铁站点 5 千米范围内，接驳耗时超过 15 分钟，且接驳有效时速低于 9 千米/小时”，识别出问题最为突出的地铁站点 55 个，包括桂花西路、农林大学、临安广场、朝阳、龙安、公望街、荷禹路、九州街、独城生态公园、禹航路、潘水、青山湖科技城、良渚、人民路、金星、坎山、邱山大街、高桥、全丰、星桥、黄龙洞、永盛路、吴山广场、杜甫村、临平、文海南路、美院象山、阳陂湖、浦沿、银湖、新湾路、衙前、火车南站、耕文路、文泽路、五洲路、曹家桥、西溪湿、逸盛路、南峰、双桥、黄龙体育中心、湘湖、枫桦西路、平安桥、知行路、桃源街、中泰、工商大学云滨、下沙江滨、双浦、水澄桥、九和路、吴山前村、白杨站地铁站。通过调整接驳线路走向、发车间隔、接驳线路运营时间与地铁客流时间的融合，改善公交接驳效率。

8.3.3.2 公交站台改善

通过空间 GIS 分析平台，分析地铁出入口与周边公交站点步行耗时，识别待改善的公交站台，共筛选出 86 个待改善的站点。采用改进公交停车站与地铁出入口位置、按照规划落实公交停靠站等措施，缩短公交地铁换乘步行距离，提高接驳时效，见表 8-6。

表 8-6　典型公交站台改善建议

序号	站点名称	公交停靠站
1	凤新路	按照规划在凤新路沿线建设公交停靠站，保证地铁和接驳公交首末班匹配；增设地铁接驳公交线路和一般公交线路，缩短地铁接驳公交线路，为周边地块服务
2	禹航路	对天目山路上的公交停靠站重新进行命名与禹航路上的公交站区别开来；缩短线路长度，与地铁首末班时间相匹配
3	南湖	尽快落实周边公交线路，将已建成的公交停靠站投入使用；增设地铁接驳线路，为周边地块服务，与地铁首末班时间相对应
4	九州街	可适当增加临时停车落客点及发车班次，增设 1~2 条为周边地块服务的地铁接驳公交。建议按规划在 A 口附近设置一座公交停靠站，公交接驳线与地铁首末班时间相对应
5	御道	建议按规划设置公交停靠站，增加周边地铁接驳线路
6	南苑	增设为周边地块服务的地铁接驳公交；部分公交站步行距离较远，应缩短至 200 米以内，保证地铁和接驳公交首末班匹配；建议在临东路上靠近地铁出入口处设置 2 处公交停靠站
7	临平	建议距离地铁出入口 B3 口 300 米处设公交停靠站，按规划在距离地铁出入口较近的地方进行建设；建议优化接驳公交线路，增加公交班次，加开高峰公交线路
8	五洲路	补全周边公交停靠站配套设施，增设地铁接驳线路和一般公交线路，提高周边公交停靠站利用率，缩短线路长度，与地铁首末班时间相匹配
9	工商大学云滨	尽快落实周边规划的公交停靠站点；在规划公交停靠站中增设地铁接驳线路并与地铁首末班时间相匹配，为周边地块服务
10	仓北村	加快建设公交停靠站及所在道路，完善配套设施

8.4 绿色智慧交通发展策略

智慧交通技术与社会共治理念相辅相成，二者协同发展为城市交通治理带来革命性变革。智慧交通技术为社会共治提供精准的数据支持，而社会共治则可弥补技术监管的不足，两者结合共同构建有机治理体系。这种协同可应对复杂交通状况，推动城市交通治理向智能、高效、人性化发展。

智慧交通是实现城市交通治理能力和治理体系现代化的核心手段。杭州是中国智慧交通领域的先行者之一，同时也是中国乃至全球的智慧城市典范之一。杭州市城市交通治理坚持以人为本，努力构建便捷顺畅、经济高效、清洁低碳、安全可靠的绿色出行体系，促进交通绿色低碳转型，全面适应人民日益增长的美好生活需要。强化系统观念，综合利用法律、经济、科技等措施和适当的行政手段，突出制度重塑和智慧赋能，实施更科学的交通需求管理，推进交通运输治理体系和治理能力现代化，提高综合交通网络整体效能，实现交通整体智治。

8.4.1 绿色智慧交通发展目标

构建高效联通、智慧低碳的交通网络体系，推动城市综合能级提升，建设“智慧绿行品质天堂城市”，促进交通发展向绿色和数字治理转型。

8.4.2 绿色智慧交通发展策略

8.4.2.1 促进交通发展向绿色低碳转型

杭州市交通发展要支撑千万级人口大都市发展，必须鼓励安全、高效、低能耗的交通出行方式，促进交通发展模式的绿色转型。鼓励安全、高效、低能耗的交通出行方式，总体上按照步行、非机动车、公共汽（电）车、小客车的优先顺序进行城市地面交通的设施布置和资源分配，打造友好的步行和非机动车出行环境，坚持公共交通优先发展战略，形成以轨道交通为主体的公共交通发展模式。

（1）引导形成 BBMW 绿色出行模式

优先建设核心地区轨道线网，打造市域多层级轨道网络，保障常规公交路权，建设对小汽车有高度竞争力的公共交通系统。构建由精彩多元的公交网、健康一体的道路网、融合互补的轨道网、品质人本的慢行网等组成的高效联通的交通网络体系，同时加快轨道、公交、慢行“三网融合”，围绕轨道交通引导形成 BBMW（Bus+Bike+Metro+Walk）绿色出行模式，提升绿色交通的整体竞争力和吸引力，促进城市交通发展的绿色转型。

（2）打造良好步行及非机动车出行环境

总体上按照步行、非机动车、公共汽（电）车、小客车的优先顺序进行城市地面交通的设施布置和资源分配，打造友好的步行和非机动车出行环境。持续建设非机动车道及慢行绿道网，为行人及游客提供良好的慢行出行环境。

重点打造一批特色步行街区，展现城市特色，丰富市民和游客休闲选择。特色步行街区包括保持古城历史文化风貌、表现近代水岸民俗生活、集聚杭州历史物产特色及展现杭州都市景城风貌等各色步行街区。

作为世界旅游名城，杭州市需提供西湖风景区、千岛湖魅力区等愉悦体验的高品质旅游交通服务，建设走进东方山水画卷的绿道、可漫步的街道，引导愉悦体验、诗意乡居的生活方式。

（3）推进交通运输领域降碳、减排

扩大国三柴油货车禁行范围，在城市核心城区试点划定“绿色物流区”“低排放区”，对试点区域内柴油货车、普通小客车实施严格通行管理。推广新能源充电设施建设，强化液化天然气（LNG）加液设施建设，实施港口码头低压岸电工程全覆盖；推进老旧船舶更新淘汰，推动城市公共交通车辆和城市物流配送车辆全部实现电动化、新能源化和清洁化。

8.4.2.2　主导绿色智慧交通分区精准施策

实施分区差异化的交通发展策略，削减进入核心城区的个体机动化交通总量，引导绿色出行；通过大数据、云计算、人工智能等手段，推进城市交通全方式、全方位现代化智慧治理，提升交通运行效率。

根据不同区域的人口岗位特征、交通发展模式及相应的交通设施供给等因素，结合公交可达性水平（Public Transport Accessibility Levels，PTALs）分析，以绿色智慧交通为主导，将杭州市区按三类区域分区，提出公共交通、道路系统及停车系统的相应措施。

绿色智慧交通示范发展区（Ⅰ类区）：以绿色交通为主体，推进轨道交通、公共汽（电）车、慢行交通协调发展，实行严格的交通需求管理。

绿色智慧交通优先发展区（Ⅱ类区）：以公共交通为主导，结合轨道交通建设，动态优化公共汽（电）车线网，适度控制私人机动车发展。

绿色智慧交通引导发展区（Ⅲ类区）：多方式协调，围绕客流走廊构建局域性公交系统，完善道路网络，提高农村地区交通通达深度。

8.4.2.3　充分整合交通数据资源实现交通整体智治

（1）基于杭州城市交通大脑进一步解决城市交通难题

杭州城市交通大脑助力解决城市交通难题，提高了城市交通的分析、诊断、规划、决策、方案生成和方案实施、效果预评估与后评估能力。未来将进一步整合公众数据，包括公交、轨道交通、出租车、停车场、道路交通量、交通信号控制等实时人流量、车流量信息，让大数据系统更好地运作。通过大数据智慧交通技术手段提高公共交通系统的服务水平，引导城市居民出行方式的转变；同时以大数据智慧交通技术提升道路交通管理水平，提高城市道路体系的综合利用效率；在保持交通供需关系的最佳匹配状态和动态平衡的基础上，最大限度地提升交通系统的承载能力，助力解决城市交通难题。

（2）健全数据协调交换机制和监测体检评估机制

突破区划、部门、行业界限和体制性障碍，充分整合交通数据资源，打造交通大脑，提高需求捕捉能力；应用人工智能（AI）、大数据、云计算等新技术，精准供应交通资源，达到对规划、建设、运营管理和政策制定的全流程指引；建设城市交通大脑分布式应用平台，打造自动驾驶模范城市，缓解城市交通拥堵，提高乘客全过程出行效率和体验。

（3）加强公交专用道路权保障兼容新型智慧交通

加强道路管理执法，保障道路通行秩序。加大对公交专用道违章使用的管理力度，保障公交车辆正常使用公交专用道，保持道路通行秩序。通过新增公交车辆违章拍照摄像头，扩大违章监管覆盖范围。注重标志标线设施，加强宣传引导工作，避免社会车辆误入公交专用道，影响公交车辆的正常运行。为了充分合理利用公交专用道空间，可在公交优先设施配置兼容新型智慧交通，探索在公交专用道内开展无人驾驶试验。支持在余杭区的未来科技城等区域先行探索试点无人机配送、无人驾驶等智慧交通。

8.4.2.4 实施旅游绿色智慧交通发展策略

在西湖风景区实施“完善过境交通分流系统、完善景区绿色交通配套、提升景区交通治理能力”的交通发展策略。

（1）完善过境交通分流系统，诱导过境交通从外围分流

结合之江路输水管廊及道路提升工程（之浦路—复兴路），建设完善由紫之隧道—天目山路隧道—环城西路—湖滨路隧道—西湖大道—中河快速路—之江路及其隧道围合而成的景区周围快速分流系统，引导过境交通从外围分流，为景区内部实施更严格的交通管制措施提供基础保障。

（2）完善景区绿色交通配套，引导游客换乘公共交通

在满足世界遗产、风景名胜区、文物保护单位、地质水文等保护和管理的相关要求下，建立完善服务景区的轨道交通系统和环保观光巴士系统；实施景区停车位总量控制，削减部分景点停车位，功能置换为环保观光巴士发

车点；建设万松岭等旅游集散中心，引导小客车、旅游大巴车在景区外围集散中心停放。

（3）提升景区交通治理能力，实施更严格的小型车管控

推动智慧型景区综合出行信息服务系统建设，构建交通诱导体系、智慧出行体系、智慧交管系统等，加强公共交通出行引导、过境交通的分流和小客车外围停车换乘引导，在提高景区高峰时段停车收费标准的同时，对车辆停放时间进行限制，提高车位周转率；对灵隐寺等景点探索开展交通供需矛盾突出时段的小客车预约进入机制；在西湖风景名胜区实施比城区更严格的车辆环保排放标准，试点龙井茶碳中和禁燃示范区。

8.4.3　智能交通系统发展策略

8.4.3.1　智能交通系统建设内涵

城市智能交通系统应通过搭建人、车、路、环境，全量、全景数据资源池，实现对全量个体用户画像式需求细分、数据集成与融合处理，形成“个体触觉”与“需求全景”（见图 8-2）。以全局最优、系统协同、个体智能为目标，基于深度学习与反馈的迭代更新，对交通网络进行实时智能化运算与模拟，并对未来趋势进行前瞻性预判，依托“数字孪生交通系统”进行交通系统时空资源调配，实时提出精准、个性化的系统解决方案，实现供需适配、系统最优的智慧、高效交通系统。以一体化需求响应、出行预约的全新交通服务模式，建设零拥堵、零延误、零等待的有序交通系统，实现平等多样、体验最佳的人性化交通服务。

8.4.3.2　智能交通系统建设目标

借力 5G 技术、物联网系统、“城市大脑”等前沿科技，继续发挥政府与市场两个主体的积极性，深入实施“互联网+交通”工程，依托大数据技术实现深度分析研判、智能决策、精密智控，着力建设“资源共享、系统整合、业务联动、自我进化”的城市智能交通体系，使其更好地服务于群众出行和预测预警、应急指挥、辅助决策等工作，为新时代的交通服务和治理提供杭州方案。同时制定综合交通数字化建设标准，推动交通数据采集、传输、交换共享，发展智慧交通设施，同步落实采集设备、传输网络、无线通信、边缘计算等信息基础设施纳入工程项目建设，实现全市域数字化基础设施基本全覆盖，形成“交通全要素一张网，交通管理一平台，交通服务广创新”的格局。

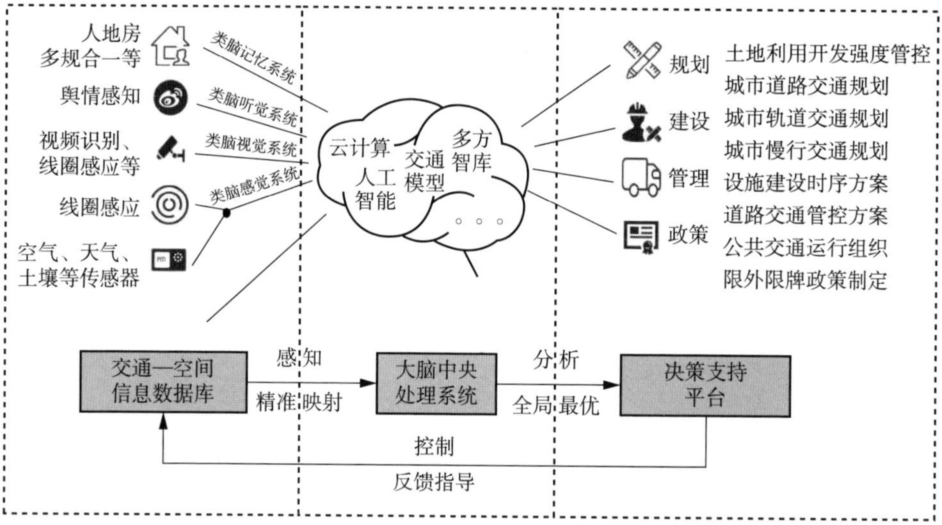

图 8-2 智能交通系统架构

近期整合现有智能交通系统，推进与城市大脑的进一步融合，全面构建交通大数据平台，并实现系统的整合升级改造，加快交通基础设施数字化进程，为交通运营、管理、决策、服务及主动安全防范提供科学支撑；中期建成完备的城市智能交通系统，城市发展规划、交通运行服务全面智能化决策支持；远期公交、停车、慢行等子系统的智慧化应用将达到世界先进水平，智能化出行服务将得到大范围应用，实现世界领先的城市智能交通系统。

8.4.3.3 智能交通系统发展措施

（1）推进基础设施数字化

抓住产业数字化、数字产业化赋予的机遇，加快 5G 网络、数据中心等新型基础设施建设，推动数字产业化、产业数字化、城市数字化“三化融合”。开展综合性大数据分析技术模型建设研究，强化数智赋能行业分析管理，推动建成城市 OD 出行系统、机动车行驶路径溯源系统等一批大数据分析技术模型，以及开展交通运输行业数字化监管平台建设。实现交通基础设施数字孪生，设施数据、运行数据、环境数据全面汇集，形成综合性大数据分析技术模型体系与交通运输行业数字化监管平台，集成泛在的感知网络和设施的一体化管理体系。提高交通系统的基础数据采集覆盖范围，提高智能交通系统的基础数据保障，提升设施设备智能化水平。

（2）健全交通基础数据相关标准规范

加强交通数字信息的标准化建设，完善交通数字化建设顶层设计，制定城市综合交通运输信息资源分类分级、脱敏、溯源、标识等标准规范，公布数据资源目录、采集、传输、交换共享等标准规范，推动交通大数据采集、传输、开放共享，同时建立公共数据质量管控机制，对公共数据的质量以及动态维护情况等进行实时监测和全面评价。为交通行业管理改革与交通服务创新发展提供基础，为数字城市建设提供交通保障。

（3）打造一体化数字驾驶舱

构建"规划一张图、建设一盘棋、管理一张网"的城市交通大数据综合共享平台，打造实时智控、精准执法、精细服务、主动安防的城市一体化智能交通系统，为新时代的交通治理和服务提供杭州方案。加强与国家"互联网+监管"系统的对接联通，推动政府数据与社会数据的双向流动、相互共享，聚合全领域、多层次的交通数据资源，归类共享各类监管数据，推动既有系统的整合升级改造，实现全市综合交通大数据"一屏通览"。

深入推进"最多跑一次"，逐步实现交通运输履职数字化应用全业务覆盖、全流程贯通，实现政务处理办理"一网通办"。深化建设城市大脑，建立"数据+决策支撑"行业管理平台，聚焦平安交通建设和行业治理难点，实现数据驱动交通治理模式和服务模式的改变，从"防、控、管、查"四个方面入手，由被动式管理响应向主动治理响应转变，并组建专业团队，承担技术支撑和运行监督，扎实推动危化品运输行业"两外"和挂靠问题治理、危化品运输车辆停放治理、超载"百吨王"治理、网约车人车"双合规"、公交线网运行监测评价等重点场景的建设与应用。形成高效、可持续的城市综合交通数字驾驶舱，提升决策支持、安全应急、指挥调度、监管执法、政务服务等领域的大数据管理运用水平，实现综合治理能力的全面提升。

（4）创新数字交通应用服务

紧密结合"互联网+交通"新业态的发展，积极探索交通运输新模式，打造现代化交通服务。全方位推进城市交通智能管控，深化智能信号控制、停车管理、交通执法以及公共安全响应等工作，整合多个公共交通出行服务 App，全面推广 MaaS 模式，鼓励出行服务企业探索交通资源、交通工具、运输服务的共享形态，深化动静态交通智慧出行引导，打造"行有所畅"杭州落地场景，为市民提供多种交通方式的一体化、全流程的综合出行服务平台。构建需求导向智慧公交出行系统，积极推进"心享巴士""求知专线"等定制化公交出行服务，拓展"杭州公交"App 的功能，完善公交运行管理、安全、信息服务、绩效管理、优先控制等功能。推行无感安检、无感支付、智能引导等智慧交通服务全覆盖，实现交通出行“一掌通、一码行”。大力发展共享交通，探索将公共自行车点位信息接入“杭州公交”App的路线导航端口，优化共享单车、汽车租赁、共享单车停车结构。加强智慧物流营运模式创新，探索供应链数字化协同发展“服务区+”、“互通+”、无人配送等模式。推进综合交通与信息、旅游、金融、商贸等相关产业的跨界联动，提供“行、游、娱、住、付”一体化交通解决方案。

8.5 杭州市城市交通治理保障措施

坚持机制政策引领，突出设施建设、公交优先、交通管理三大重点，聚力堵点治理攻坚，强化数智赋能、文明交通两大支撑，创新构建“1321”城市交通治堵新生态，扎实推进城市交通拥堵治理工作。

坚持标本兼治、综合施策、系统治理，加快构建“1321”城市交通系统化综合治理体系，实现城市交通效能品质显著提升。

（1）完善区域交通一体化

对公交一体化的历史遗留问题进行清理，理顺管理体制，建立统一高效的管理机制。尽快实现杭州市区与周边县（市）公共交通政策、体制、运营、管理等各方面的一体化发展。逐步实现市域内各区县公共交通线路、场站、价格、服务标准、运营企业、服务考核的统一管理。

结合公交枢纽建设，进一步加强城乡公交与市内常规公交、公共自行车系统的衔接。完善包括杭州、绍兴、湖州、嘉兴等城市在内的杭州都市圈交通规划、重大交通建设计划联合编制和审查制度。

（2）建立交通管理体制与机制

研究推进公共交通管理机制改革。进一步明确政府、企业职责分工，实现“建运分离、建管统筹”。政府以场站设施建设、目标考核为主，公交企业通过承包线路、租用场站方式，完成载客量、发车频率指标；统一公交建设与管理行业主管部门；实施公共交通运营体制改革，建立公共交通市场化运行机制，有序开放公共交通市场，实行特许经营制度，形成多家经营、有序竞争的市场格局，推进公共交通资源优化配置等。

（3）建立完善的交通管理法律体系

研究推进公共交通、停车管理等地方立法。研究推进包括新能源汽车发展、共享汽车、互联网约租车、拼车等新型交通方式、技术产业的立法工作，适应并规范新型交通发展。研究推进交通大数据立法工作，鼓励并规范包括智慧城市、智慧交通等在内的涉及大数据相关产业的健康快速发展。

（4）规划编制与交通研究

编制轨道交通沿线用地调整规划；加强控制性详细规划交通影响评价工作。加快以系统整合为中心的交通枢纽、交通衔接系统规划编制，配合城市道路整治，开展城市街道设计。定期进行交通调查，建立完备、公开的城市交通基础数据库和交通分析模型，提高交通规划的技术水平。

（5）重构“三网融合”的工作机制

治理机制是推动“三网融合”的保障，要系统重塑融合机制。一是政策要“同向而行”。提升公共交通吸引力以承担更多客流，与削减个体机动化出行需求要“推拉”结合。如轨道交通服务水平高、“三网融合”度高的区域，要相应降低小汽车停车位配建标准，降低停车位供给，并提高停车成本、使用成本及违章成本，将个体机动车出行引导至公共交通出行，确保公共交通主体地位。二是规划要“源头把关”。提前谋划、科学布局，管控好“三网”之间的融合空间，规划好公交站点地铁出入口的融合区域，落实好规划管控与项目实施的配套方案，从源头上确保“三网”高质量融合。三是建设要“协同推进”。杭州轨道交通三期工程建设已完成，四期工程即将启动，已有设施的融合弥补提升、新建设施的融合实施落地，既要横向协同多个部门，协调一致、统筹建设，也要纵向整合“三网融合”建设中不同的建设职责，实现“规、建、运、管”的连续性和科学性。四是运营要“一体发展”。目前杭州轨道交通、常规公交及公共自行车分别由三家不同公司主体运营（市地铁集团、市公交集团及其子公司市公共自行车公司），从产业关联、优势互补、资源效用最大化出发，要加快推动“三网”运营主体的一体整合，构建城市轨道交通与“公交+公共自行车”有机结合、建设运营一体化发展的体系。五是成效要“监测评估”。交通治理随城市的动态发展与时俱进，要构建杭州市交通治理监测评估体系，开展连续、广泛且有针对性的治理监测，以此为基础科学评估各项治理措施的成效，动态更新有关治理措施，切实提升市民的幸福感、获得感、安全感。

（6）谋划“三网融合”的价格体系

谋划促进融合的惠民体系。降低经济花费是促进“三网融合”的动力，要科学谋划惠民价格体系。一是要覆盖不同出行方式。既要惠及公交、共享单车、公共自行车换乘的市民，也要惠及出租车、网约车换乘的市民，力求最大限度吸引客流。二是要兼顾不同区域的差异。据调查，不同区域市民期望的优惠政策有所不同，余杭区市民对“地铁月票制”的需求明显高于其他九区，富阳区市民则更关注“地铁与出租车网约车换乘优惠”，因此惠民价格体系要兼顾不同区域，有针对性地出台差异化政策。三是要关注不同群体的需求。除了惠及现有客群，还应扩大至潜在客流，如旅游度假、探亲访友、就医探病等群体，最大限度地提升轨道交通吸引力。

缓解城市交通拥堵应坚持疏堵结合、综合治理。我国内地大城市普遍具有人口总量大、密度高、土地资源匮乏、公共资源紧张等特点，这些特点决定了其交通发展必须采取以限制私人小汽车出行需求，增加公共交通供给为导向的发展模式。

参考文献

［1］汪光焘．论城市交通学［J］．城市交通，2015，13(5)：1-10.

［2］阮哲明．城市交通规划经济评价研究［D］．上海：同济大学，2008.

［3］李璐瑶．交通运输行业大数据形态、风险分析及对策研究［J］．中国信息安全，2016(7)：85-87.

［4］汪光焘，陈小鸿，殷广涛，等．新常态下城市交通理论创新与发展对策研究——成果概要［J］．城市交通，2019，17(5)：1-12.

［5］汪光焘．中国城市交通问题、对策与理论需求［J］．城市交通，2016，14(6)：1-9.

［6］刘亚娟，马云霞．现阶段我国城市交通规划的发展趋势［J］．河北建筑工程学院学报，2003(4)：85-86+91.

［7］娄成武，谭羚雁．西方公共治理理论研究综述［J］．甘肃理论学刊，2012(2)：114-119+1.

［8］李泉．治理理论的谱系与转型中国［J］．复旦学报(社会科学版)，2012(6)：130-137.

［9］汪光焘，陈小鸿，叶建红，等．城市交通治理现代化理论构架与方法初探［J］．城市交通，2020，18(2)：1-14.

［10］余军华，袁文艺．公共治理：概念与内涵［J］．中国行政管理，2013(12)：52-55+115.

［11］李超雅．公共治理理论的研究综述［J］．南京财经大学学报，2015(2)：89-94.

［12］董礼胜，李玉耘．治理与新公共管理之比较［J］．中国社会科学院研究生院学报，2014(2)：20-25.

［13］胡晓伟，包家烁，安实．城市交通治理政策研究综述与展望［J］．交通运输系统工程与信息，2021，21(5)：139-147.

［14］汪光焘．城市交通治理的内涵和目标研究［J］．城市交通，2018，16(1)：1-6.

［15］李志君．城市综合交通可持续发展研究［D］．西安：长安大学，2006.

［16］王耀卿．中等城市交通综合治理方法研究［D］．南京：东南大

学，2018.

［17］胡晓燕．城市交通治理能力现代化指标体系构建与评价研究［D］．兰州：兰州财经大学，2023.

［18］张建，陈积，王义章．我国西部地区科技系统电子政务运行机制及管理模式研究［J］．贵州社会科学，2005(6)：13-15.

［19］崔会敏．对新公共管理的理性思考［J］．绵阳师范学院学报，2006(4)：46-49.

［20］嵇晶晶．当代西方政府改革的实践及其对我国的启示［J］．法制与社会，2013(25)：137-138.

［21］孟茹．西方发达国家公共服务市场化及其启示［J］．现代经济信息，2011(14)：90.

［22］熊节春．现代服务型政府的伦理意蕴——基于新公共服务理论的分析［J］．南昌大学学报(人文社会科学版)，2009，40(3)：23-26.

［23］杨天平，陆国祥．论“新公共服务”语境下大学生的思想政治教育管理［J］．现代教育科学，2007(11)：82-85.

［24］韩兆柱，翟文康．西方公共治理前沿理论的比较研究［J］．教学与研究，2018(2)：86-96.

［25］顾丽梅．美国新公共服务理论之反思［J］．中共浙江省委党校学报，2009，25(5)：42-48.

［26］丁文．新公共管理理论与新公共服务理论之比较［J］．商，2014(6)：24.

［27］朱纯华．基于新公共服务理论的政府治理模式变革［J］．黑龙江对外经贸，2008(11)：136-137.

［28］韩兆柱，刘新奇．新公共治理理论：历程、现状和前瞻［J］．学习论坛，2023(3)：73-83.

［29］Toonen Theo AJ. Networks, Management and Institutions: Public Administration as ‘Normal Science’［J］. Public Administration, 1998, 76(2): 229-252.

［30］Osborne, Stephen P. The New Public Governance? Emerging Perspectives on the Theory and Practice of Public Governance［M］. London; New York: Routledge, 2010.

［31］曹鲲．公共管理学科规范发展的基本路径：学科定位与教学模式革新［J］．内蒙古财经学院学报(综合版)，2012，10(3)：18-23.

［32］曹胜亮，段葳．公共治理：经济法治理范式新选择之可行性分析［J］．武汉科技大学学报(社会科学版)，2013，15(2)：192-195.

[33] 张克中．公共治理之道：埃莉诺·奥斯特罗姆理论述评[J]．政治学研究，2009(6)：83-93.

[34] 郑济洲．新时代“共治”理念探究[J]．齐齐哈尔大学学报(哲学社会科学版)，2020(9)：1-3+7.

[35] 崔月明．利益相关者视角下的企业社会责任研究[D]．上海：华东师范大学，2010.

[36] 丁煌．当代西方公共行政理论的新发展——从新公共管理到新公共服务[J]．广东行政学院学报，2005(6)：5-10.

[37] 赵尔军．利益相关者视角的国有企业业绩评价研究[D]．青岛：中国海洋大学，2014.

[38] 王宏达．企业利益相关者效绩评价指标体系研究[D]．沈阳：沈阳工业大学，2003.

[39] 张波．基于流体动力学的交通流模型及数值模拟[D]．长春：吉林大学，2007.

[40] 周鹤龙，徐吉谦．大城市交通需求管理研究[J]．城市规划，2003(1)：57-60.

[41] 戴东昌，蔡建华．国外解决城市交通拥堵问题的对策[J]．求是，2004(23)：61-63.

[42] 何玉宏，谢逢春，郝忠娜．国内外城市交通拥堵治理分析及借鉴[J]．城市观察，2013(2)：136-144.

[43] 马法平．基于支持向量机的城市道路交通状态判别方法研究[D]．青岛：青岛科技大学，2014.

[44] 陈煜澈．城市公交网络系统管理对策研究[D]．杭州：浙江大学，2008.

[45] 刘伟平．深圳市交通需求管理策略的优化设计[D]．兰州：兰州大学，2016.

[46] 全永燊，潘昭宇．城市交通供给侧结构性改革研究[J]．城市交通，2017，15(5)：1-7+11.

[47] 亢小雪．城镇化公路平面交叉口安全保障措施研究[D]．西安：长安大学，2010.

[48] 崔叙，梁朋朋，喻冰洁，等．TOD 规划设计理论研究[J]．都市快轨交通，2021，34(5)：18-25.

[49] 史云锋．新城市主义范本：TOD 模式——从《TOD 在中国》新书签发暨研讨会谈起[J]．世界环境，2014(6)：47-49.

［50］何硕硕．基于 TOD 模式的城市轨道交通站点周边规划研究［J］．现代城市轨道交通，2021(1)：14-17.

［51］Clarkson Max E. A stakeholder framework for analyzing and evaluating corporate social responsibility［J］．The Academy of Management Review，1995，20(1)：92-117.

［52］孙文平，朱为群，曾军平．现代国家治理理论研究综述［J］．地方财政研究，2015(7)：11-15+28.

［53］李善民，毛雅娟，赵晶晶．利益相关者理论的新进展［J］．经济理论与经济管理，2008(12)：32-36.

［54］Charreaux Gérard，Philippe，Desbrières. Corporate Governance：Stakeholder Value Versus Shareholder Value［J］．Journal of Management & Governance，2001，5(2)：107-128.

［55］王立，王峥，王永梅．公共政策过程中的利益考量——基于利益相关者理论的分析［J］．管理学刊，2012，25(4)：80-84.

［56］周进萍．利益相关者理论视域下"共建共治共享"的实践路径［J］．领导科学，2018(8)：4-7.

［57］汪波．区域公共治理［M］．北京：中国经济出版社，2019.

［58］王洪庆，朱荣林．制度创新与区域经济一体化［J］．经济问题探索，2004(5)：35-38.

［59］文森特·奥斯特罗姆，罗伯特·比什，埃莉诺·奥斯特罗姆．美国地方政府［M］．井敏，陈幽泓，译．北京：北京大学出版社，2004.

［60］菲沃克．大都市治理冲突：竞争与合作［M］．许源源，江胜珍，译．重庆：重庆大学出版社，2012.

［61］钱喆，吴翱翔，张海霞．世界级城市交通发展战略演变综述及启示［J］．城市交通，2015，13(1)：52-59.

［62］贺敏．武汉建设国家中心城市交通发展战略研究［D］．武汉：武汉理工大学，2016.

［63］刘浦．浅谈国内外大城市公交优先的经验及对广州市的启示［C］//中国城市规划学会城市交通规划学术委员会．协同发展与交通实践——2015 年中国城市交通规划年会暨第 28 次学术研讨会论文集．北京：中国建筑工业出版社，2015.

［64］马鑫俊．城市交通结构演变特征及其影响因素研究［D］．南京：东南大学，2021.

［65］钟文玲，张晓东．大伦敦综合交通规划解析与启示［J］．交通工程，

2017，17(2)：18-26.

［66］芮海田．城市交通发展的哲学思考［D］．西安：长安大学，2017.

［67］李佳敏．基于“空间—需求”演化机理的大城市交通治理对策研究［D］．武汉：华中科技大学，2021.

［68］李鑫洋．城市轨道交通发展演变过程中常规公交和城市轨道交通协调研究［D］．成都：西南交通大学，2012.

［69］徐飞，戴昳雯，孙艺芸，等．城市自行车交通政策演变及复兴政策制定要点［J］．城市发展研究，2023，30(3)：49-58.

［70］汪光焘，陈小鸿，殷广涛，等．新常态下城市交通理论创新与发展对策研究——成果概要［J］．城市交通，2019，17(5)：1-12.

［71］林刚．发达国家都市区经济发展比较与借鉴［J］．经济纵横，2011(1)：107-109.

［72］杜坤，田莉．城市战略规划的实施框架与内容：来自大伦敦实施规划的启示［J］．国际城市规划，2016，31(4)：90-96.

［73］张晓青，郑小平．日本城市蔓延及治理［J］．城市发展研究，2009，6(2)：24-30.

［74］关溪媛．基于城市间经济联系的网络城市形成机理研究［D］．大连：东北财经大学，2015.

［75］曹娟．成都卫星城发展研究［D］．成都：西南交通大学，2005.

［76］刘健．从巴黎新城看北京新城［J］．北京规划建设，2006(1)：76-81.

［77］赵学彬．巴黎新城规划建设及其发展历程［J］．规划师，2006(11)：95-97.

［78］袁朱．国内外大都市圈或首都圈产业布局经验教训及其对北京产业空间调整的启示［J］．经济研究参考，2006(28)：34-41.

［79］盛明洁．大伦敦地区规划［J］．城市与区域规划研究，2012，5(1)：165-178.

［80］常艳．日本首都圈的规划建设对京津冀协同发展的启示［J］．经济研究参考，2014(59)：32-35.

［81］高玲．特大城市用地发展与客运交通模式探讨［J］．黑龙江科技信息，2008(5)：84.

［82］刘淑妍，张斌．中国城市交通治理现代化转型的思考［J］．城市交通，2020，18(1)：59-64.

［83］马述林．东京城市快速轨道交通发展模式及启示［J］．综合运输，

2009(3)：78-84.

[84] 佚名．纽约如何以有限土地打造宜居环境[J]．国土资源，2016(7)：54-55.

[85] 佚名．城市交通全球案例[J]．标准生活，2014(2)：58-65.

[86] 张国骥．美国城市化的发展实践及基本经验[J]．湖南商学院学报，2004(1)：1-6.

[87] Mayor's Office of Long-Term Planning and Sustainability. PlaNYC Progress Report-2010[R]. New York：Mayor's Office of Long-Term Planning and Sustainability, 2010.

[88] Mayor's Office of Long-Term Planning and Sustainability. PlaNYC Progress Report-2014[R]. New York：Mayor's Office of Long-Term Planning and Sustainability, 2014.

[89] Department of Transportation. Sustainable Streets：2013 and Beyond[R]. New York：NYC DOT, 2013.

[90] 易峥，冷炳荣，王芳，等．人本规划视角下对城市总体规划实施监测数据的思考[J]．规划师，2018，34(2)：55-60.

[91] 季平，王亮．美国道路交通管理的主要特点与借鉴意义[J]．上海公安高等专科学校学报，2010，20(4)：92-96.

[92] 闫亚文．英国公共交通运营管理对上海的启示[J]．交通与运输，2018，34(2)：16-18.

[93] 王赟赟．国际性中心城市规划建设指标体系比较研究[D]．上海：上海交通大学，2009.

[94] 刘江华，张强，李雪琪．国际先进城市提升竞争力的主要经验及启示[J]．珠江经济，2008(5)：78-89.

[95] 周宇亮，梁宜文．新加坡：永续发展城市的一个范例[J]．城市观察，2011(1)：32-41.

[96] 张奥博．大数据环境下京津冀物流园区优化和选址问题研究[D]．天津：天津商业大学，2019.

[97] 王华庆，刘建军．北京城市交通：现状、问题及对策[J]．综合运输，2002(8)：41-43.

[98] 全永燊，余柳．北京交通十年发展回顾与反思[J]．北京规划建设，2015(Z1)：24-27.

[99] 张贺伟．基于制度视角的北京市低碳交通发展研究[D]．北京：首都经济贸易大学，2018.

［100］国务院．关于上海市城市总体规划的批复：国函〔2017〕147 号［A/OL］．（2017－12－15）［2019－03－16］．https：//www. gov. cn/gongbao/content/2018/content_5257386. htm.

［101］李俊，张鲁丹．城市国际化评价指标和建设路径研究——以杭州为例[J]．上海管理科学，2017，39(4)：110-115.

［102］汤庆园，王宝平，李陈．1980—2010 年上海土地开发利用时空演变研究[J]．城乡规划，2020(2)：95-101.

［103］陈友华．上海城市总体规划编制的历史回顾[J]．城市规划学刊，2008(Z1)：23-26.

［104］徐德谦，王娜．城市病交通病如何治[J]．中国公路，2015(17)：56-63.

［105］邵丹，薛美根．公共利益导向下的理性选择政策——30 年发展沿革(1986—2016)[C]//中国城市规划学会城市交通规划学术委员会．2017 年中国城市交通规划年会论文集．北京：中国建筑工业出版社，2017.

［106］孙建平，苑辉．上海韧性交通建设挑战与路径研究[J]．交通与港航，2023，10(2)：1-6.

［107］张玉琇．深圳市小支线巴士服务模式研究[D]．成都：西南交通大学，2014.

［108］付丽丹．深圳市交通工程建设政府监管研究[D]．大连：大连海事大学，2012.

［109］林群，张晓春，杨宇星，等．深圳市智能交通系统近期建设理念与实践[C]//全国智能交通系统协调指导小组，全国清洁汽车行动协调领导小组，中国智能交通协会，深圳市人民政府．第五届中国智能交通年会暨第六届国际节能与新能源汽车创新发展论坛优秀论文集(上册)——智能交通．北京：电子工业出版社，2009.

［110］魏岚．走进深圳智能网联交通测试示范区[J]．智能网联汽车，2023(4)：74-77.

［111］吴照章．香港交通对我国其他城市的借鉴[J]．交通技术，2017，6(3)：7.

［112］孔令琦．城市交通导向型发展(TOD)及其成效评价研究[D]．西安：长安大学，2013.

［113］王一鸣．TOD 导向下城市轨道交通站点地区规划研究——以济南 R2 线腊山站为例[D]．济南：山东建筑大学，2017.

［114］夏继星，刘红霞．香港交通政策及其启示[J]．有色冶金设计与研

究，2007(4)：90-94.

[115] 周正宇，郭继孚，杨军．北京交通拥堵成因分析与对策研究[M]．北京：人民交通出版社，2019.

[116] 薛美根，朱洪，邵丹．上海交通发展政策演变[M]．上海：同济大学出版社，2017.

[117] 上海市人民政府办公厅．关于印发《上海市综合交通发展“十四五”规划》的通知：沪府发〔2021〕8 号[A/OL]．(2021-6-25)[2021-07-22]．https：//www. shanghai. gov. cn/202117zfwj/20210906/77b696c3814a4963bc0fe0881aea3fe8. html.

[118] 上海市人民政府办公厅．关于转发市发展改革委等七部门制订的《上海市鼓励购买和使用新能源汽车实施办法》的通知：沪府办规〔2018〕7 号[A/OL]．(2018-01-31)[2024-06-04]．https：//www. shanghai. gov. cn/nw41632/20240604/a9bac33fdf8d48a5b69fc47ec15df65e. html.

[119] 上海市发展改革委，上海市财政局．关于印发《上海市促进汽车消费补贴实施细则》的通知：沪发改规范〔2022〕4 号[A/OL]．(2022-06-15)[2024-04-19]．https：//www. shanghai. gov. cn/nw12344/20240419/28e9a49891ec4d5f88b7f6a4ed60fa75. html.

[120] 上海市公安局．上海市公安局关于对本市部分道路采取限制通行交通管理措施的通告[EB/OL]．(2021-04-25)[2023-06-18]．https：//www. shanghai. gov. cn/nw12344/20210425/3d689cc0aab947598c4504c6e988801d. html.

[121] 上海市道路运输管理局．停车难综合治理民心工程进展情况-创建 50 个停车治理先行项目、新增 6000 个公共泊位(二季度)[EB/OL]．(2022-07-11)[2023-06-18]．https：//dlys. jtw. sh. gov. cn/zdgkly2022nd/20220719/07846440b0de43ad92139a8b02acb864. html.

[122] 王如昀，黄敏，徐忠平，等．深圳市交通拥堵综合治理探索与实践[M]．上海：同济大学出版社，2015.

[123] 王如昀．伦敦以交通引领城市发展理念与方法简介[J]．北京规划建设，2020(3)：188-191.

[124] Greater London Authority. The London Plan 2021[R]．London：Greater London Authority，2021.

[125] Transport for London. Walking Action Plan：Making London the World's Most Walkable City[R]．London：Transport for London，2018.

[126] Boris Johnson Mayor of London. Mayor's Transport Strategy [EB/OL]．(2010-04-01)[2024-10-31]．https：//www. london. gov. uk/programmes-strategies/transport/transport-publications/mayors-transport-strategy.

[127] Greater London Authority. London Infrastructure Plan 2050[R]. London: Greater London Authority, 2011.

[128] Transport for London. Travel in London-Report1[R]. London: Transport for London, 2009.

[129] Transport for London. Travel in London-Report2[R]. London: Transport for London, 2010.

[130] Transport for London. Travel in London-Report3[R]. London: Transport for London, 2010.

[131] Transport for London. Travel in London-Report4[R]. London: Transport for London, 2011.

[132] Transport for London. Travel in London-Report5[R]. London: Transport for London, 2012.

[133] Transport for London. Travel in London-Report6[R]. London: Transport for London, 2013.

[134] Transport for London. Annual Report and statement of accounts for 2010/11[R]. London: Transport for London, 2011.

[135] Transport for London. Annual Report and statement of accounts for 2011/12[R]. London: Transport for London, 2012.

[136] Transport for London. Annual Report and statement of accounts 2012/13[R]. London: Transport for London, 2013.

[137] Transport for London. Annual Report and statement of accounts 2013/14[R]. London: Transport for London, 2014.

[138] Transport for London. Annual Report and statement of accounts 2014/15[R]. London: Transport for London, 2015.

[139] Transport for London. Annual Report and statement of accounts 2015/16[R]. London: Transport for London, 2016.

[140] Mayor's Office of Long - Term Planning and Sustainability. PlaNYC 2030-A Greener Greater New York[R]. New York: Mayor's Office of Long-Term Planning and Sustainability, 2011.

[141] NYC Special Initiative for Rebuilding and Resiliency. A Stronger, More Resilient New York[R]. New York: NYC SIRR, 2013.

[142] The City of New York. One New York The Plan for a Strong and Just City[R]. New York: NYC, 2015.

[143] Tokyo Metropolitan Government. Creating the Future: The Long-Term

Vision for Tokyo[R]. Tokyo: Tokyo Metropolitan Government, 2014.

[144] European Commission. White Paper 2011: Roadmap to a Single European Transport Area-Towards a Competitive and Resource Efficient Transport System[R]. Brussels: European Commission, 2011.

[145] Chicago Metro Agency for Planning. GO TO 2040 Chicago Regional Comprehensive Plan [R]. Chicago: CMAP, 2014.

[146] Bob Lange. Global Market Forecast 2013-2032[R]. Blagnac: Airbus S. A. S., 2014.

[147] Eurostat. Eurostat Regional Yearbook 2014 [R]. Brussels: European Commission, 2014.

[148] 类延辉，孙照青．智慧城市研究——以英国伦敦为例[J]．城市住宅，2021，28(5)：22-25.

[149] 刘少才．伦敦的交通[J]．城市公共交通，2018(4)：73.

[150] 香港地政总署．香港地理資料(截至 2023 年 10 月)[EB/OL]．(2024-01-10)[2024-06-15]．https://www.landsd.gov.hk/tc/resources/mapping-information/hk-geographic-data.html.

[151] 中国领事服务网．新加坡国家概况[EB/OL]．(2023-03-01)[2024-06-15]．http://cs.mfa.gov.cn/zggmcg/ljmdd/yz_645708/xjp_647942/gqjj_647950/200704/t20070424_8004776.shtml.

[152] 人民网．首爾人口減幅韓國第一，專家稱房價太貴是主要原因[EB/OL]．(2023-07-18)[2024-04-15]．http://korea.people.com.cn/BIG5/n1/2023/0718/c407864-40038125.html.

[153] 中国领事服务网．日本国家概况[EB/OL]．(2024-05-24)[2024-06-15]．http://cs.mfa.gov.cn/zggmcg/ljmdd/yz_645708/rb_647322/gqjj_647330/200601/t20060105_9301290.shtml.

[154] 杭州市统计局．2018 年杭州市国民经济和社会发展统计公报[EB/OL]．(2019-03-04)[2023-07-13]．https://www.hangzhou.gov.cn/art/2019/3/4/art_805865_30593279.html.

[155] 杭州市统计局．2019 年杭州市国民经济和社会发展统计公报[EB/OL]．(2020-03-20)[2023-07-13]．https://www.hangzhou.gov.cn/art/2020/3/20/art_1229063404_2003803.html.

[156] 杭州市统计局．2020 年杭州市国民经济和社会发展统计公报[EB/OL]．(2021-03-18)[2023-07-13]．https://www.hangzhou.gov.cn/art/2021/3/18/art_1229063404_3852562.html.

[157] 杭州市统计局. 2021 年杭州市国民经济和社会发展统计公报[EB/OL]. (2022-04-13)[2023-07-13]. https://www.hangzhou.gov.cn/art/2022/4/13/art_1229063404_4030379.html.

[158] 杭州市统计局. 2022 年杭州市国民经济和社会发展统计公报[EB/OL]. (2023-03-22)[2023-07-13]. https://www.hangzhou.gov.cn/art/2023/3/22/art_1229063404_4150909.html.

[159] 马清. 城市交通治理模式变革[J]. 城市交通, 2019, 17(1): 45-50.

[160] 汪光焘, 等. 未来城市交通预判 2035 年愿景[M]. 北京: 中国建筑工业出版社, 2020.

[161] 杭州市统计局. 2023 年杭州市国民经济和社会发展统计公报[EB/OL]. (2024-03-15)[2023-07-13]. https://www.hangzhou.gov.cn/art/2024/3/15/art_1229063404_4246617.html.

[162] 浙江省交通运输厅. 浙江省交通运输厅 2019 年工作总结和 2020 年工作计划[EB/OL]. (2020-11-17)[2022-10-23]. https://jtyst.zj.gov.cn/art/2020/11/17/art_1229496082_4213285.html.

[163] 杭州市人民政府. 杭州市城市总体规划(2001—2020)[EB/OL]. (2016-01-19)[2022-08-23]. http://ghzy.hangzhou.gov.cn/col/col1228962781/index.html.

[164] 杭州市规划和自然资源局. 关于发布《杭州市国土空间总体规划(2021-2035 年)》(草案)的公告[EB/OL]. (2021-05-31)[2023-06-18]. http://ghzy.hangzhou.gov.cn/art/2021/5/31/art_1229369034_3877101.html.

[165] 杭州市人民政府办公厅. 杭州市国民经济和社会发展第十四个五年规划和二〇三五年远景目标纲要: 杭政函〔2021〕20 号[A/OL]. (2021-03-16)[2023-06-17]. https://www.hangzhou.gov.cn/art/2021/3/26/art_1229541462_ 3855975.html.

[166] 杭州市交通运输局. 关于深入贯彻《交通强国建设纲要》建设交通强国示范城市的实施意见[EB/OL]. (2020-06-15)[2022-05-21]. https://tb.hangzhou.gov.cn/art/2020/6/15/art_1229355018_3557038.html.

[167] 杭州市人民政府办公厅. 关于印发构建市域高效联通交通网络体系专项计划的通知: 杭政办函〔2021〕42 号[A/OL]. (2021-08-08)[2022-05-21]. https://www.hangzhou.gov.cn/art/2021/8/12/art_1229063387_1735911.html.

[168] 杭州市人民政府. 杭州市交通拥堵治理工作白皮书(2016—2020)[R]. 杭州: 杭州市人民政府, 2015.

［169］中共中央，国务院．中共中央 国务院印发《国家综合立体交通网规划纲要》［EB/OL］．（2021－02－24）［2022－05－27］．https：//www. gov. cn/gongbao/content/2021/content_5593440. htm.

［170］中共中央，国务院．中共中央 国务院关于支持浙江高质量发展建设共同富裕示范区的意见［EB/OL］．（2021-05-20）［2023-03-14］．https：//www. gov. cn/zhengce/2021-06/10/content_5616833. htm.

［171］浙江省经济和信息化厅．浙江省经济和信息化领域推动高质量发展建设共同富裕示范区实施方案（2021-2025 年）［EB/OL］．（2021-11-30）［2023-03-14］．https：//jxt. zj. gov. cn/art/2021/11/30/art_1229600053_58927842. html.

［172］浙江省政府办公厅．关于印发浙江省综合交通运输发展“十四五”规划的通知：浙政办发〔2021〕36 号［A/OL］．（2021-07-02）［2022-05-21］．https：//www. zj. gov. cn/art/2021/7/2/art_1229019365_2308055. html.

［173］杭州市规划和自然资源局．杭州市综合交通专项规划（2021－2035 年）：杭政函〔2021〕60 号［A/OL］．（2021－09－28）［2022－05－21］．http：//ghzy. hangzhou. gov. cn/art/2021/9/28/art_1228968051_35440. html.

［174］杭州市人民政府办公厅．关于印发杭州市综合交通发展“十四五”规划的通知：杭政办函〔2021〕63 号［A/OL］．（2021-12-31）［2022-05-21］．https：//www. hangzhou. gov. cn/art/2021/12/31/art_1229063387_1811723. html.

［175］冉江宇，廖璟瑒，张凌波．2023 年中国主要城市充电基础设施监测报告［R］．北京：中国城市规划设计研究院，2023.